PBL로 수업하기 ^{2판}

최정임 · 장경원 공저

Problem
Based
Learning

학지사

최근 대학 및 학교에서는 전문 지식의 획득뿐만 아니라 창의력, 고차적 사고력, 문제해결력과 같은 21세기에 요구되는 새로운 역량을 기르기 위해 노력하고 있다. 이러한 변화는 교수자 중심의 수업에서 학습자 중심의 수업으로 교육의 패러다임 변화를 초래하였고, 문제중심학습(Problem-Based Learning: PBL)은 액션러닝, 팀 기반학습, 목표중심시나리오, 프로젝트학습들과 함께 학습자 중심의 수업 방법으로 많은 관심을 받아 왔다. 다른 방법들도 나름의 특성과 전략을 가지고 있지만, PBL은 문제해결능력을 육성하기 위해 교수자가 학교 환경에서 교육목표에 맞는 최적의 문제해결 맥락을 제공해 줄 수 있다는 강점을 가지고 있다. 이 책은 단순히 문제중심학습을 소개하기보다는 문제중심학습을 교육 현장에 어떻게 적용할 것인지 실제적인 방법을 제시하고자 하였고, 이런 특성으로 인해 많은 교수자들의 지지와 격려를 받아 왔다.

이에 제2판에서는 그동안 이 책을 활용해 수업을 설계하고, 많은 교수자들과 경험을 공유하면서 얻은 보다 다양한 팁과 사례를 소개하고자 하였다. 책의 구성은 제1판의 틀을 그대로 유지하면서 문제개발을 위한 다양한 전략과 사례를 보완하고, 수업설계와 운영을 위한 팁과 사례, 교수학습과정안 사례 등을 보완하였다.

이 책의 구조를 좀 더 구체적으로 설명하면, 이 책은 '제1부 PBL 이해하기' '제2부 PBL 준비하기' '제3부 PBL 수업하기' '제4부 PBL 평가하기'의 총 4부로 구성되어 있다. 이는 PBL 수업을 위한 실행 절차를 그대로 순서화하여 제시한 것이므로 각 부의 순서를 따라가면 완전한 PBL 수업을 진행할 수 있을 것이다. 이미 PBL에 익숙한 교수자들은 PBL 단계에서 부족하거나 보완해야 할 부분을 찾아서 활용할 수 있을 것이다. 각 부는 2~4개의 장으로 나누어지며, 총 12장으로 구성되어 있다. 각 장은 PBL 수업 준비 및 실행을 위한 세부 단계로 이루어져 있으며, 각 단계에서 수행되어야 할 실행지침과 다양한 사례들을 제시하고 있다. 또한 부록을 통해 PBL로 수업할 때 필요한 여러 양식과 다양한 전공분야의 PBL 문제들을 제시하여 PBL 실행을 위한 준비를 돕고자 하였다.

이 책은 단순한 이론서가 아니라 저자들과 많은 교수자들의 경험을 바탕으로 작성된 것이다. 따라서 이번 판에서 부족한 내용은 차후 이 책의 독자들이 피드백과 경험을 통해서 지속적으로 보충하고 보완할 계획이다. 아무쪼록 이 책이 교육현장에서 PBL을 적용하여 수업을 개선하고자 하는 모든 영역의 교수자와 학습자들에게 도움이 되길 바란다.

이 책을 집필하고, 자료를 수집하는 데 도움을 주신 주위의 많은 분들, 특히 PBL에 관심을 갖고 경험을 공유해 주신 여러 교수자님들, 이 책의 편집을 위해 수고해 주신 학지사 관계자들께 감사의 마음을 전한다.

2015년
저자 일동

교직과목을 이수하고 교단에 서는 초·중등 교사와는 달리, 대학 교수들은 교수법에 대해서 특별한 훈련을 받지 못하고 강단에 서게 된다. 물론 최근에는 우리나라도 대학 내에 '교수학습센터'를 설립하여 '가르치는 방법'에 대한 교육과 지원을 교수들에게 제공하고 있는 학교도 있지만, 아직도 단편적이고 일회적인 특강 형식의 지원이 대부분이다. 이런 이유로 많은 교수들은 '그저 자신이 배운 방식대로' 가르친다. 가르치는 방법에 대해 수십 년 동안 관찰자로서 배워 왔기 때문이다. 우리가 관찰한 대부분의 교수방법은 교수자 중심으로 이루어지고 있었다. 어떤 것을 설명하고, 제시하고, 시연하며, 기억하게 하는 활동들이 대부분인 것이다. 이러한 교수법에 익숙한 교수자들에게 최근 대학과 사회는 '다른 교수방법'을 요구하고 있다.

'다른 교수방법'이란 교수자가 중심이 되는 수업이 아닌, 학습자가 중심이 되어 생각하고, 이야기하고, 참여할 수 있는 수업을 말한다. '문제중심학습(Problem-Based Learning: PBL)'은 학습자의 적극적 참여가 중심이 되는 대표적인 교수-학습 방법이다. 이에 최근 몇 년 동안 PBL에 대한 관심과 요구가 증가되었고, PBL에 대한 연구들도 많이 시행되고 있다.

그럼에도 PBL은 여전히 낯선 교수-학습방법으로 인식되는 것이 사실이며, 교수자나 학습자 모두 PBL을 적용하는 데 많은 어려움을 겪고 있다. 이는 PBL이 전통적인 교수방법과 많이 다르기 때문이다. 따라서 PBL을 적용하는 데 있어 '교수자가 강의를 하지 않는다면 무엇을 해야 하는가? 학생들 스스로 학습이 가능한가? 수업에 대한 질은 어떻게 책임질 수 있는가? 학생들의 부담이 너무 크지 않은가? 수업 결과는 어떻게 평가해야 하는가?' 등 수많은 질문들이 제기될 수 있다.

PBL을 소개하는 책이나 자료들은 이미 많이 나와 있지만, 이와 같은 질문들에 대한 해답을 제시하는 것이 아니라 대부분은 PBL의 정의와 절차, 교육효과 등을 설명하고 강조하는 데 그치고 있다. 그러나 PBL을 가장 잘 이해할 수 있는 방법은 실제로 PBL을 경험하는 것이다. PBL을 경험한다는 것은 학생의 입장에서 문제를 해결해 보고, 교수자의 입장에서 PBL의 튜터로 참여해 보며, 수업을 PBL로 설계해 보는 것이다. 그런 의미에서 이 책은 PBL에 대해 알고 싶거나 자신의 수업을 PBL로 설계, 운영하고자 하는 교수자들이 간접적으로나마 PBL을 경험할 수 있도록 하는 데 초점을 두었다. 이를 위해 여기서는 실제로 PBL을 활용해 수업을 준비하고, 설계하는 절차에 따라 구성하였으며, 가능한 한 많은 사례를 제시하려고 노력하였다.

이 책은 총 4부 12개 장으로 구성되어 있으며, 그 내용을 요약하면 다음과 같다. '제1부 PBL 이해하기'에서는 PBL을 적용하기 위해서 꼭 알아야 할 PBL의 특성(제1장)과 PBL을 적용해야 하는 이유, PBL과 관련하여 자주 제기되는 질문 등(제2장)을 정리해 놓았다. '제2부 PBL 준비하기'는 PBL로 수업을 운영하기 위해 수업 전 교수자가 준비해야 할 사항들을 안내한 것으로 수업계획 수립하기(제3장), 문제 개발하기(제4장), 수업 운영을 위해 준비해야 하는 사항들(제5장)을 소개하였다. '제3부 PBL 수업하기'에서는 실제 PBL 수업을 진행하는 데 필요한 사항들을 학습자 준비시키기(제6장), PBL 실행하기(제7장), PBL 활동 촉진하기(제8장), 온라인 공간 활용하기(제9장)로 나누어 제시하였다. '제4부 PBL 평가하기'에서는 PBL 수업 결과에 대한 평가 방법을 PBL에서 학습자 평가하기(제10장)와 PBL 수업 평가하기(제11장), 그리고 PBL 수업에 대한 티칭 포트폴리오 작성하기(제12장)로 나누어 제시하였다. 또한 부록을 통해 PBL로 수업할 때 필요한 여러 양식과 다양한 전공분야의 PBL 문제 사례를 제시하여, PBL에 대한 이해와 PBL 실행을 위한 준비를 돕도록 하였다.

이 책은 저자들의 PBL에 대한 자료수집과 경험을 바탕으로 작성되었다. 내용상 부족한 부분은 차후 좀 더 많은 경험을 쌓고 다른 교수님들과의 경험을 공유하면서 보충하고 보완할 계획이다. 아무쪼록 이 책을 통해 대학을 중심으로 하는 고등교육현장에서 PBL을 실천하려는 교수자들이 좀 더 쉽게 PBL을 이해하고 실천으로도 이어질 수 있기를 바란다. 이 책은 대학교육에 PBL을 적용하는 데 초점을 두었지만, PBL을 알고 실천하고자 하는 모든 영역의 교수자와 학습자에게도 도움이 될 것으로 생각한다.

바쁜 일정에도 이 책의 출판에 기꺼이 응해 주신 학지사 관계자 여러분께 감사의 말을 전한다. 또한 이 책을 집필하고, 자료를 수집하는 데 도움을 주신 주위의 많은 분들, 특히 PBL에 관심을 갖고 경험을 공유해 주신 여러 교수님들께 감사의 마음을 전한다.

2010년
저자 일동

PART **1** PBL 이해하기   **13**

PBL 이해하기

 PBL로 수업을 진행하기 위해서는 PBL이 무엇인지를 정확히 이해해야 한다. PBL은 여러 가지 측면에서 전통적인 수업과는 다른 방법이다. 따라서 PBL을 익히기 전에 우선 PBL의 생성 배경은 무엇이며, PBL에서 추구하는 목표가 무엇인지, 그리고 PBL이 왜 중요한지에 대한 이해가 선행되어야 한다. PBL을 수업에 적용한다는 것은 PBL에서 추구하는 목표와 방향에 동의한다는 의미이기 때문이다. 정확한 철학이나 배경에 대한 이해 없이 방법만을 추구하는 것은 그 효과를 보장하지 못할 뿐만 아니라 교수자나 상황에 따라 방법이 왜곡될 수 있고, 궁극적으로 장기적인 실천을 불가능하게 만들 수도 있기 때문이다. 방법은 하나의 수단이지 목표가 아니다. 목표가 일치한다면 그 방법은 다양한 형태로 실천될 수 있을 것이다.

 따라서 제1부에서는 PBL에 대한 정의와 기본적인 특성 및 절차에 대해 다루고, PBL이 왜 중요한지, PBL에서 교수자와 학습자의 역할은 무엇인지를 점검해 보고자 한다. 또한 PBL의 효과와 PBL과 관련된 논쟁도 알아보고자 한다.

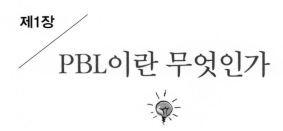

제1장

PBL이란 무엇인가

이 장에서는 PBL을 처음 접하는 학생이나 교수들이 가질 수 있는 기본적인 질문에 대해 생각해 보는 시간을 가지려 한다. 일반적으로 PBL을 처음 접하는 사람들은 다음과 같은 의문이 들 수 있을 것이다. 'PBL은 무엇인가?' 'PBL이 생겨난 배경은 무엇인가?' 'PBL에서 성취하고자 하는 목표는 무엇인가?' 'PBL은 전통적인 방법과 어떻게 다른가?' 'PBL은 어떤 절차를 거쳐 진행되는가?' 'PBL에서 교수자와 학습자의 역할은 어떻게 다른가?' 여기에서는 이와 같은 근본적인 질문에 대해 답해 보고자 한다.

1. PBL의 개념 및 배경

PBL(Problem-Based Learning: 문제중심학습)은 문제를 활용하여 학습자 중심으로 학습을 진행하는 교수-학습 방법이다(Barrows & Myers, 1993). 문제를 활용한 교수학습법은 오래전부터 활용되어 왔기 때문에 새삼스럽게 문제중심학습법이 왜 중요한지 의아하게 생각할 수 있을 것이다. 하지만 전통적으로 활용해 온 문제와 PBL에서 활용하는 문제에는 차이가 있다.

먼저 전통적인 수업에서는 개념이나 원리를 학습한 후에 이를 적용하여 풀 수 있는 문제가 제시된다. 다시 말해서 전통적인 수업에서는 학습할 개념이나 원리를 소개한 다음, 학습이 제대로 이루어졌는지 확인하기 위한 방법으로 문제(연습문제)가 주어지는 것이다. 하지만 PBL에서는 학습을 시작하기 위한 방법으로 문제가 제시된다. 즉, 학습이 시작되는 출발점에서 문제가 제시되는 것이다.

또한 전통적인 수업에서 다루어지는 문제는 한두 개의 사실적 지식이나 원리를 적용하는 단순한 문제들이다. 이 문제들은 개념이나 원리를 이해했는지를 점검하기 위해서 사용되는 것이므로 대부분 정답을 가지고 있다. 하지만 PBL에서 제시되는 문제는 학습해야 하는 내용을 모두 포괄하는 광범위한 문제다. PBL에서 사용되는 문제는 여러 개의 개념과 원리가 복합적으로 작용하는 복잡한 문제다. 따라서 한 개의 정답이 존재하기보다는 다양한 해결책이 존재한다.

이러한 문제의 복잡성 때문에 PBL에서는 전통적인 수업에서와는 다른 교수-학습 방법이 요구된다. 교수자가 문제해결에 필요한 내용을 학습자에게 강의를 통해 알려 주는 것이 아니라, 학습자 스스로 문제에 대한 해답을 찾아야 한다. 이때 교수자는 학습자의 문제해결 과정을 도와주는 보조자나 촉진자의 역할을 하게 되고, 학습의 주체는 학습자가 된다. 따라서 PBL에서는 학습자와 교수자 모두에게 전통적인 강의식 수업과는 다른 역할이 요구된다.

그렇다면, 왜 이러한 PBL이 관심의 대상이 되었는가? 그것은 사실적인 지식의 전달에 초점을 두는 전통적인 방법으로는 21세기 사회의 요구를 충족할 수 없기 때문이다(강인애, 1997; Knowlton & Sharp, 2003). 21세기는 인터넷의 발달로 인해 끊임없이 지식과 정보가 쏟아지는 정보화사회이며, 지식이 경제의 기반이 되는 지식기반사회다. 21세기 사회는 광범위한 지식을 단지 기억만 하고 있는 인재가 아니라 최신의 지식을 얻는 방법을 알고, 그것을 문제해결에 적용하며, 다른 사람과 협력하며 일할 수 있는 전문가를 요구한다.

이러한 사회의 변화는 인재를 준비시키고 양육하는 학교교육 현장에서도 변화의 필요성을 증대시켰다. 전통적인 교육의 목적과 방법으로는 21세기 사회의 요구를 충족시킬 수 없기 때문에 학교교육에서도 새로운 교육방법을 모색하게 되었고, 그 노력 중의 하나가 바로 PBL이다.

PBL은 원래 1970년대 중반에 의과대학 교육의 문제점을 개선하기 위해 개발된 교수-학습 모형이었다. PBL을 모형으로 정리하여 처음 소개한 Barrows (1994)는 의과대학 학생들이 오랫동안 매우 힘든 교육을 받으면서 정작 인턴이 되어서는 실제 환자들을 진단하는 데 어려움을 겪는 것을 발견했다. 그는 이러한 현상이 전통적인 의과대학 교육에 문제가 있음을 나타내는 것이라 생각하고, 의사가 되기 위해 학생들이 갖추어야 할 지식이나 기능이 무엇인지를 분석하였다.

Barrows는 의대 학생들이 기초과학 수업을 들으면서 엄청난 양의 지식을 암기하지만, 졸업 후 실제로 환자를 진료할 때는 지식과 함께 또 다른 능력들이 필요함을 발견했다. 환자를 진료하기 위해서는 단순히 정보를 기억하는 것뿐만 아니라 다양한 고차적인 문제해결 기능이 요구된다. 즉, 환자를 진료하기 위해서는 환자가 제시한 문제상황을 정확히 분석하고 적절한 처방을 내려야 한다. 그런데 대부분의 환자들은 자신의 문제에 대해서 스스로 충분한 정보를 제공하지 못하기 때문에, 의사는 다양한 방법으로 추가적인 정보를 얻어야 한다. 또한 비록 초기에 처방을 내렸다 하더라도 추가 정보를 얻은 후에 처방이 달라지는 경우도 비일비재하다. 이러한 과정들은 의사가 하나의 정답을 찾기보다는 다양한 정보를 통해 다양한 의사결정을 내려야 하는 문제(ill-structured problem) 상황에 직면하게 됨을 나타낸다.

의과대학 학생들이 졸업 후 직면하는 이러한 상황에 대처하기 위해서는 두 가지의 중요한 기능이 요구된다(Barrows, 1994). 하나는 추론기능이며, 다른 하나는 자기주도적 학습기능이다. 의사들이 실제 상황에서 복잡한 문제에 직면하여 문제를 진단하고 처방을 내릴 때는 주로 가설·연역적 추론기능을 활용한다. 이것은 대안적 가설을 설정하고, 가설검토를 위한 자료를 수집하며, 자료를 분석하고, 종합하여, 최종진단과 처방을 제시하는 과정이다. 물론 이러한 추론기능은 지식기반(knowledge base)과 연계되어야 한다. 만약에 추론기능만 있고 광범위한 지식기반이 없는 경우에는 효과적으로 문제를 진단하고 처방을 제시할 수 없다. 즉, 추론기능과 지식기반은 문제해결에 모두 필요한 것이다. 그러나 전통적인 교육방식은 지식기반의 획득만을 강조한다는 점에서 문제가 있다.

의사에게 요구되는 또 하나의 주요한 기능은 자기주도적 학습기능(self-directed learning skill)이다. 의사는 자신이 경험하지 못한 독특한 환자의 문제나 새로운 진료체제에 적응해야 하며, 수없이 쏟아져 나오는 새로운 지식들을 습득해야 한다. 이러한 문제는 끊임없는 학습과정을 통해서만 해결될 수 있다. 따라서 의사에게는 스스로 새로운 지식과 정보를 학습할 수 있는 자기주도적 학습기능이 요구된다. 자기주도적 학습을 통해서 의사는 자신의 지식과 기능 중에 어느 부분이 부족한가를 계속 주시하면서 필요한 자료를 선택하고, 그 자료의 유용성을 평가하며, 학습한 결과를 문제해결에 곧바로 적용하게 된다. Barrows는 전통적인 교육에서는 간과된 이러한 능력들을 육성하기 위한 방법으로 PBL 모형을 제안, 활용한 것이다.

원래 PBL은 이와 같이 의과대학의 독특한 교육적 요구 상황에 대응하기 위해 개발된 학습환경이지만, 이러한 고차적 추론기능과 자기주도적 학습기능, 문제해결력 등은 의학뿐만 아니라 공학, 경영, 교육, 법률 등 다양한 전문 영역에서 공통적으로 요구되는 기능들이다(Duch, Groh, & Allen, 2001). 특히 21세기의 사회에서 그러한 고차적 능력들의 중요성이 강조되고 있고, 지식의 구성과 학습자 중심의 학습을 강조하는 구성주의 패러다임과 접목되면서 PBL은 더욱 주목받게 되었다.

2. PBL의 특징

PBL은 그 개념 면에서도 전통적인 수업과는 다른 교수-학습 방법이다. 여기에서는 앞에서 소개된 PBL의 특징을 좀 더 상세하고 구체적으로 살펴봄으로써 PBL에 대한 이해를 돕고자 한다. PBL의 특징은 다음과 같이 정리할 수 있다.

1) PBL에서는 문제로부터 학습이 시작된다

PBL에서는 문제가 제시되고, 그 문제를 해결하기 위한 활동으로 학습이 시작된다. 따라서 PBL에서 제시되는 문제는 학습해야 하는 내용을 모두 포괄하는 광범위한 문제가 된다. PBL에서 사용되는 문제는 한두 가지의 개념을 적용하는 연습문제가 아니라 문제로부터 학습 의욕을 느끼고, 다양한 주제 및 개념을 탐색하게 하는 포괄적인 문제다. 학습자들이 문제를 이해하고, 학습의 당위성을 인식할 수 있도록, PBL에서는 실생활에서 경험할 수 있는 사실적이고 실제적(authentic)인 문제가 사용된다. 이는 실제로 그 교과 영역의 전문가가 직업인으로서 접하게 되는 문제이며, 이러한 실제적인 문제를 통해서 학습자는 문제를 해결해야 하는 상황을 이해하고, 문제해결의 당위성에 공감하며, 문제해결이 자신의 경험과 관련된 것이라고 느끼게 된다. 결과적으로 이러한 실제적 문제의 해결을 통해 학습자는 학습내용과 관련된 전문가의 사고를 경험하고, 그 지식과 관련된 전문 직업을 이해하게 된다(Dunlap, 2005). 또한 PBL에서 사용되는 문제는 하나의 정답이 제시되는 구조화된(well-structured) 문제가 아니라 다양한 대안과 방법이 요구되는 비구조화된(ill-structured) 문제다. 이에 따라 PBL에서 제시되는 해결책은 학습자의 관심, 배경 수준에 따라 다양하게 나타날 수 있다.

2) PBL은 학습자 중심의 학습환경이다

PBL에서는 교수자의 일방적인 강의를 통해 지식이 전달되는 것이 아니라 학습자의 활동을 통해 학습이 진행된다(Barrows, 1996). 따라서 학습자는 스스로가 자신의 학습에 대한 책임을 져야 한다. 자신이 해결해야 하는 문제를 이해하고 관리하기 위해 무엇을 알아야 하는지 확인하고, 필요한 정보를 어디서 얻어야 하는지 결정해야 한다. 이를 통해 학습자는 문제를 해결하는 과정을 통해 관련된 개념과 원리를 배우게 되며, 필요한 정보를 수집하고, 분석하며, 정보를 처리하는 능력을 기르게 된다. 궁극적으로 수집된 정보를 종합하고 정리함으로써 문제해결 능력을 기르게 된다. 이러한 과정을 통해 학습자는 개별화된 학습을 하게 되고, 학습에 대해 주인의식(ownership)을 갖게 된다.

3) PBL에서는 그룹 활동을 중심으로 학습이 진행된다

PBL에서의 문제해결 과정은 그룹 활동으로 이루어진다. 초기의 의과대학에서 진행된 PBL 활동은 5~8명의 학습자들이 그룹을 이루어 학습을 진행하고, 각 그룹에는 그룹의 진행을 도와줄 튜터가 할당되었다. 튜터는 각 그룹 구성원들의 활동을 점검하고 촉진하며, 피드백을 제공하는 역할을 담당하였다. 또한 PBL에서는 그룹 활동과 병행하여 개별학습이 진행된다. 학습자는 활동을 통해 문제를 분석하고, 문제해결에 필요한 절차와 방법을 토의하며, 문제해결을 위한 역할분담을 한다. 역할분담에 따라 주어진 학습과제를 학습한 후에는 다시 그룹으로 모여 학습한 내용을 발표하고, 토의하며, 최종 해결안을 모색하게 된다. 이러한 그룹 활동을 통해서 학습자는 다양한 사람과 효과적으로 협력하는 기능을 학습하게 되고, 다양한 시각과 접근방법을 배우게 된다. 그룹 활동은 복잡한 문제를 해결해야 하는 학습자의 부담을 감소시키기도 하지만 실제 전문가들이 활용하는 전문적인 실천의 방법이기도 하다.

4) PBL에서는 자기주도적 학습을 통해 새로운 지식을 습득한다

PBL에서의 학습자 중심 학습은 그룹 활동뿐만 아니라 자기주도적 학습도 함께 요구한다. 학습자 중심 학습의 특성상 학습자는 스스로의 학습과 연구를 통해서 새로운 지식을 습득하고, 전문성을 축적해 나가도록 기대된다. 이 또한 실제 전문가들이 참여하는 활동이기도 하다. 자기주도적 학습을 통해 학습자는 스스로 새로운 정보를 얻고, 학습하는 전문성을 지니게 되며, 문제해결 과정에 적극적으로 참여하게 된다. 학습자는 스스로 얻은 정보를 그룹 활동을 통해 교환하며, 자신의 학습결과에 대해 함께 토의하고, 비교하고, 논쟁하며, 학습결과를 수정·보완하게 된다. 자기주도적 학습은 그룹 학습에 의해 개별학습자의 학습이 소홀해지는 것을 방지할 뿐 아니라 그룹의 학습 능력을 배가시킨다. 또한 궁극적으로는 전문학습인, 평생학습인으로서의 능력을 개발하게 한다.

5) PBL에서는 교수자의 역할이 '지식전달자'에서 '학습진행자 또는 촉진자'로 전환된다

PBL에서 그룹 활동을 촉진해 주는 촉진자를 튜터(tutor)라고 부른다. 일반적으로 튜터는 강좌의 교수자일 수도 있고, 교수자와는 별도로 그룹 활동을 도와주는 수업 보조자일 수도 있다. 어떤 형태이든 튜터의 역할은 일방적인 강의를 통해 지식을 전달하는 것이 아닌 학습자로 하여금 문제를 더 잘 이해하고, 학습을 효과적으로 수행할 수 있도록 필요한 질문을 제기함으로써 학습을 촉진하는 것이다(Barrows, 1988). 이러한 튜터의 역할은 전통적인 강의에 익숙한 교수자에게는 낯선 기능이다. 일반적인 교수자들은 학습자의 생각을 묻거나, 그들의 아이디어를 도출하기 위한 질문을 하기보다는 일방적인 정답을 제시하는 경향이 있다. 또한 끊임없이 무언가를 가르쳐야 한다는 부담감이 있고, 수업의 주도권을 빼앗기는 것에 대해 불안을 느낀다. 그러므로 효과적인 튜터의 역할을 수행하기 위해서는 훈련이 필요하다.

PBL에서는 내용 전문가뿐만 아니라 비교과 전문가를 튜터로 활용하기도 한다. 이는 교과 전문가의 능력보다 촉진자의 능력이 더 요구됨을 반영하는 것이다. 하지만 교과 전문가이면서 촉진자의 능력을 겸비한 튜터가 이상적이라는 것은 논의의 여지가 없다.

3. PBL의 절차

PBL의 형태와 절차는 PBL을 적용하는 대상과 기관의 특성, 학습목표, 교과 등에 따라 달라질 수 있다. 하지만 모든 PBL 활동들은 기본적인 공통점을 가지고 있는데, 이들 공통점은 초기 의과대학에서 활용된 PBL의 기본적인 절차를 크게 벗어나지 않는다. 따라서 여기에서는 처음 PBL이 소개된 의과대학의 사례를 살펴보고, 그 사례를 통해 PBL의 기본적인 절차를 정리해 보고자 한다.

다음은 초기에 PBL이 적용된 McMaster 의과대학의 수업 과정이다(Duffy & Cunningham, 1995).

학생들이 의과대학에 처음 들어오면 이들은 다섯 개의 그룹으로 나뉘고, 각 그룹에는 한 명의 튜터가 배정된다. 그룹 배정이 끝나면 학생들에게 특정한 증상을 가진 환자의 문제가 제시된다. 학생들의 과제는 그 환자를 진단하고, 처방을 내리며, 자신이 내린 진단과 처방을 정당화하는 것이다. 그들은 문제에 대해 토의하고, 그들이 가지고 있는 지식과 경험에 비추어 가설을 세우며, 관련된 사실을 확인하고, 학습문제를 확인한다. 이 문제와 관련된 모든 종류의 주제들이 학습과제가 되고, 학생은 자신이 무엇을 모르는지를 확인하게 된다. 어떤 목표도 사전에 제시되지 않는다. 학생은 자신의 분석에 근거해서 학습과제(목표)를 생성해 낸다. 수업은 모든 학생들이 현재 진단에 대한 자신의 생각을 발표할 때까지 진행된다.

그룹 활동이 끝난 후 학생들은 모두 자기주도적으로 학습한다. 여기에는 어떤 텍스트도 주어지지 않는다. 의학 도서관에서 정보를 수집하거나 컴퓨터의 데이터베이스 자료를 활용하는 등의 모든 절차는 전적으로 학생의 선택에 달려 있다. 학생은 조언자로 교수들을 활용할 수도 있다.

자기주도적 학습이 끝난 후 학생은 다시 그룹으로 모여서 학습내용 및 자료를 공유하고, 어떤 자료가 가장 유용하고 어떤 자료가 유용하지 않은지를 평가한다. 그들은 단순히 서로 무엇을 배웠는가를 이야기하는 것이 아니라 학습한 지식을 이용해 문제를 재진단한다. 이 과정은 새로운 학습문제가 발생할 때까지 계속 반복된다(보통 1주에서 3주 정도로 학습이 진행된다).

문제해결 과정이 끝난 후 실행되는 평가는 동료나 자기 자신에 의한 평가만으로 이루어진다. 어떠한 시험도 없다. 학생은 자기주도학습, 문제해결, 그룹 구성원으로서의 기능의 세 가지 영역에서 자신과 동료를 평가한다.

위의 사례에서 나타난 것처럼, PBL은 '환자의 증상 진단'과 같이 실제 문제를 중심으로 일어나는 문제중심학습이며, 모든 학습내용은 학습자 스스로 찾아서 하는 학습자 중심의 환경이다. 수업은 그룹 활동을 통해 문제를 해결하는 협동학습과 자기 스스로 학습하는 자기주도학습의 두 가지 유형으로 이루어진다. 이 과정을 통해 학습자는 자료를 확인하고, 찾고, 평가하는 방법을 학습할 뿐만 아니라 그 자료들을 문제해결의 도구로 사용하는 방법을 배운다. 학습의 결과는 학습자가 환자의 증상을 정확히 진단하고, 그 진단을 정당화하는 것이며, 문제해결 과정이 끝나면 평가가 실시된다.

이러한 PBL의 진행 절차는 [그림 1-1]과 같이, 문제 제시, 문제 확인, 문제해결을 위한 자료수집, 문제 재확인 및 해결안 도출, 문제해결안 발표, 학습결과 정리 및 평가의 여섯 단계로 정리될 수 있다.

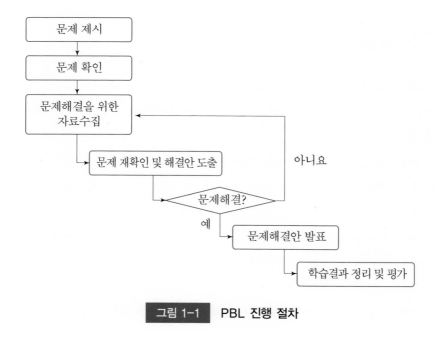

그림 1-1 PBL 진행 절차

1) 문제 제시

PBL의 첫 번째 단계는 해결해야 할 문제를 제시하는 것이다. 교수자는 수업에 사용할 문제를 미리 준비해 수업시간에 학습자에게 제시한다. PBL에서의 문제는 텍스트뿐만 아니라 비디오, 모의실험, 역할극, 컴퓨터 시뮬레이션 등 다양한 형태로 제시될 수 있다(Barrows, 1988). 이 문제는 학습자에게 학습을 위한 관련성과 동기를 제공한다. 문제를 이해하기 위한 시도를 통해서 학습자는 그들이 전공 영역에서 무엇을 학습해야 하는지 알게 되고, 학습활동에 대한 주인의식을 갖게 된다. 그러므로 문제는 실재에서 경험할 수 있는 것과 같은 방법으로 제시되어야 한다. 예를 들면, 의과대학에서 학생에게 환자를 진찰하는 문제상황을 주는 경우, 환자에게 질문하고, 물리 검사를 수행하고, 실험실 테스트를 하는 등 문제해결에 필요한 모든 활동을 하고, 각 활동에 대한 결과물을 얻을 수 있도록 해야 한다. 또한 문제를 해결하고 나면 최종적으로 어떤 과제를 제출해야 하는지에 대한 안내도 제공되어야 한다.

2) 문제 확인

문제가 제시되면 학습자는 해결해야 하는 문제가 무엇인지를 확인하고, 해결안을 찾기 위한 방법을 모색해야 한다. 문제 확인 단계에서 학습자는 소그룹별로 문제를 확인하고, 문제에서 요구되는 해결안이 무엇인지를 파악하기 위해 문제를 상세히 검토한다. 문제해결을 위해서 학습자들은 크게 '생각' '사실' '학습과제' 및 '실천계획'의 네 가지 단계를 거치면서 문제를 검토한다(Barrows & Myers, 1993).

'생각(ideas)'은 문제의 원인, 결과, 가능한 해결안에 대한 학습자들의 가설이나 추측을 검토하는 것이다. 초기의 의과대학 PBL 모델에서는 환자의 증상에 대한 가설을 설정하고, 그 가설을 검증해 가는 단계로 PBL이 진행되었다. 가설 설정에 해당하는 것이 '생각' 단계가 된다. 하지만 의학이나 과학처럼 가설 수립에서 문제해결 과정이 시작되지 않는 교과영역(예: 사회과학)에서는 문제를 접한 초기에 가설을 설정하는 것은 매우 어려울 뿐만 아니라 전문가적 사고의 흐름과도 일치하지 않을 수 있다. 따라서 이 경우에는 문제에서 무엇을 요구하고 있으며, 학습자가 해결해야 할 문제가 무엇인지, 그 결과물은 어떤 형태가 될 수 있는지 등 문제를 이해하는 데 필요한 아이디어를 검토할 수 있다.

'사실(facts)'은 두 가지 측면에서 검토가 가능하다. 즉, 문제에 제시된 중요한 사실과 학습자가 이미 알고 있는 문제해결과 관련된 사실을 확인하는 것이다. 먼저 문제에 제시된 사실을 검토하는 것은 문제를 명확히 이해하고, 문제에서 빠진 중요한 단서가 무엇인지를 파악하는 데 도움이 된다. 중요한 것은 여기에서 확인할 사실들은 문제를 구성하는 모든 사실이 아니라 문제해결을 위해 필요한 사실만이라는 것이다. 즉, 아이디어 단계에서 해결해야 할 문제가 파악되면, 문제상황에 제시된 그 문제를 해결하기 위해 필요한 사실과 단서들이 무엇인지를 파악하는 것이다. 예를 들어, 환자의 증세가 감기라는 가설이 세워지면 문제에서 어떤 사실들이 감기와 관련된 증상인지를 확인하는 것이다.

문제에서 제시된 사실에 대한 확인이 끝나면, 이와 관련하여 학습자가 이미 알고 있는 사실들을 검토할 수 있다. 예를 들면, 감기 증상에는 문제에서 제시된 환자의 증상 이외에 어떤 것이 있는지 학습자가 알고 있는 사실을 확인하는 것이다. 학습자가 이미 많은 것을 알고 있다면 학습해야 할 과제가 줄어들 수 있고, 문제의 사실을 확인하기 위해서 어떤 추후 활동이 필요한지(예를 들면, 어떤 검사가 필요한지)도 결정할 수 있다.

'학습과제(learning issues)'는 문제를 해결하기 위해 학습자가 알아야 할 필요가 있는 학습내용을 말한다. 이것은 앞부분의 '사실' 확인 단계와 연결된다. 문제에서 제시된 사실이 확인되면 자연스럽게 문제해결을 위해 조사해야 할 과제가 도출되기 때문이다. 또한 학습자가 문제와 관련된 지식을 이미 많이 가지고 있다면 그만큼 학습과제가 줄어들 수 있다. 실질적으로 학습과제 도출은 PBL에서 가장 핵심적인 요소다. 이 과정을 통해 학습자는 그 강좌에서 무엇을 학습해야 하는지 알 수 있으며, 그 문제가 어떻게 자신의 학습에 영향을 주는지 깨달을 수 있기 때문이다. 또한 학습과제는 문제해결과 직접적인 관계를 가지고 있기 때문에 튜터는 학습자가 학습과제를 잘 도출할 수 있도록 도움을 제공해야 한다.

마지막으로 '실천계획(action plans)'은 문제를 해결하기 위해 학습자가 이후에 해야 할 일 또는 실천계획을 수립하는 것이다. 이 과정은 도출된 학습과제를 실제로 어떻게 학습할 것인지에 대한 계획을 수립한다. 이 실천계획은 역할분담과 자료 검색 방법, 시간계획 등을 포함할 수 있다. 일단 학습과제가 도출되면 누가 특정한 학습과제를 학습할 것인지 역할분담을 해야 한다. 이 역할분담에 따라서 학습자는 개별학습계획을 세우게 된다. 또한 분담된 학습과제는 어떤 방법을 통해 학습할 수 있는지를 확인할 필요가 있다. 예를 들면, 환자의 증상을 좀 더 알아보기 위해 x-ray 검사 결과를 검토하거나 혈액검사 결과를 살펴볼 수도 있고, 의학 사전에서 환자의 증상과 유사한 사례를 찾아볼 수도 있다. 역할분담 후에는 다음 그룹 모임 일정을 수립하게 된다.

이러한 문제 확인 과정이 끝나면 그룹 구성원들은 각각 개별학습을 진행하게 된다.

표 1-1 문제 확인을 위한 분석 내용

생각 (ideas)	사실 (facts)	학습과제 (learning issues)	실천계획 (action plans)
• 문제 이해 (내용, 요구사항, 결과물 등) • 해결책에 대한 가설, 추측	• 문제에 제시된, 문제해결에 필요한 사실들 • 문제해결과 관련하여 학습자가 알고 있는 사실들	• 문제해결을 위해 알아야 할 학습내용들	• 문제해결을 위한 이후의 계획 (역할분담, 정보 및 자료 검색 방법, 시간계획 등)

문제 확인 사례

여러분은 지역신문의 기자입니다. 새 편집장은 여러분에게 토요일 신문의 1면에 실을 기사를 준비하고, 그 기사를 독자에게 매우 호소력 있게 만들라고 지시하였습니다. 편집장은 가장 중요한 기사가 1면을 차지해야 한다고 말했고, 그 기사들은 자신의 승인을 받아야 한다고 했습니다. 여러분은 어떤 기사를 써야 할까요?

생 각	• 토요일 1면에 실을 기사 작성 • 기사를 선택하고, 승인하는 기준 • 신문의 특성, 독자
사 실	• 우리는 지역신문 기자다. • 토요일 신문의 1면 기사를 준비해야 한다. • 1면은 보다 호소력이 있어야 한다. • 가장 중요한 기사가 1면에 나와야 한다. • 우리는 기사를 작성하고 편집장의 승인을 받아야 한다.
학습과제	• 누가 이 신문을 읽는가? • 예산은 얼마인가? • 일반적으로 1면에는 어떤 종류의 기사들이 실리는가? • 얼마나 많은 색상이 사용될 수 있는가? • 좋은 기사와 나쁜 기사의 기준은 무엇인가? • 기사의 길이는 얼마나 길어야 하는가? • 1면의 공간은 어느 정도인가? • 무엇이 신문을 호소력 있게 만드는가? • 1면을 구성하는 데 '최선'의 방법이 있는가?

실천계획	• 신문 1면 읽고 특징 파악하기(다 같이)
	• 신문의 호소력과 관련된 문헌 및 자료 찾기(정미, 은영)
	• 좋은 기사와 나쁜 기사의 기준 파악하기
	  - 문헌 및 인터넷 검색(동석, 준석)
	• 편집장의 기사 선택 기준 파악하기
	  - 신문 편집장 면담(다 같이)
	• 다음 모임 일정: 4월 15일 4:00시

3) 문제해결을 위한 자료수집

문제 확인을 위한 그룹 활동이 끝나면 문제해결을 위한 자료와 정보를 수집하게 된다. 이러한 자료수집은 그룹 구성원 각자가 자신에게 주어진 학습과제를 해결하는 개별학습(자기주도적 학습)으로 이루어지게 된다. 일반적으로 개별학습은 문제의 규모에 따라 2~3일이 걸릴 수도 있고, 1~2주가 걸릴 수도 있다. 학습자는 이 과정을 통해 자기주도적으로 정보를 찾고, 지식을 학습하는 평생학습 능력을 기르게 된다.

개별학습에서 학습자가 사용하는 자료는 전공서적, 인터넷, 학술지 논문, 비디오와 같은 매체뿐만 아니라 동료, 선배, 전문가와의 면담 같은 인적 자료도 사용할 수 있다. 다양한 자원을 이용하는 것도 중요하지만 주어진 시간에 효과적인 자기주도 학습결과를 만들어 낼 수 있어야 한다. 따라서 학습자가 자기주도적 학습능력이 부족할 경우에는 튜터나 교수자에 의한 중재 및 훈련이 필요하다.

학습자의 개별학습을 중재하는 방법으로는 교수자가 학습자에게 참고할 수 있는 자료의 예를 제시해 주거나, 도움을 줄 수 있는 동료나 선배, 전문가와의 만남을 주선하는 방법이 있다. 또한 학습자의 학습과정을 살펴본 후 참고자료와 학습과정의 적절성 등에 대한 피드백을 제공할 수도 있다.

4) 문제 재확인 및 해결안 도출

이 단계에서는 문제 제시 단계에서 확인된 자료를 중심으로 문제에 대한 재평가를 실시한다. 학습자는 개별학습을 한 다음, 다시 그룹별로 모여 각 개인이 학습한 결과를 발표하고, 의견을 종합하여 첫 단계에서 확인된 생각, 사실, 학습과제, 향후 과제의 사항을 재조정하게 된다. 이 과정에서 동료의 학습결과를 청취하고, 자신의 학습결과와 비교해 봄으로써 자연스러운 학습이 발생하게 된다. 또한 이 단계는 확인된 자료를 중심으로 문제를 재평가함으로써 최적의 진단과 해결안을 도출하게 된다. 만약 이 과정에서 최종적인 해결안이 도출되지 못하면, 새로운 학습과제를 모색하고 최종 해결안에 도달할 때까지 몇 번의 문제 재확인 과정을 반복할 수 있다.

5) 문제해결안 발표

문제 재확인 단계를 통해 그룹별로 최종 문제해결안이 만들어지면 수업시간에 각 그룹별로 준비한 문제해결안을 발표한다. 이 발표 단계에서는 그룹별로 진행된 공동 학습결과 및 최종 결론을 전체 학습자들에게 발표함으로써 다른 그룹의 아이디어와 자신들의 것을 비교한다. 또한 전체 토의를 통해 전체적으로 최종 해결안을 모색한다. 해결안 발표는 전체 그룹의 수가 적다면 모든 그룹들이 발표할 수도 있지만, 만약 그 수가 많다면 몇몇 그룹들만 하는 방법도 있다. 발표할 그룹을 정하는 방법은 무작위로 돌아가며 하거나 과제를 미리 점검한 후 가장 잘한 두세 그룹이 발표를 하게 하는 방법도 가능하다. 이 경우에는 학습자들의 선의의 경쟁심을 유발시켜 다음 과제에 더욱 열심히 하게 하는 동기유발이 되고, 우수 사례를 접함으로써 자신의 과제와 비교, 학습하는 계기를 제공할 수도 있다.

6) 학습결과 정리 및 평가

마지막 단계는 PBL 학습결과를 정리하며 학습결과 및 수행에 대한 평가를 실시하는 단계다. 학습자는 학습결과의 발표를 통해 공유된 해결안을 정리하고, 교수자는 문제해결안과 관련된 주요 개념을 요약, 정리하거나 필요한 경우 간단한 강의를 제공할 수 있다. 학습결과의 평가는 그룹별로 제시된 문제해결안에 대한 교수자의 평가와 학습자들 스스로가 자신의 학습 수행을 평가하는 자기평가, 동료에 의한 동료평가 등이 사용될 수 있다(평가에 대한 보다 자세한 내용은 '제10장 PBL에서 학습자 평가하기' 참조).

학습결과 정리가 끝난 후 학습자에게 성찰일지를 작성하게 하는 것도 좋은 평가방법이 된다. 성찰일지는 학습자에게 학습내용을 정리하고, 배운 내용을

표 1-2 PBL 단계별 결과물

PBL단계	활동	결과물	주체
문제 제시	PBL 활동을 위한 문제 시나리오 제시	문제 시나리오	교수자
문제 확인	생각, 사실, 학습과제, 실천계획을 이용한 문제 이해 및 분석	문제 분석지	학습자
문제해결을 위한 자료수집	개별학습을 통한 문제해결안 모색	개별학습 결과물	학습자
문제 재확인 및 해결안 도출	개별학습결과 통합 및 그룹 토의, 최종 해결안 모색	그룹 활동 일지, 문제 분석지	학습자
문제해결안 발표	그룹 해결안 발표, 전체 토론 및 평가	발표 자료	학습자
학습결과 정리 및 평가	학습결과, 개별활동 평가, 학습내용 정리	평가지, 성찰일지	교수자, 학습자

점검하는 계기가 되며, 교수자에게는 학습자의 학습내용 및 과정을 평가하는 자료가 될 수 있다. 성찰일지는 문제가 해결될 때마다 작성하게 할 수도 있고, 매 수업이 끝난 후 작성하게 할 수도 있다. 매 수업이 끝난 다음에 성찰일지를 작성하는 경우는 교수자가 학습자의 학습과정에 대해 피드백을 할 수 있는 좋은 자료가 된다.

4. 교수자와 학습자의 역할

PBL은 교수자가 중심이 되는 전통적인 수업과 달리 학습자가 중심이 되는 학습활동이다. 따라서 PBL 환경에서는 교수자와 학습자의 역할이 많이 달라진다. 다음에서는 효과적인 PBL 수업이 되기 위해 교수자와 학습자가 어떤 역할을 해야 하며, 이들이 갖추어야 할 자질은 무엇인지 살펴보고자 한다.

1) 교수자의 역할

PBL 환경에서 교수자의 역할은 크게 교수 설계자, 학습 촉진자 그리고 학습결과 평가자의 세 가지로 나누어 볼 수 있다.

(1) 교수 설계자

전통적인 수업에서 수업을 계획하고, 설계하는 교수자의 역할은 중요하다. 그런데 PBL을 적용하기 위해서는 추가의 교육과정이나 수업방법에 대한 설계가 필요하기 때문에 PBL 환경에서의 교수 설계자의 역할은 더욱 중요해진다. 교수자는 기존의 전통적인 수업을 PBL로 바꿀 수도 있고, PBL을 위한 새로운 과정을 만들어 낼 수도 있다. 어떤 경우든 교수자는 새로운 교육방법을 이해하고, 기존의 교육내용을 재구성하기 위해 노력해야 한다. PBL 과정을 개발하기 위해서는 교육목표나 내용뿐 아니라 과정 운영 전략, 평가내용 및 방법 등 수업 전반에 대한 설계가 필요하다.

또한 한 가지의 단위 수업을 PBL로 설계할 수도 있지만 다양한 전문 영역을 통합하여 한 학기 또는 한 학년 단위로 새로운 교육과정을 개발할 수도 있다. 처음 PBL이 적용된 McMaster 의과대학은 전체 의과대학의 교육과정을 PBL로 바꾸어 운영한 대표적인 사례다. PBL의 운영 범위는 교수자의 역량과 의지에 따라 광범위하게 사용될 수 있으며, 이 모든 과정에서 교수 설계자로서의 역할이 요구된다.

물론 이렇게 설계된 수업을 운영하는 것도 교수자의 몫이다. 이런 측면에서 교수자는 설계자와 운영자의 역할을 병행하게 된다. 그러나 PBL에서 수업의 진행은 학습자 중심으로 이루어지므로, 전통적인 수업에 비해 운영자의 역할은 줄어들고 설계자의 역할이 강화된다.

(2) 학습 촉진자

PBL은 학습자 스스로 자료를 찾고, 그룹 활동을 통해 문제를 해결하는 학습자 중심의 교수-학습 방법이다. 따라서 PBL에서 가장 특징적인 교수자의 역할은 바로 학습자의 학습을 촉진하는 튜터의 역할이다. 이것은 전통적인 지식 전달자의 역할에 익숙한 교수자에게는 새로운 도전이 될 수 있다. 튜터의 가장 중요한 역할은 학습자의 필요를 점검하고, 학습자에게 적절한 도움을 제공하는 것이다. 이는 학습자에게 학습내용을 직접 가르치는 것이 아니라 학습자가 무엇을 학습해야 하는지, 왜 학습해야 하는지를 깨닫도록 도와주는 것이다. 이를 위해서는 학습자의 인지적 수준에 맞는 질문을 적절히 제시할 수 있어야 한다.

Schmidt와 Moust(1995)는 교수자의 행동에서 가장 핵심적인 개념은 '인지적 일치도(cognitive congruence)'라고 지적했다. 인지적 일치도란, 교수자가 학습자의 지식수준에 대해 이해하고, 자신을 학습자의 수준에 맞게 표현하는 능력이다. 또한 인지적 일치도는 학습자가 문제를 다루는 동안 경험하게 되는 어려움을 감지하는 것을 의미한다. 교수자는 언제 중재를 하고 무엇을 제시해야 하는지 알아야 한다. 학습자에게 생각을 명료화하도록 요구하거나, 필요한 경우 상반되는 예나 설명을 제공할 수 있어야 한다.

이러한 인지적 일치도를 형성하기 위한 필수 조건은 교과에 대한 전문성과 대인관계 능력(interpersonal quality)이다. 효과적인 교수자가 되기 위해서는 교과에 대한 전문지식뿐만 아니라 학습자의 학습과 생활에 대해 진정한 관심을 갖고 있어야 한다는 것이다. 물론 이러한 능력은 모든 교수자에게 필요한 요소이지만, 특히 튜터는 적절한 관련 지식은 물론이고 학습자와 진심으로 관계를 맺으려는 의지, 학습자가 이해할 수 있는 언어로 표현하는 기술을 필수적으로 갖추어야 한다.

일반적으로 교과 전문가인 교수자는 학습 촉진에 초점을 두어야 하는 튜터의 역할에 많은 어려움을 느낀다. 그래서 어떤 경우에는 교과에 대해서는 비전문가이지만 PBL 과정과 튜터 역할에 대해 훈련받은 교수자를 튜터로 활용하기도 한다. 물론 이러한 튜터도 교과 내용에 대한 적절한 지식은 가지고 있어야 하지만, 내용에 대한 전문성은 교수자에 비해 미흡하다. 학부 학생이나 대학원생을 튜터로 활용하는 경우나 전문 튜터를 활용하는 경우가 이런 예에 해당된다(Schmidt & Moust, 2000). 이러한 사례는 PBL을 위해서는 이상적으로 교수자가 교과 전문가이면서 촉진자로서의 기술을 잘 갖추고 있는 것이 가장 좋지만, 만약 그렇지 못하다면 교과 전문가보다는 촉진자로서의 기술을 갖추고 있는 것이 더 바람직하다는 예를 보여 준다.

(3) 학습결과 평가자

PBL 환경에서 교수자의 또 하나의 중요한 역할은 학습결과 평가자로서의 역할이다. 전통적인 수업에서의 교수자도 학습결과 평가자로서의 역할을 한다. 하지만 PBL에서는 전통적인 수업에 비해 보다 다양한 평가방법이 사용될 뿐만 아니라 평가에 대한 교수자의 의식도 바뀌어야 한다. 기본적으로 PBL은 문제를 해결하는 과정을 통해서 학습을 하는 것이므로 학습결과는 문제해결안의 형태로 나타난다. 즉, 학습자가 문제에 대한 적절한 대안을 제시하고 자신의 선택을 정당화할 수 있다면, 이들은 학습에 성공한 것이다. 따라서 문제에 대한 합당한 해결안을 제시하는 것 자체가 학습결과의 평가 기준이 된다.

또한 PBL에서 중요한 평가 내용 중의 하나는 학습과정이다. PBL은 그룹 활동 및 개별학습을 통한 학습자 중심으로 진행되므로 학습자가 적절한 학습과정을 이용해 학습했는지를 평가하는 것이 중요하다. 이러한 학습과정에 대한 평가는 그룹 활동 일지나 그룹 활동 보고서, 그룹 토의 내용 등을 토대로 수행할 수 있고, 성찰일지나 개별학습 보고서 등을 활용할 수도 있다. 또한 교수자뿐 아니라 학습자도 자신의 그룹 활동이나 개별학습을 평가하게 함으로써 스스로의 학업 성취도를 평가해 볼 수 있는 기회를 주는 것이 바람직하다. PBL 환경에서 교수자는 이러한 다양한 평가 활동을 설계하고, 계획하고, 실행해야 하므로 학습평가자로서의 역할이 강화된다.

2) 학습자의 역할

PBL에서는 교수자는 물론이고 학습자에게도 전통적인 수업에서와는 다른 새로운 역할이 요구된다. 학습자는 더 이상 교수자의 수업을 듣기만 하는 수동적인 청취자가 아니라 스스로 학습을 구성하고 성취하는 적극적인 학습자가 되어야 한다. 이러한 학습자의 역할 때문에 처음 PBL을 접하는 학습자는 PBL에 대한 부담과 저항심을 느끼게 된다. 하지만 이러한 저항심은 PBL에 익숙해지면 차차 사라지게 되고, PBL 수업이 끝날 때면 PBL 옹호자로 바뀌는 경향이 있다. 보다 효과적이고 효율적인 PBL 수업을 진행하기 위해서 학습자에게 필요한 능력에 대한 사전 훈련을 제공하는 것도 바람직하다.

PBL 환경에서 주요한 학습자의 역할은 문제해결자, 자기주도적 학습자, 협력적 학습자, 세 가지로 나누어 볼 수 있다.

(1) 문제해결자

PBL은 문제해결을 통해 학습하는 방법이므로 학습자는 문제해결자가 되어야 한다. 학습자들은 모두 유사한 문제해결 과정을 거치게 되는데, 문제해결자로서의 능력에 따라 학습결과가 달라진다. 문제해결자는 문제를 정확히 분석하고, 필요한 정보를 찾고, 정보의 타당성을 판단하며, 관련 정보를 종합하고, 결과를 정확히 예측하고, 점검할 수 있는 능력을 요구한다(Jonassen, 1997). 또한 단순히 기존의 자료를 수합하고 종합하는 것뿐만이 아니라 새로운 대안을 제시하는 창의적 문제해결 능력도 필요하다. 이러한 문제해결자로서의 능력은 분석력과 판단력, 비판력, 창의력 그리고 논리적 사고력을 요구한다. 문제해결 능력은 개개 학습자의 특성에 좌우되기도 하지만 연습과 훈련을 통해서 길러질 수 있다.

전통적인 교육에서도 이러한 문제해결 능력의 중요성은 강조되었지만, 이를 효과적으로 촉진하고 육성하기 위한 실질적인 실천은 결여되어 왔다. PBL에서는 직접 문제를 해결하는 과정을 통해 학습을 유도하므로, 학습자는 그 과정에서 전문적인 지식뿐만 아니라 고차적 사고력과 문제해결 능력을 기르게 된다. 그러나

PBL에 많이 노출된 학습자는 궁극적으로 문제해결 능력이 육성되지만, 처음 PBL을 시작하는 학습자는 어려움을 겪을 수 있다. 따라서 PBL의 효과를 극대화하기 위해서는 PBL을 시작하기 전에 학습자가 문제해결 과정을 이해하고, 학습자의 역할을 충분히 연습할 수 있는 기회가 주어지는 것이 좋다. 한 대학에서 PBL이 보편적으로 사용되는 경우는 문제해결이나 그룹 활동과 같은 PBL에 필요한 기본 능력들을 신입생 기본 강좌로 운영하는 경우다.

(2) 자기주도적 학습자

PBL에서는 학습자 스스로 문제를 분석하고, 문제해결과 관련된 정보를 찾고 학습해야 하므로 자기주도적인 학습 능력이 요구된다. 자기주도적 학습이란, 학습자 스스로 학습을 계획하고 수행하며 평가하는 활동으로, 학습자 자신의 의식적인 지시와 규율 아래 이루어지는 활동을 뜻한다(Knowles, 1975). 따라서 자기주도적 학습을 위해서는 학습자 스스로 학습계획을 세우고, 학습목표를 설정하며, 적절한 학습전략을 선정하고, 학습을 위해 필요한 자원을 선택·적용하며, 학습 결과를 스스로 평가할 수 있는 능력이 필요하다. 이러한 자기주도적 학습 능력은 모든 전문가들에게 꼭 필요한 능력일 뿐만 아니라 평생학습사회에서 모든 학습자에게 요구되는 핵심적인 능력이기도 하다.

하지만 안타깝게도 전통적인 교육방법은 자기주도적 학습 능력을 기르기보다는 교수자의 강의에 의존하는 수동적인 학습자를 길러내고 있을 뿐이다. 그로 인해 처음 PBL을 접하게 되는 많은 학습자들은 PBL 환경에 부담과 어려움을 느낀다. PBL의 효과를 극대화하기 위해서는 이들 학습자의 학습 습관과 태도를 고려해야 하고, 자기주도적 학습 능력의 중요성과 자기주도적 학습 방법에 대한 안내를 제공해야 한다.

일반적으로 자기주도적 학습자는 다음과 같은 특징을 보인다(Guglielmino, 1997).

• 학습에 대한 애정과 열정을 가진다. 즉, 학습을 외적 보상이나 벌 때문에 하

는 것이 아니라 활동 그 자체에 대한 내재적 동기를 가진다.

- 학습자로서의 자기 자신에 대한 긍정적인 자아개념을 갖는다. 즉, 자신의 학습 능력에 대해 긍정적인 태도를 가지고 할 수 있다는 자신감을 갖는다.
- 학습 기회에 대한 개방성을 갖는다. 즉, 새로운 종류의 활동에 호기심을 갖고 지속적으로 참여하며, 새로운 변화를 두려워하지 않고, 변화에 대한 적응력이 강하다.
- 학습에 대해 솔선수범하며, 독립적이다. 즉, 타인의 의지나 관습에 맹종하지 않고 자신의 의지를 표현하며, 스스로를 통제하고 자발적으로 행동한다.
- 자신의 학습에 책임감을 갖는다. 즉, 관심 있는 주제를 지속적으로 탐구하고, 적극적으로 자신의 학습을 계획하며, 자신의 학습진도를 평가한다.

(3) 협력적 학습자

PBL은 그룹 활동을 통해 진행되므로 모든 학습자들이 다른 학습자들과 정보를 공유하고, 서로의 목적을 위해 협력하는 협력적 학습자가 되어야 한다. 그룹 활동은 다양한 관점을 공유하고, 서로의 학습 부담을 줄여주며, 학습자로 하여금 의사소통 능력을 개발하도록 촉진하는 긍정적인 효과가 있다(Seymour & Hewitt, 1997).

하지만 그룹 활동은 PBL 과정에서 학습자들이 가장 어려움을 겪는 활동이기도 하다(최정임, 2006). 그룹 활동이 효과적이고 생산적으로 잘 이루어지기 위해서는 그룹 구성원 개개인의 자질과 노력이 필요하다. 어떤 그룹은 구성원 사이에 반목이나 갈등을 겪기도 하고, 어떤 그룹은 구성원이 서로 책임을 미루거나 무임승차하려는 경우가 있기도 하다. 이처럼 그룹 활동에 필요한 기술과 태도를 갖추지 못하면 그룹 활동에 어려움을 겪거나, 학습에 실패하기도 한다.

이런 이유로 효과적인 PBL을 위해서는 협력적 학습을 촉진하기 위한 활동을 계획하는 것이 중요하다. 물론 PBL에 익숙해질수록 학습자는 다양한 그룹 활동을 경험하게 되고, 그룹 활동 능력도 향상되는 경향이 있다. 하지만 그룹 활동 기술의 유무는 직접적으로 학습자의 학업성취와 연결되므로 PBL 수업이 시작되기 이전에 그룹 활동에 필요한 기술을 익히고, 협동학습의 분위기를 만들 수 있는 기회를 제공하는 것이 바람직하다. 이를 위해서 본격적인 수업이 시작되기 전에 그룹을 구성하고, 그룹 구성원이 서로 소속감을 가질 수 있도록 팀 빌딩 활동을 계획해야 한다. 또한 그룹 활동에서 겪을 수 있는 문제점이나 커뮤니케이션 기술, 회의 기술, 갈등 처리 방법 등에 대한 안내도 제공하는 것이 필요하다.

일반적으로 학습에 실패하는 그룹은 대부분 그룹 구성원이 협력학습을 위한 사회적 기능이 부족한 경우가 많다(정문성, 2004). 사회적 기능이 훈련되지 않은 경우에는 학습자들 사이에서 활발하고 긍정적인 상호작용이 일어나지 않기 때문에 그룹 활동의 장점을 살리지 못하는 것이다. 사회적 기능의 핵심을 이루는 것은 언어적 표현, 즉 커뮤니케이션 기술이다. 학습자가 자신의 생각과 의견을 어떻게 정리하고 언제 말하고 어떻게 표현하며, 어떻게 다른 사람의 의견을 받아들여야 하는지를 모르기 때문에 협력학습이 원활히 진행되지 못하는 것이다. 따라서 효과적인 협력학습이 이루어지려면 학습자는 이러한 기능들을 익히고 있어야 한다. 〈표 1-3〉은 그룹 활동을 위해 학습자가 익혀야 할 사회적 기능의 예다(Clarke, Wideman & Eadie, 1990: 정문성, 2004, p. 103 재인용).

표 1-3 그룹 활동을 위한 사회적 기능의 종류

과제 기능	관계 기능
• 질문하기	• 기여도 알기
• 명료화하기	• 동의 확인하기
• 동료의 이해 점검하기	• 정당하게 반대하기
• 동료의 생각 정교화하기	• 동료 격려하기
• 지시 따르기	• 지지 표명하기
• 모둠 활동하기	• 발표하게 하기
• 시간 지키기	• 조용히 하고 긴장 완화하기
• 청취하기	• 중재하기
• 생각 공유하기	• 생각에 반응하기
• 과제에 집중하기	• 감정 나누기
• 이해를 위해 요약하기	• 감사 표하기

이러한 그룹 활동 기능을 길러주기 위해서는 적어도 PBL을 시작하기 전에 연습의 기회를 제공하는 것이 필요하다.

제2장

PBL의 유용성

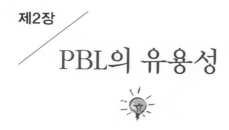

앞 장에서 제시한 것과 같이 PBL은 전통적인 수업과는 다른 교수자와 학습자의 역할을 요구한다. 그러므로 PBL을 적용하는 것은 전통적인 수업에 익숙한 교수자나 학습자 모두에게 부담이 될 수 있다. 그렇다면 '왜 PBL을 사용해야 하는가?' '그럼에도 PBL을 적용할 가치가 있는 것인가?' 하는 의문이 생길 수 있다. 이에 대한 논의는 자연스럽게 PBL의 효과에 대한 문제로 연결된다. 만약 PBL이 전통적인 수업보다 효과적이거나 전통적인 수업으로는 달성하기 어려운 목표를 성취할 수 있다면 이러한 질문에 대한 답을 얻을 수 있기 때문이다. 그러므로 이 장에서는 PBL의 효과와 이와 관련된 일반적인 논쟁들을 살펴보고자 한다.

1. PBL의 효과

1) 지식 습득

일반적으로 PBL은 전통적인 수업방법에 비해 효과적일 것으로 기대되고 있다. 그러나 PBL이 모든 수업에 효과적인 것은 아니다. PBL은 특히 전통적인 수업이 달성하기 어려운 수업 목표를 달성하는 데 효과적이다. 그렇다면 그러한 목표들은 무엇이 있는가? 여기서는 PBL의 효과를 지식습득, 문제해결력, 자기주도적 학습 능력, 협동학습 능력의 측면에서 살펴보려 한다.

이론적으로 PBL은 전통적인 수업에 비해 여러 가지 이점이 있을 것으로 예상된다. PBL 수업을 받은 학습자는 전통적인 수업을 받은 학습자에 비해 보다 높은 동기를 갖게 되고, 정보를 더 잘 학습하고 기억하며, 학습한 지식을 실제 문제에 더 잘 적용할 것으로 기대된다(Hung, Bailey, & Jonassen, 2003).

PBL이 학습자의 학업성취도나 지식 획득에 주는 영향에 대해서 실제로 많은 연구들이 수행되었다. 연구물들은 수업 내용과 방법에 다양한 차이점을 보이고 있지만, 일반적으로 PBL이 학습에 긍정적인 영향을 주고, 학습효과를 높이는 데 효과적이라고 보고하고 있다(Dochy, Segers, Bossche, & Gijbels, 2003; Gallagher, Stepien, & Rosenthal, 1992; Sage, 1996). 즉, PBL 환경의 학습자는 전통적인 수업 환경의 학습자보다 더 많은 지식을 획득하고, 더 잘 기억하며, 학습한 지식을 실제 문제상황에 더 잘 활용하는 경향이 있다는 것이다.

그렇다면 이러한 결과가 나타나는 이유는 무엇일까? 왜 PBL은 전통적인 수업에 비해 학습이 효과적인가? 그 이유는 크게 다음과 같은 두 가지 요소에서 찾아볼 수 있다.

(1) 문제의 사용
PBL은 새로운 지식 획득의 시작점으로 문제를 사용하는 교수-학습 방법이다.

PBL의 효과에 가장 큰 영향을 미치는 요소는 바로 문제다. 학습자는 문제를 가지고 학습함으로써 새로운 경험과 사전지식을 연결하고, 학습의 필요성을 느끼게 된다. PBL에서 사용되는 문제는 실세계의 상황이나 학습자가 미래에 관련성을 느끼는 상황이므로, 학습자는 새로운 정보를 추구할 필요성을 느끼게 된다. 또한 문제해결을 위해 학습자에게 특정한 역할이 주어지므로 학습자는 학습에 대한 주인의식을 갖게 된다.

문제에서 제시되는 시나리오는 학습자에게 실세계의 관련성을 제시하는 통로가 되므로, 학습자가 그들의 삶 또는 그들의 미래에서 예측할 수 있는 사건을 활용한다. 그러므로 학습자는 학습의 필요성을 스스로 결정하고 문제를 해결하게 된다. 학습자는 스스로 학습의 필요성을 결정했기 때문에 학습은 매우 관련성이 있고 유의미하게 된다. 이는 학습자의 흥미를 유발하며, 학습내용을 더욱 깊이 있게 이해하게 하고, 새로운 정보를 더 잘 기억하게 한다. 학습자는 학습을 더 재미있고 즐겁게 느끼며, 따라서 더 열심히, 더 오래 학습하게 된다. 학습자가 더 열심히, 더 오래 학습할수록 더 많이 배울 가능성이 높아지게 되는 것이다.

(2) 학습과정

PBL은 학습자 스스로가 문제해결 방법을 찾고, 문제해결 방안을 모색하는 학습자 중심의 학습방법이다. 학습자는 소그룹 활동을 통해 문제를 분석하고, 학습과제를 확인하며, 학습내용을 토의하고 점검한다. 이러한 그룹 활동 과정은 학습자의 학습과 기억을 촉진하며, 따라서 더 효과적인 학습이 발생할 수 있도록 도와준다.

그룹 활동의 영향을 측정한 연구들에 따르면, 소그룹을 통한 문제분석은 사전지식을 활성화하고, 새로운 정보의 학습과 기억에 큰 영향을 주었다. 흥미로운 것은 문제분석 활동은 학습자가 사전지식이 별로 없는 경우에 더욱 효과적이라는 것이다(Schmidt & Moust, 2000).

또한 연구결과에 따르면, 그룹 활동을 통한 문제분석은 개별적인 문제분석보다 내용을 기억하는 데 더 큰 긍정적인 효과를 가지고 있는 것으로 나타났다

(Schmidt & Moust, 2000). 단순히 이미 존재하는 사전지식을 자극하는 것보다는 관련된 문제를 접하고, 그룹을 형성하여 그 문제를 토의하는 것이 사전지식의 효과를 촉진하는 데 더 큰 영향력이 있었다. 학습자는 협동적인 노력을 통해서 자신이 알고 있는 것과 알지 못하는 것과의 차이를 깨닫고, 이에 따라 학습을 위한 내재적 동기가 유발되는 것이다. Johnson과 Johnson(1979)의 연구에서도 그룹 토의는 다른 사람과의 지식의 격차를 인식하는 것을 돕고, 그럼으로써 추가적인 정보를 찾으려는 동기를 유발하는 것으로 나타났다.

또한 PBL 환경의 학습자는 토의에 적극적으로 참여하는 학습자건 그렇지 않는 학습자건 대부분의 시간을 문제와 관련된 정보를 능동적으로 처리하는 데 사용하는 것으로 나타났다(Schmidt & Moust, 2000). 이는 토의에 적극적으로 기여하지 못하는 조용한 학습자라 할지라도 PBL 활동을 통해 효과를 얻을 수 있음을 시사한다.

2) 문제해결력

일반적으로 PBL은 학습자의 학업성취도나 기억력에 효과적인 것으로 나타났다. 하지만 PBL은 단기기억보다는 장기기억에, 단순하고 사실적인 정보보다는 고차적이고 분석적인 사고를 요하는 문제해결 과제에 보다 효과적인 것으로 나타났다. 예를 들면, 의과대학의 PBL 환경에서 수업을 한 학생들과 전통적인 교육과정에서 수업을 한 학생들의 학업결과를 비교한 Norman과 Schmidt(1992)의 실험에 따르면, PBL 환경의 학생은 단기기억에 대한 검사에서는 전통적인 교육과정의 학생과 별 차이를 보이지 않았지만 장기기억에 대한 검사에서는 뛰어난 결과를 보였다. Hmelo(1998)의 연구에서는 PBL 수업을 받은 학습자가 전통적인 수업을 받은 학습자보다 문제해결을 위한 도구로 기초지식을 더 잘 사용하는 경향이 있었다. Schmidt, Dauphinee와 Patel(1987)의 경우도 전통적인 학업성취도를 측정하는 시험에서는 PBL 학습자가 전통적인 수업의 학습자보다 약간 낮은 점수를 나타냈지만 문제해결과 관련된 과제에서는 더 높은 성취도를 보였다.

한편, PBL의 인지적 관점에 초점을 둔 연구들에 따르면, PBL 환경의 학습자는 전통적인 교육과정의 학습자보다 가설에 근거한 사고를 사용하고, 보다 정확한 설명과 진단을 내리는 것으로 나타났다(Norman, Troitt, Brooks, & Smith, 1994; Patel, Groen, & Norman, 1991, 1993). 또한 PBL 환경의 학습자는 수업에 보다 잘 출석하고, 학습내용이 더 관련성이 있다고 생각하며, 자신의 문제해결에 자신감을 느끼며, 수업에 더 만족하는 경향을 보였다(Hmelo, 1998; Vernon & Blake, 1993).

이 연구결과들은 PBL에 기반한 교육과정이 단순한 사실의 숙련보다는 새로운 지식과 사전지식을 통합하고, 그 의미를 이해하며, 근본적인 개념을 탐색해야 하는 복잡한 과제의 학습을 촉진함을 시사한다. PBL은 문제를 해결하는 과정을 통해 학습자가 하나의 정답을 알기보다는 다양한 해결책을 찾는 데 초점을 둔다. 즉, PBL은 학습자가 하나의 객관적인 사실을 기억하기보다는 다양한 지식을 문제해결을 위해 적용하도록 유도한다. 따라서 PBL을 통해서 학습자는 문제해결에 필요한 논리적 사고력과 학습한 내용을 적용할 수 있는 종합적인 문제해결 능력을 기르게 된다.

3) 자기주도적 학습 능력

PBL의 질을 결정하는 또 하나의 특징은 학습자가 자신의 학습 요구나 학습문제를 결정해야 한다는 것이다. 이것은 PBL의 학습자 중심적 요소다. 전통적으로 많은 교수자들은 학습자가 무엇을 알고 있고, 무엇을 알기를 원하는가를 고려하지 않은 채 무엇을 알아야 하는지를 이야기하는 데 많은 시간을 허비하였다. 학습자가 왜 그것을 알아야 하는지, 왜 그것이 중요하다고 생각하는지 물어보지 않고 미리 결정된 정보를 강의나 교재, 유인물을 통해서 전달하는 데만 집중하는 것이다.

하지만 PBL은 반대로 진행된다. PBL은 학습자 중심의 학습방법이기 때문에 학습과정에서 학습자가 주인의식을 갖고 자신의 학습에 대해 책임을 져야 한다.

학습자는 자신의 학습요구와 학습과제를 스스로 결정해야 한다. 학습자 스스로 문제를 통해서 무엇이 관련되고 무엇이 중요한지를 결정하고, 그 다음에 자신이 필요한 정보를 검색하게 된다. 학습자는 스스로 자신의 학습을 주도하고, 자신의 학습을 책임지는 자기주도적 학습 능력을 기르게 된다. 이는 전문가가 갖추어야 할 기본적인 자질이며, 교육의 궁극적인 목표라 할 수 있다.

자기주도적 학습 능력이란 다양한 요소를 포함하기 때문에 자기주도적 학습효과를 점검하기 위한 연구는 다양한 형태로 진행되었다. Blumberg(2000)는 자기주도적 학습 능력의 효과와 관련된 연구결과들을 학습과정, 학습전략 그리고 수행결과의 세 가지 범주로 제시하고 있다.

첫째, 학습과정과 관련된 연구들은, 자기주도적 학습 능력이 뛰어난 학습자는 1) 자신이 무엇을 학습해야 하는지를 파악하는 능력이 있어야 하고, 2) 자신의 학습을 계획하고 운영할 수 있어야 하며, 3) 효과적인 자원을 찾고, 활용하고, 평가할 수 있어야 한다는 가정에 기초하여 그 효과를 검증하고자 하였다.

먼저 '학습할 내용을 파악하는 능력' 과 관련해서는 PBL 환경의 학습자가 전통적인 학습자에 비해 우수한 것으로 나타났다. PBL 학습자가 전통적인 수업의 학습자보다 자신이 선택한 자료를 사용하는 경향이 있었다. 하지만 흥미로운 것은 PBL 환경이라 하더라도 교수자가 학습목표와 수업자료를 구조화하여 제시하는 교수자 중심의 PBL 환경에서는 학습자 스스로 학습내용을 찾는 능력을 길러내지 못했다는 것이다. 교수자가 학습목표와 참고자료 등을 제시하는 경우, 학생은 추가적인 자료를 찾거나 활용하는 모습이 잘 나타나지 않았다. 따라서 PBL 수업의 효과를 극대화하기 위해서는 온전한 학습자 중심의 PBL을 설계하는 것이 바람직하다.

'학습자가 학습을 계획하고 운영하는 능력' 은 시간 관리와 깊은 연관성이 있다. 일반적으로 PBL 환경의 학습자나 전통적인 학습자가 소비한 정규학습 시간은 차이가 나타나지 않았지만, PBL 학습자가 자기주도적 학습활동을 위해 더 많은 시간을 할애한 것으로 나타났다. 이는 PBL 환경의 학습자가 자신의 학습을 계획하고, 운영하는 데 더 많은 시간과 노력을 할애했음을 의미한다. PBL 활동에 소비하는 시간은 PBL에 익숙해질수록 줄어드는 경향이 있었지만 자율학습을 위해 소비하는 시간은 더 증가하는 경향이 있었다.

학습자가 사용한 '학습자원'은 교재, 동료나 교수자와의 토의, 학술논문이나 책, 인터넷과 같은 다양한 형태로 나타났다. 특징적인 것은 PBL 학습자가 전통적인 학습자보다 도서관이나 도서관 관련 서비스를 현저하게 많이 사용한 것이었다. 또한 자료의 유용성을 평가하는 능력도 PBL을 사용하는 기간이 늘어나면서 향상되었다(Blumberg & Sparks, 1999).

둘째, 학습전략과 관련된 연구에 따르면, PBL 환경의 학습자는 학습목표를 설정하고 자신의 문제해결 전략과 일관성 있는 정보를 추구하는 전략을 개발하였다. 이 학습자들은 보다 가설 지향적인 접근을 사용하는 데 반해, 전통적인 수업의 학습자는 보다 임상적 결과에 의존하는 경향이 있었다(Hmelo, Gotterer, & Bransford, 1997).

또한 학습자에게 자신이 사용한 학습전략에 대해 설문한 결과, PBL 학습자가 전통적인 수업의 학습자에 비해 깊은 수준의 정보처리와 관련된 항목을 더 많이 선택한 것으로 나타났다(Newble & Clarke, 1986). 학습자가 사용한 인지적 전략의 종류와 관련해서는 전통적인 학습자는 암기를 가장 많이 사용하였고, PBL 학습자는 개념화를 가장 많이 사용한 것으로 나타났다. 또한 PBL 환경의 학습자는 전통적인 수업의 학습자보다 학습경험이 더 긍정적이었다고 응답했다.

셋째, 수행결과와 관련된 연구에서는 단기적으로는 PBL 수업의 학습자가 전통적인 수업의 학습자보다 더 자주 도서관을 이용함으로써 평생교육자로서의 자질을 보였다. 장기적인 효과로 PBL 환경의 학습자는 전통적인 수업의 학습자에 비해 수업에서 지정된 자료 이외에 최신의 전문지식을 얻기 위한 논문을 더 자주 읽는 것으로 나타났다. 또한 PBL 수업을 마친 졸업자가 전통적인 수업을 받은 졸업자보다 새로이 개발된 기술에 더 익숙하고, 더 많이 훈련자로 참여하는 경향도 보였다(Ferrier & Woodward, 1987).

일반적으로 PBL은 자기주도적 학습 능력을 육성하지만, 이러한 경향은 학습자의 자기주도적 학습 능력의 수준에 따라 차이가 있다. 즉, 자기주도적 학습 능력이 낮은 학생의 경우는 PBL의 수업과정에 어려움을 느끼며, 자기주도적 학습 능력이 높은 학생은 쉽게 자신의 학습을 관리하는 경향이 있다. 따라서 자기주도적 학습 능력이 낮은 학습자에게는 보다 많은 교수자의 도움과 안내가 요구된다 (Artino, 2008).

4) 협동학습 능력

협동적인 그룹 활동은 PBL의 핵심적인 특징이다. PBL에서는 학습자가 소그룹을 통해서 학습목표를 성취하도록 요구한다. 그룹 활동을 통해서 학습과제를 확인할 때 한 학습자의 학습 요구는 다른 학습자의 학습 요구를 보완해 줄 수 있다. 소그룹 환경에서는 인지적인 기능뿐만 아니라 다양한 타협, 중재, 협동과 같은 다양한 능력을 개발할 기회가 주어진다. 학습자는 자신의 학습을 점검하고, 조절하며, 학습자료의 타당성을 점검한다. 학습자는 그룹 활동을 통해서 의사소통 기술, 상호 존중과 같은 대인관계 기술도 개발하게 된다. 학습자는 그룹에 기여하는 기술을 배우고, 다른 사람이 그룹에 기여하도록 돕는 방법을 배우며, 가치 있는 기여가 무엇인지 구별하고, 그것을 인정하는 것을 배운다. 그룹 내의 협동은 문제를 해결하는 데 필수적인 PBL의 요소다.

그러나 다른 요소들에 비해 PBL과 협동학습 능력의 관계에 대한 실증적 연구는 충분히 이루어지지 않았다. 일반적으로 PBL 환경에서의 학습자는 협력적인 그룹 활동에 참여했지만, 모든 그룹이 협동학습에 성공적으로 참여한 것은 아니다(최정임, 2006; De Grave et al., 1996; Hmelo-Silver, 2004). 어떤 그룹은 협동적으로 학습을 잘 했지만, 어떤 그룹은 그룹 활동에 어려움을 겪었다(De Grave et al., 1996; Hmelo-Silver, 2002). 물론 그룹 활동에 많이 노출될수록 학습자는 협동학습에 필요한 기술을 익힐 수 있는 가능성이 증가하지만, 단순히 그룹 활동 자체가 학습자의 협동학습 능력을 길러 주는 것은 아닐 수 있다. 따라서 협동학습 능력을 기르기 위한 교수자의 중재와 협동학습에 영향을 미치는 요소들에 대한 고려가 필요하다.

2. PBL과 관련된 논쟁

PBL이 효과적인 교수-학습 방법이라 할지라도 여전히 PBL은 부담스러운 접근이 될 수 있다. 따라서 여기에서는 PBL과 관련하여 흔히 제기되는 질문을 다룸으로써 PBL에 대한 의문을 해소하는 계기를 마련하고자 한다.

1) 모든 수업에 PBL을 사용해야 하는가

PBL이 효과적이라고 해서 모든 강좌와 모든 교과목을 PBL로 바꿀 필요는 없다. PBL을 통해서 보다 효과적으로 성취할 수 있는 교수목표가 있는 수업에 PBL을 적용하는 것이 유용하다. PBL이 전통적인 교육과정이나 수업에 비해 효과적인 것인지에 대해 많은 연구들이 수행되었다. 일반적으로 이 연구결과들은 PBL이 전통적인 수업에 비해 다양한 장점을 가지고 있음을 보여 주었다. 즉, PBL은 일반적으로 학업성취도, 기억력뿐만 아니라 비판적 사고력, 문제분석력, 적절한 학습자원을 찾고 사용하는 능력, 자기주도적 학습 능력, 협동학습 능력, 효과적인 의사소통 능력, 평생학습 능력 등 다양한 긍정적인 능력을 촉진하는 것으로 밝혀졌다(Duch, Groh, & Allen, 2001). 이러한 능력들은 21세기 사회에서 추구하는 고차적인 능력들이며, 전통적인 수업방법으로는 도달하기 어려운 능력들로 간주된다. 따라서 PBL은 단순한 사실적 정보의 기억보다는 다양한 고차적 능력을 육성하는 데 사용되는 것이 효과적이다.

PBL을 통해 성취 가능한 목표는 다음과 같다(Barrows, 1988, 1996; Duch, Groh, & Allen, 2001).

- 통합된 지식기반 획득
  - 단순한 사실적인 지식이 아니라 다양한 학문 분야와 교과목으로부터 통합된 지식

- 실제 전문가가 사용하는 문제해결 과정과 유사한 지식기반
- 장기기억에 저장되는 지식
- 실제 문제에 적용할 수 있도록 구조화된 지식
• 다양한 능력 개발 및 배양
  - 효과적이고 효율적인 문제해결 능력
  - 독립적인 자기주도적 학습 능력
  - 다양한 전문가 및 동료와의 의사소통 및 대인관계 기술
  - 효과적인 팀 활동 능력
• 전문 직업의 문화와 가치관에 대한 이해
  - 실제 문제상황의 불확실한 측면과 지식의 한계
  - 전문가들은 서로 다른 견해를 가질 수 있다는 사실
  - 전문가로서의 책임과 의무
  - 전문 영역의 도덕적, 윤리적 문제

이와 같은 교육목표 중 어느 것을 달성할 수 있는가는 해당 문제중심학습의 방법을 어떻게 디자인했는가에 달려 있다. 그러나 진정한 문제중심학습법은 이 교육목표들을 모두 달성할 수 있어야 한다.

2) PBL은 충분한 학습내용을 다룰 수 있는가

PBL은 전통적인 수업에 비해서 많은 시간을 요구하므로 한정된 수업시간이나 교육과정 내에서 충분한 학습내용을 다루기 어렵다는 비판이 제기되고 있다. 특히 자격시험처럼 다루어야 하는 학습내용이 명시되어 있고 달성해야 하는 목표가 뚜렷한 경우, PBL을 적용하는 데 문제가 있다는 우려가 있다.

실제로 Kingsland(1996)의 연구에 따르면, PBL은 전통적인 수업에 비해 미리 짜인 교육과정의 80% 정도의 학습내용만 다룰 수 있다고 한다. 고등학교와 중학교를 대상으로 PBL을 적용한 Achilles와 Hoover(1996)의 실험에서도 학교의 교

육과정에 맞춰 PBL을 적용하기에는 시간 부족의 문제가 있음이 드러났다.

하지만 이러한 문제는 PBL을 구성하는 방법과 교육의 목적이 무엇인가에 따라서 달라질 수 있다. 전통적인 교육과정의 틀을 지키면서 PBL을 적용하는 데에는 무리가 따를 수 있다. 이 경우에는 PBL을 부분적으로 활용하거나, PBL에서 다루고자 하는 내용을 학년이나 교과의 제한을 넘어서 총체적, 통합적으로 접근하고자 하는 시도가 이루어질 필요가 있다. 예를 들면, PBL은 전통적인 교육에서 다루는 내용에 비해 더 깊고 광범위한 지식을 탐색하도록 자극할 수 있으므로 지식의 수준이나 범위를 고려하여 교육과정을 조정할 수 있을 것이다.

또한 궁극적으로 PBL은 전통적인 교육에서 간과되는 다양한 능력들을 촉진한다. 따라서 PBL을 적용할 때에는 이러한 능력들도 교육목표에 고려되어야 한다. 그러므로 PBL의 효과를 극대화하기 위해서는 단위 수업뿐만 아니라 전체적인 교육과정 및 교육목표에 대한 검토가 함께 이루어지는 것이 바람직하다.

3) PBL은 교수자와 학습자에게 너무 큰 부담을 주는 것은 아닌가

PBL은 종종 학습자와 교수자의 업무를 증가시킨다는 비판을 받곤 한다. 실제로 PBL의 업무부담에 대한 연구에 따르면 전통적인 수업에 비해 교수자와 학습자의 업무량 및 학습량이 늘어나는 것이 사실이다. Lovie-Kitchin(1991)의 연구에 따르면, 교수자의 측면에서 PBL을 설계하고, 복합적인 자료를 준비하고, 적절한 피드백을 제공하는 데 상당한 노력이 요구되었다. 학습자의 경우도 설문조사 결과, PBL 활동이 전통적인 수업에 비해 보다 많은 시간을 요구한다고 반응했다(Evensen & Hmelo, 2000).

하지만 업무부담과 관련된 중요한 발견점은 높은 학습 및 업무부담에도 불구하고 학습자가 PBL 방법에 대해 매우 만족한다는 것이다. 더욱이 학습자는 그것을 시간 낭비라고 생각하지 않고, 오히려 시간 제약은 정보를 공유하거나 토의하는 데 장애가 될 수 있다고 생각했다(Kingsland, 1996).

그러나 이상적으로는 PBL 활동이 학습자와 교수자의 부담을 증가시키지 않는 것이 바람직하다. 이를 위해서는 PBL 활동을 잘 설계함으로써 이러한 부담을 최소화할 수 있다. 예를 들면, 학습자의 학습부담을 줄이기 위해서 문제를 구성할 때 될 수 있는 대로 정규 수업시간 정도의 노력 내에서 해결할 수 있는 문제를 제시하거나 너무 규모가 크고 복잡한 문제는 여러 개의 하위 문제로 나누어 제시하는 것이다. 교수자의 부담과 관련해서도 가능하면 수업시간 내에 업무를 처리할 수 있도록 문제나 과제를 설계하거나 교수자를 도울 수 있는 다른 튜터를 활용하는 것도 방법이 된다.

고무적인 것은, 처음 PBL을 적용할 때 경험하는 초기의 부담은 PBL을 반복적으로 사용함으로써 줄어들 수 있다는 것이다. 교수자나 학습자 모두 반복적인 PBL 활동에 익숙해지면 학습이나 업무를 파악하는 데 필요한 시간이 줄게 되고, 문제해결 기술도 숙달된다. 그러나 학습과정에서 발생하는 변화를 수용할 수 있는 유연성을 가짐으로써 업무 및 학습에 대한 부담 요소를 지속적으로 관리하기 위한 노력이 필요하다.

PART 2

PBL 준비하기

　　PBL 수업 준비는 적어도 학기가 시작하기 전에 시작되어야 한다. 처음 PBL을 적용하기 위해서는 PBL에 대한 이해부터 PBL 강좌 운영 계획에 이르기까지 필요한 여러 가지 요소들을 준비해야 하기 때문이다. 교육과정 개편이 동반되는 경우는 몇 년의 준비 기간이 필요하기도 하지만, 일반적인 단위 수업의 경우에는 학기가 시작되기 전에 수업 준비가 이루어지면 충분하다. 처음 PBL을 시도할 때는 수업 준비를 하는 데 많은 시간이 걸리지만, PBL에 익숙해지면 준비 시간이 단축될 수 있다. 그러므로 일단 PBL을 직접 적용해 보는 것이 중요하다.

　　PBL을 쉽게 활용할 수 있는 방법은 처음부터 새로운 강좌를 개설하기보다는 이미 운영한 경험이 있는 교과목 운영 방법을 PBL의 형태로 변형하는 것이다. 기존에 가르친 경험이 있는 교과목은 교수자가 이미 가르칠 내용과 수업목표를 인지하고, 다양한 수업자료들을 가지고 있기 때문에 이러한 내용과 자료를 PBL의 형태로 변형시키는 것이 새로운 수업을 만드는 것보다 더 쉽기 때문이다. 제2부에서는 교수자가 기존에 가르친 경험이 있는 교과목을 PBL로 운영하고자 하는 경우를 기준으로, PBL을 수업에 활용하기 위해서 무엇을 어떻게 준비해야 하는지 단계별로 살펴보고자 한다.

제3장

수업계획 수립하기

PBL을 적용하기로 결정했다면 우선 어떤 강좌를 PBL로 운영할 것인지를 결정해야 한다. 이러한 의사결정을 위해서는 무엇보다 학습목표와 강좌의 특성을 고려하는 것이 필요하다. PBL에 적합한 강좌가 선택되면, PBL의 효과를 극대화할 수 있는 방법으로 PBL 수업계획을 수립한다. 따라서 이 장에서는 PBL을 위한 강좌 선택 기준과 수업계획 시 고려해야 할 내용들을 구체적으로 살펴볼 것이다.

1. 학습목표

PBL에 적합한 강좌를 선택하기 위해서는 강좌의 학습목표를 고려해야 한다. PBL의 유용성은 문제해결 과정을 통해 기초적인 지식을 효과적으로 학습할 뿐만 아니라 궁극적으로 학습자가 그것을 필요한 상황에 적용할 수 있는 능력을 기를 수 있다는 점이다. 따라서 학습목표를 고려할 때 학습내용이 최종적으로 어떻게 사용되기를 바라는지 생각해 보아야 한다. 다시 말해서, 학습자가 지식이나 원리를 단순히 기억하기만 원하는지, 아니면 실제 생활에 적용하기를 원하는지 고려해 보아야 한다. 만약, 자격시험과 같이 시험상황에서 단순히 학습한 내용을 회상하는 능력만 필요하다면 굳이 PBL을 수업전략으로 사용할 필요가 없다. 하지만 학습한 지식이 어떤 형태로든 실제 상황에 적용되어야 한다면, 그것은 PBL 수업이 가능하다.

또한 일반적으로 PBL은 단순한 사실적 정보의 기억보다는 비판적 사고력, 문제분석력, 자기주도적 학습 능력, 협동학습 능력, 효과적인 의사소통 능력 등 다양한 고차적 능력을 육성하는 데 사용되는 것이 효과적이다. 따라서 교과목표가 이러한 특성을 기르는 데 적합한 것인지 판단해야 한다. 그런데 여기서 주의할 점은 기존 강좌에서는 이러한 고차적 능력을 학습목표로 포함하지 않았다고 하더라도 실제로는 이러한 능력이 육성되어야 하는 경우가 많다는 것이다. 전문인력 육성을 목표로 하는 대학 강좌의 경우 이러한 고차적 능력이 요구되지 않는 영역은 찾아보기 어렵다. 오히려 고차적 능력이 중요한 목표임에도 불구하고, 정작 수업에서는 이러한 능력이 육성되지 못하는 경우가 많다. 따라서 전통적인 강좌를 PBL로 바꾸는 경우에는 기존의 학습목표가 PBL에 적절하도록 구조화되고 수정되어야 하며, 이러한 목표들이 수업계획서에 명백히 제시되어야 한다.

PBL 수업에서도 학습목표를 기술하는 것은 중요하다. 왜냐하면 학습목표는 PBL 문제를 개발하는 데 가이드가 되며, 실제로 PBL이 끝났을 때 효과적인 PBL이 이루어졌는지 평가하기 위한 준거가 되기 때문이다. 어떤 교수자는 PBL이 학습자 중심이고 자기주도적 학습방법이므로 교수자가 학습자를 방임하는 것이라고 생각하는 경우가 있다. 또 어떤 교수자는 PBL을 통해서 실제로 학습이 일어나는지에 대해 의문을 제시하기도 한다. 학습목표는 이러한 논의에 대한 기준이 될 수 있으므로 PBL을 적용하는 경우에도 학습목표를 기술하는 것이 바람직하다 (Duch, Groh, & Allen, 2001).

2. 강좌의 특성

기존의 강좌를 PBL로 바꿀 때 고려해야 하는 또 다른 요소는 강좌의 특성이다. 강좌의 특성은 이를 운영하는 데 고려해야 하는 특성들로서 강좌의 크기, 튜터 이용 가능성, 학습자 특성 그리고 교실 환경의 요소를 포함한다. 강좌의 특성에 따라 PBL 운영 방식과 효과가 달라질 수 있다. 왜냐하면 PBL은 전통적인 강의식 방법에 비해 그룹 활동과 학습자 중심의 학습이 중요시되므로 이러한 활동에 적절한 조건이 고려되어야 하기 때문이다.

1) 강좌의 크기

강좌의 크기는 PBL이 진행되는 방식과 운영 방법에 큰 영향을 미친다. PBL은 소형 강좌와 대형 강좌 모두 적용될 수 있지만 규모에 따라 PBL이 적용되는 방식과 교수자나 튜터의 역할이 달라질 수 있다. 강좌의 크기에 따른 PBL 교수 모델은 다음의 세 가지 유형으로 나누어 볼 수 있다(Duch, 2001a).

(1) 전통적인 의과대학 모델

처음 PBL이 사용된 초기의 의과대학 모델에서는 학생을 5~8명의 소그룹으로 나누고, 각 그룹에 학생들의 문제해결 과정을 도와줄 전문 튜터가 할당되었다. 이 모델은 매우 학습자 중심적이며, 주로 소그룹 활동으로 학습이 이루어진다. 공식적인 교실 수업은 거의 없고, 전통적인 형식의 시험도 치러지지 않는다. 따라서 이 전통적인 의과대학 모델은 다수의 전문 튜터가 지원되어야 하고, 각 그룹의 활동을 위한 공간도 지원되어야 한다.

전형적인 대학 강의는 보다 많은 학습자들로 구성되고, 각 그룹별 튜터를 활용하기가 어렵기 때문에 이 모델은 규모가 작은 대학원 수업이나 고학년의 세미나 유형의 수업에 적절하다.

(2) 중·소규모 수업 모델

소그룹보다 큰 규모의 일반적인 대학 강좌에서 PBL을 적용하는 경우는 한 교수자가 많은 그룹의 학습자들을 도와주어야 한다. 이를 위해서는 다양한 교수전략이 사용되어야 하는데, 각 그룹에 튜터가 지정되어 모든 학습자들을 도와줄 수 없는 경우에는 소그룹의 크기를 4~5명으로 제한하는 것이 바람직하다(Johnson, Johnson, & Smith, 1991). 이때 학습자들은 보다 책임감을 느끼고, 모든 학습자들이 자신의 의견을 발표할 수 있는 충분한 시간을 가질 수 있으며, 그룹 활동 계획을 세우는 데 유리하기 때문이다.

이 모델에서는 모든 수업이 소그룹 활동으로 진행되는 것이 아니라 일정한 수업시간을 개별 그룹 활동에 할당하게 된다. 교수자는 그룹 활동을 할 때 각 그룹을 옮겨 다니면서 질문을 하고, 학습자의 이해를 도와주는 촉진자의 역할을 하게 된다(만약 그룹 활동이 온라인으로 진행된다면 교수자는 각 그룹의 활동에 대해 온라인으로 피드백을 제공할 수 있다). 이러한 이유로 이 모델을 이동 튜터 모델(floating tutor model)이라고도 한다(Duch, 2001a). 전체 수업에서는 각 그룹이 개별적으로 토의한 결과를 전체 클래스에 발표하는 시간을 갖거나, 필요한 경우 미니 강의나 전체 토의가 이루어질 수도 있다.

(3) 대규모 수업 모델

대형 강좌에서도 PBL이 사용될 수 있다. 하지만 이 경우는 강좌의 구조가 이전 모델들보다는 더욱 교수자 중심이 될 필요가 있다. 대형 강좌에 PBL을 적용하는 경우 교수자는 그룹 활동을 활용하기 위한 부가적인 전략을 설계해야 한다. 예를 들면, 수업시간에 학습자에게 보다 구조화된 질문을 제시하고, 일정 시간의 그룹 토의를 유도하며, 토의가 끝나면 그룹별로 결과를 보고하게 해서, 전체 토의를 유도하거나 미니 강의를 하는 등 다양한 교수법을 적용할 필요가 있다. 특히 대형 강의에서는 토의 시간을 제한하고 미니 강의, 전체 토의, 소그룹 토의 등 다양한 교수 활동을 주기적으로 순환하며 사용하는 것이 바람직하다. 예를 들면, 20분간의 그룹 토의를 계획하기보다는 그룹 토의 시간을 10분씩 두 번으로 나누고 그 사이에 미니 강의나 전체 토의 시간을 갖는 것이 더 효과적일 수 있다.

또 다른 방법은 동료나 선배, 대학원 조교와 같은 학습자들을 튜터로 활용하는 것이다. 동료나 선배 튜터들이 개별 그룹의 활동을 점검하고 그룹 토의가 적절한 수준으로 이루어지는지를 점검하는 데 도움을 준다면 보다 효과적인 그룹 활동이 될 수 있다. 더욱이 학생 튜터를 사용하는 경우는 대형 강의에서도 의과대학 모델과 유사한 PBL 전략을 적용할 수 있다. 각 그룹별로 충분한 튜터가 없을 때에는 한 튜터가 두세 그룹을 점검하는 촉진자의 역할을 해야 한다. 이 경우에는 각 그룹의 튜터 역할을 하는 것보다 어렵기 때문에 학생 튜터들은 적절한 질문과 대화 기법을 익힐 수 있도록 사전 훈련을 받아야 한다.

2) 튜터 이용 가능성

강좌의 크기별로 구별된 PBL 모델에서 제시된 것처럼 강좌의 규모가 작을수록 PBL을 적용하기가 쉽고, 규모가 클수록 보조 인력의 필요성이 커진다. 따라서 PBL에 대한 계획을 세울 때는 튜터의 이용 가능성을 고려해야 한다. 교수자 이외에 튜터를 활용할 경우는 그룹 구성 및 수업 운영 방법이 달라질 수 있기 때문이다.

학생 튜터는 특별히 다음과 같은 점에서 효과적이다.

• 그룹의 문제해결 과정이 원활하게 진행되도록 도와주며, 그룹 학습의 장점을 극대화하고 단점을 최소화하는 데 도움을 준다.
• PBL 과정에 경험이 없는 학습자에게 역할 모델의 기능을 하고, 그룹의 모든 구성원들의 참여를 유도한다. 이전에 강좌를 수강한 학습자가 튜터가 되는 경우는 특히 신입생에게 도움이 될 수 있다.
• 토의의 내용을 점검하고 학습자의 이해도를 관찰할 수 있다.
• 학습자에게 적절한 질문을 던지고, 적절한 때에 학습자의 질문에 대답할 수 있다.
• 그룹 활동을 교수자에게 보고함으로써 교수자가 그룹 활동을 모니터하는 데

중요한 창구의 역할을 한다.

대학원생이나 학생 튜터를 활용하는 경우에는 이들이 적절한 튜터의 기술을 갖고 있는지를 점검할 필요가 있다. 만약 튜터로서의 기능이 부족하다면 필요한 기능을 갖출 수 있도록 별도의 훈련 및 지도가 필요하다. 튜터가 갖추어야 할 기본적인 기능은 다음과 같다.

- PBL에 대한 이해 및 경험
- 그룹 활동의 목적 및 절차 이해
- 그룹 활동 시 갈등 해결을 위한 기술
- 교수자 및 학습자와의 의사소통 기술
- 질문 및 피드백 기술
- 튜터로서의 역할과 책임, 윤리에 대한 이해

기본적으로 튜터는 면대면 그룹 활동을 도와주는 역할을 하게 되지만, 온라인 공간을 이용한 PBL 활동이 이루어진다면 게시판이나 토론방, 전자우편 등을 활용해 학습자와 상호작용할 수 있다. 이 경우에는 과학기술을 활용한 의사소통 기술도 갖추어야 한다(튜터의 역할과 기능에 대해서는 제8장에서 보다 상세하게 논의할 것이다.).

3) 학습자 특성

PBL을 적용하고자 할 때 강좌를 수강하는 학습자의 특성도 고려해야 한다. PBL을 처음 접하는 학습자는 새로운 강좌에 대한 불안감이나 저항심 등이 있을 수 있지만, 이러한 불안감은 강좌가 진행되면서 PBL에 익숙해짐에 따라 점차 감소한다. 그러나 수동적인 강의식 수업을 선호하거나 개인 학습활동을 위한 시간적 여유가 없는 학습자의 경우에는 PBL 활동에 수동적이고 거부감을 가질 수 있다. 예를 들면, 자격증 및 취업 준비 등으로 개인적인 시간이 부족한 졸업생의 경우 강의식 수업을 선호할 수 있다. 또한 직장을 다니면서 학업을 병행하는 성인 학습자의 경우도 PBL 활동에 소극적일 수 있다. 이러한 경우는 PBL 문제의 범위를 줄여 학습자의 부담을 최소화하거나, 전체 강좌를 PBL로 진행하기보다는 수업의 일부에 PBL을 적용하는 등 다양한 전략을 고려할 수 있다.

또한 학습자의 개별적인 특성에 따라 PBL의 효과가 달라질 수 있다. 예를 들면, 자기주도적 학습 능력이 높은 학습자는 PBL 활동에 흥미를 느끼고, 문제해결 과정에 적극적으로 참여하지만, 자기주도적 학습 능력이 낮은 학습자는 PBL에서 요구되는 팀원으로서의 활동과 자기주도적 학습에서 어려움을 겪을 수 있다. 따라서 자기주도적 학습 능력이 낮은 학습자에게는 보다 신중한 설계와 교수자의 세심한 도움이 제공되어야 한다.

4) 교실 환경

PBL 수업에서는 그룹 활동이 필수적이므로, 그룹 활동에 적절한 교실 환경이 필요하다. 그룹별로 모일 수 있는 그룹 활동 공간이 제공되면 가장 바람직하지만, 그런 환경이 주어지지 않는다면 한 강의실 내에서라도 그룹별 모임이 가능하도록 공간을 활용해야 한다. 또한 책상의 배열이나 칠판, 메모 보드 등의 활용 여부도 중요하다. 책상이 그룹 활동을 위해 이동이 가능한지, 각 그룹별로 회의 내용을 기록할 수 있는 칠판이 제공될 수 있는지를 고려해야 한다. 일반적으로 대형 강의의 경우에는 강의실이 비좁고, 책상의 이동이 어려우므로 상대적으로 그룹 활동이 제한될 수 있다. 이 경우에는 수업시간에 어떻게 그룹 활동을 유도할 것인지를 추가적으로 고려해야 한다.

그룹 활동을 위한 시설이 부족할 경우 한 가지 대안은 온라인 게시판이나 토론방을 이용하는 것이다. 그룹 활동이 온라인으로 이루어지는 경우에는 학습자들이 똑같은 시간에 모일 필요가 없으므로 추가적인 그룹 활동 공간이 필요하지 않다. 면대면 그룹 모임이 필요할 경우에도 학습자는 그룹의 여건에 따라 다양한 시간과 장소를 활용하여 그룹 활동을 진행할 수 있다.

K 대학의 C 교수는 다음 학기에 자신의 수업에 PBL을 적용해 보기로 결정했다. 오랫동안 같은 강좌를 가르치면서 수업내용이 진부해짐을 느꼈고, 일방적인 강의로 학생들의 흥미나 참여도 부진하다는 생각을 하게 된 것이다. 또한 자신이 가르치는 강좌의 내용들은 실제 현장에서 직접 사용되는 중요한 기술들이지만, 학생들은 그러한 필요성을 느끼지 못하고 있다고 생각했다. 따라서 학생들에게 실제적인 문제를 통해 동기를 유발하고, 그들 스스로 문제를 해결하는 과정을 통해서 보다 최신의 정보들에 접할 수 있는 PBL 방식을 활용하기로 결정하였다.

C 교수는 자신이 담당한 교직 강좌를 PBL로 설계하기로 결정했다. 그 강좌의 특성은 다음과 같다. 교직 강좌는 50명 정도의 크기이므로 중·소규모의 수업 모델을 적용할 수 있을 것 같다. 교직 강좌는 같은 전공의 학생들이 수강하는 것이 아니라 여러 학과의 학생들이 수강하는 것이므로 튜터를 활용하기 어렵다고 판단된다. 학생들의 동기 수준은 전공 강좌에 비해서는 소속감이 떨어지며, 강좌에 대한 열의도 높지 않은 것으로 보인다. 대상 학년은 3학년으로서 대체로 PBL 수업 경험은 없으나 소그룹 활동의 경험이 있는 것으로 판단된다. 강의실은 책상과 의자의 이동이 가능한 곳으로 배정이 가능하므로 수업시간에 소그룹 활동을 할 수 있을 것으로 생각된다. 이러한 여러 가지 조건을 고려하여 C 교수는 중·소규모의 PBL 수업 모델을 활용하여 수업을 진행하고자 한다.

3. 수업계획서 작성

다른 수업과 마찬가지로 PBL 수업에서도 수업계획서를 작성하는 것이 수업의 진행에 도움이 된다. 수업계획서는 강좌에 대한 안내이기 때문에 첫 수업시간 전에 완성되어야 한다. PBL을 위한 수업계획서와 다른 수업의 수업계획서의 차이점은, PBL을 위한 수업계획서에는 PBL에 대한 자세한 설명이 제공되어야 한다는 것이다. PBL에 대한 정보는 수업계획서의 특정한 영역에만 다루어지는 것이 아니라 전반적인 요소에서 고루 고려되어야 한다. 따라서 여기에서는 수업계획서에 포함되어야 하는 일반적인 요소들을 중심으로 어떠한 정보가 수정, 보완되어야 하는지 살펴보고자 한다. 수업계획서에 포함되어야 하는 일반적인 정보는 강좌 정보, 교수자 정보, 강좌 소개 및 학습목표, 교재 및 수업자료, 수업 진행계획 및 이외에 강좌 시간표, 강좌 정책, 이용 가능한 보조 서비스 등이다.

1) 강좌 정보

강좌 정보에는 일반적으로 강좌명, 강좌 번호, 선수과목, 학점, 수업시간, 강의실 등에 대한 정보가 포함된다. 강의식 수업을 PBL로 바꿀 경우 이들 중 몇 가지 정보가 변화되어야 한다. 예를 들면, 수업시간의 경우 일반적으로 대학 수업시간은 세 차례의 50분 수업으로 진행된다. 하지만 그룹 활동을 하는 경우 50분 수업으로는 불충분한 경우가 많으므로 세 차례의 50분 수업으로 나누기보다는 두 번의 75분 수업으로 나누어 진행할 수 있다. 또는 두 번의 수업은 전체 학습자들이 모이는 교실 수업으로 진행하고, 한 번의 50분 수업은 각 그룹이 그룹 활동을 하기 위한 시간으로 배정할 수도 있다.

강의실도 매우 중요한 고려사항이 된다. PBL 수업을 위해서는 강의실이 그룹 활동을 위한 여건이 갖추어져 있어야 한다. 예를 들면, 책상이나 의자가 모둠으로 배열이 가능한 구조를 갖추거나 이동이 쉽도록 여유 있는 공간이 갖추어져 있어야 한다. 또한 그룹 활동 시 기록을 할 수 있도록 여러 개의 칠판이나 이동식 화이트보드를 갖추고 있는 교실이 좋다. 또는 그룹 활동이 가능한 작은 교실을 여러 개 사용하여 그룹 활동이 원활히 일어날 수 있도록 배려할 수도 있다. 만약 개별 그룹 활동을 위한 공간이 부족하다면 사이버 강의실 등을 활용하여 온라인 그룹 활동을 유도하는 것도 한 방법이다. 이와 같이 어떤 방식으로 PBL을 운영할 것인가에 따라 강좌와 관련된 많은 정보가 추가 또는 수정되어야 한다.

2) 교수자 정보

모든 강좌의 계획서에는 수업을 운영하는 교수자에 대한 정보가 제공된다. 이때 교수자 이름뿐 아니라 필요한 경우에 학습자가 언제, 어디에서, 어떻게 교수자와 연락을 할 수 있는지에 대한 정보도 포함되어야 한다. 만약 교수자가 PBL 강좌를 위해서 웹사이트나 전자우편을 활용할 경우에는 이들의 주소에 대한 정보도 제공되어야 한다. 교수자에 대한 정보는 전통적인 수업에 비해 학습자 중심이면서 그룹 간 의사소통이 중시되는 수업에서는 더욱 중요하다. 수업에 조교나 튜터가 참여할 경우에는 그들에 대한 정보도 포함시켜야 한다.

3) 강좌 소개 및 수업목표

강좌 소개에는 '강좌의 목표가 무엇인가?' '그것이 교육과정의 어느 부분과 연결되는가?' '강좌 수강을 통해 학습자가 어떻게 변화될 것인가?'와 같은 많은 내용들이 포함되어야 한다. 강좌 소개는 PBL을 주요 수업전략으로 활용하려고 하는 경우 특히 중요하다. 학습자는 자신이 무엇을 하도록 기대되는지, 왜 그룹 활동이 중요한지에 대해 알 필요가 있다. 특히 PBL 형식은 학습자에게 익숙하지 않은 유형의 과제를 요구할 수 있으므로 이런 사항들이 수업계획서에 제시되어야 한다.

만약 학습자가 PBL에 대한 경험이 전혀 없이 수업을 신청하게 된다면, 수업계획서는 교수자가 학습자에게 PBL이 무엇인지를 설명하는 공간이 되어야 한다. 그것은 또한 왜 PBL이 교수자의 교수 철학과 맞는지, 왜 그것이 학습자의 학습에 중요한지를 설명하기에 좋은 공간이기도 하다. PBL에 대해 많은 학습자가 저항이나 거부감을 갖는 것은 익숙지 않은 것을 하는 것과 왜 교수자가 그들에게 그것을 요구하는지를 알지 못하기 때문이다. 그런 점에서 수업계획서는 PBL을 소개할 뿐만 아니라 PBL 활동에 필요한 좋은 의사소통 환경을 제공하는 장소이기도 하다.

4) 교재 및 수업자료

PBL 수업은 교수자와 학습자가 교재를 사용하는 방법을 변화시킨다. 교수자는 교재를 사용할 것인지를 결정하고, 만약 사용한다면 기존의 전통적인 교재를 사용할 것인지, PBL의 형태에 맞는 다른 교재가 필요한지를 결정해야 한다. 만약 강좌가 다양한 기초 자료를 활용해서 학습자가 문제를 해결해야 하는 것이라면 교재는 필요 없을 수 있다. 하지만 PBL이 수업의 일부분으로만 사용될 것이고 수업시간에 특정한 개념에 대한 학습이 강조되는 수업이라면 교재는 중요할 수 있다. 교재를 사용할 것인지의 여부는 교재가 중요한 학습내용을 포함하고 있는지, 그것이 수업목표와 잘 맞는지에 따라서 결정해야 한다.

강좌의 목표에 따라 교수자는 부교재나 참고문헌 등을 제공할 수도 있다. PBL에서는 학습자 스스로 자료를 찾는 것이 필요하므로 모든 자료를 교수자가 열거하기보다는 일부의 좋은 자료들을 샘플로 제시하는 것이 좋다. 학습자가 자료를 찾아야 하는 경우에는 학습자에게 웹사이트나 인터넷 자료의 질을 평가할 수 있는 지침을 제공함으로써 학습자의 활동을 안내하는 것이 필요하다. 왜냐하면 학습자는 주로 인터넷 자료에 의지하는 경우가 많은데, 어떤 자료들은 자료의 질과 신뢰도가 떨어지기 때문이다. 교수자는 미리 인터넷 자료의 질을 검증하고, 평가할 수 있는 지침을 제공하거나 인터넷에만 의지하지 않고 도서관에서도 자료를 찾을 수 있도록 안내하는 것이 중요하다. 이를 위해서 도서나 논문 등과 같은 관련 자료의 인쇄물 목록을 제시하거나 전자 자료들의 경우 어떤 서비스를 이용하는 것이 바람직한지를 안내할 수도 있다.

5) 수업진행계획

수업계획서에 전체적인 강좌의 흐름을 알 수 있는 수업진행계획을 제시함으로써 학습자는 언제, 어떤 활동이 이루어지는지, 어떤 과제를 제출하고, 어떤 준비를 해야 하는지를 알 수 있다. PBL을 사용하고자 할 때는 PBL 형식을 얼마나 자주 사용할 것이며, 그것을 강좌 스케줄에 어떻게 통합시킬 것인가를 결정해야 한다. PBL 수업은 일반적인 강좌의 스케줄과는 다르고, 그룹 활동과 전체 수업, 발표와 토의 등 다양한 활동이 이뤄져야 하므로 학습자에게 되도록이면 구체적인 시간과 활동을 알려 주는 것이 바람직하다. 예를 들면, 한 주에 2시간씩 1회에 걸쳐 수업을 하는 경우는 각 주마다의 활동을 알려줄 수 있다. 그러나 한 주에 3시간 수업의 경우 최소한 2회로 나누어 수업을 하는 것이 좋으며, 각 회차에 어떤 활동을 할 것인지 상세하게 기술하는 것이 바람직하다. 그래야 학생들이 각 수업 시간에 어떤 활동을 하는 것인지, 과제는 언제, 어떤 형태로 제출하게 되는 것인지 이해하기 쉽기 때문이다(〈표 3-1〉 참조).

수업계획서를 작성할 때 교수자는 PBL 활동과 함께 강의를 계획할 수도 있다. 하지만 이 때 제공되는 강의는 PBL 활동이 끝난 후(또는 필요하다면 PBL 활동이 진행되고 있는 과정 중)에 제공되는 것이 바람직하다. 필요한 학습내용을 먼저 강의한 후에 PBL 문제를 제시하는 경우는 PBL이라기보다는 연습문제라고 할 수 있다. PBL은 학습자 스스로 관련된 내용을 찾고 학습하는 과정이 필요하므로, 교수자가 모든 해답을 제시한 후 문제를 제시하는 것은 진정한 PBL 활동이라고 보기 어렵다.

일반적으로 PBL 과제 발표가 끝난 후 교수자는 과제의 내용을 정리함과 동시에 학생들의 활동에서 부족한 부분에 대해 강의를 제공할 수 있다. 이 때 제공되는 강의는 일반적인 강의식 수업과는 확연히 다른 효과를 가진다. 왜냐하면 PBL 활동이 끝난 후 강의가 제공될 때는 학생들이 PBL 활동을 통해 내용에 대해 어느 정도 사전지식을 가지고 있을 뿐만 아니라 문제해결 과정을 통해 자신들의 부족한 부분을 느끼고 그것을 해결하고자 하는 동기가 촉진되어 있기 때문이다. 따라서 문제해결 후 교수자가 제공하는 강의는 학생들에게 더 쉽고, 더 유의미하게 받아들여질 수 있다.

대부분의 PBL 문제는 개방된 문제이므로 예상보다 더 많은 시간이 요구될 수 있다. 학습자는 학습과 토의, 문제해결을 위해 충분한 시간을 필요로 한다. 따라서 강의 스케줄과 교수자 모두 유연성이 있어야 한다.

표 3-1 PBL 수업진행계획 예시

구분	수업 내용		학습과제 및 수업방식
	화요일(1시간)	수요일(2시간)	
1	강좌 오리엔테이션	산업교육의 개념	사례분석, worksheet1
2	PBL 소개 및 조편성	PBL 문제1: 산업교육 교수설계 모형(문제분석)	문제분석지 제출
3	PBL 활동	ePBL 활동	개별학습 자료 및 토의 내용 게시
4	PBL 결과 올리기	발표 및 토의	조별 과제 제출
5	성찰일기 제출 강의(교수설계모형 정리)	PBL 문제2: 직무과제분석 (문제분석)	문제분석지 제출
6	PBL 활동	ePBL 활동	개별학습 자료 토의내용 게시
7	PBL 결과 올리기	발표 및 토의	조별 과제 제출
8	성찰일기 제출	강의(직무/과제분석 정리)	
9	강의(성인학습자의 특성)	PBL 문제3: 산업교육 교수설계전략(문제분석)	문제분석지 제출
10	PBL 활동	ePBL 활동	개별학습 자료 및 토의내용 게시
11	PBL 결과 올리기	발표 및 토의	조별 과제 제출
12	성찰일기 제출 강의(교수설계전략 정리)	PBL 문제4: 교육운영자의 역할(문제분석)	문제분석지 제출
13	PBL 활동	ePBL 활동	개별학습 자료 및 토의내용 게시
14	PBL 결과 올리기	발표 및 토의, 강의	조별 과제 제출
15	성찰일기 제출	종강	

수업진행계획

* 이 PBL 수업진행계획은 하나의 사례로 교수자의 계획에 따라 중간고사, 기말고사를 포함할 수 있다.

PBL 활동에 대한 평가도 전형적인 시험과는 다른 다양한 방식으로 이루어지므로 융통성 있는 평가계획도 일찍 세워져야 한다. 특히 많은 학교들은 수업시간이나 사용 가능한 강의실을 먼저 결정하고, 학습자는 그 스케줄에 따라 수강신청을 하게 되므로 필요한 경우 강의실이나 수업시간에 대한 계획을 학교로부터 미리 승인받아야 한다.

6) 기타

일반 강좌와 마찬가지로 PBL 수업을 위해서도 여러 가지 수업과 관련된 규정이 필요하다. 이러한 규정에는 출석, 평가방법, 그룹 활동과 같은 요소들이 포함된다. 일반 강좌와 마찬가지로 PBL 활동에도 출석이 중요하다. PBL에서는 강의나 전체 토의뿐만 아니라 그룹 활동이 중요한 수업 활동을 차지하므로 학습자들의 출결 상황은 그룹 활동에 영향을 미치게 된다. 따라서 출결 상황의 중요성을 알려 줄 필요가 있다.

또한 교수자는 학습자에게 평가의 기준과 방법을 제시해야 한다. PBL에서는 일반 강좌에 비해 다양한 평가방법이 활용될 수 있다. 최종 보고서나 그룹 발표뿐만 아니라 개별학습활동, 그룹 활동에의 참여도 중요한 평가요소가 되기 때문에 교수자는 어떤 요소를 어떤 방법으로 평가할 것인지 미리 알려 주어야 한다.

PBL 수업계획서 예시

교과목명	교육방법 및 교육공학	학점/주당시간	2학점/2시간
수강대상	인문사회대 교직 이수자	강의실	5302호
담당교수	JKW	연구실	×××호
		연락처	031-249-××××
수업 커뮤니티	http://www.×××.×××	E-mail	×××@×××.×××

▶ 강좌 소개

본 강좌는 학교 및 사회 교육 현장에서 활용될 수 있는 제반 '교육방법'의 특성과 기술을 습득하고, 수업의 체제적인 설계/개발에 필요한 교육공학적 원리와 기초 이론에 기반하여 실제 교수-학습에 활용할 수 있는 교육자료를 개발해 봄으로써 교육자로서의 교수기술 및 교육공학적 소양을 쌓도록 하는 데 그 목적이 있다. 인터넷의 발달에 따라 원격교육의 수월성이 확보되면서 웹에 근거한 수업형태에 대한 관심과 연구가 많이 이루어지고 있으며, 기존의 교수방법에 대한 대안적 방법으로 다양한 구성주의적 접근이 이루어지고 있기 때문에, 본 수업에서는 이 두 가지를 문제중심학습(PBL)이라는 교수방법을 통해 실제로 경험해 보고자 한다.

- 교육공학의 학문적 특성을 설명할 수 있다.
- 교육공학의 이론적 근거가 되는 행동주의, 인지주의, 구성주의에 대해 알고 이를 교수설계에 활용할 수 있다.
- 정보통신기술을 활용한 다양한 학습환경의 특징을 제시하고, 활용 전략을 수립할 수 있다.
- 교사로서의 문제해결 능력과 협동학습 능력을 발휘할 수 있다.

▶ 수업방식

본 수업은 문제중심학습(PBL)을 통해 실제 교육 현장에서 부딪치는 문제들을 중심으로 학습자 스스로 문제를 해결해 감으로써 학습을 진행한다. 문제중심학습은 문제를 활용하여 학습자 중심으로 학습을 진행하는 수업방법이다. 학습자는 실세계와 관련된 문제가 주어지면 문제에서 요구되는 해결책이 무엇인지를 이해하고, 조별 활동과 개별학습을 통하여 문제를 해결하게 된다. 문제가 해결되면 교실 수업을 통하여 해결안을 발표하고, 토론하는 시간을 갖는다. 문제중심학습은 교수자가 일방적으로 강의를 하는 것이 아니라 학습자 스스로 문제를 분석하고, 문제해결을 위한 방안을 모색하는 것이므로 학습자의 능동적인 참여가 요구된다.

다음은 수업 진행을 위한 세부 방안이다.

1. 수업 중 이루어지는 모든 활동(조별 활동, 강의 등)은 기본적으로 교실에서 이루어지지만, 자료공유, 공지사항 제시 등은 온라인 공간을 주로 활용한다.
2. 수업 활동은 조별로 이루어지며, 일단 정해진 조는 한 학기 동안 지속된다.
3. 조에서 이루어지는 모든 활동(자기소개, 토의, 논의, 결정 등)은 수업 커뮤니티에 마련된 조별 토론방에 그 결과가 게시될 수 있도록 한다.

4. 학습을 위한 주요 활동

① 각 조별로 조 이름과 조의 기본 규칙(ground rules)을 정한 후 조별 토론방에 공지하여 교수자와 학생들이 알 수 있도록 한다.

② 조 결정 후 매주 '토의 여는 자'와 '토의 마무리 자'를 정한다. 이 역할은 돌아가면서 모든 사람이 골고루 참여할 수 있게 한다.

③ 각 문제해결 후 성찰일지(reflective journal)를 작성하여, 성찰일지 제출실에 낸다. 성찰일지 양식은 자료실의 자료를 참조하여 작성하는데, 다음과 같은 내용이 반드시 포함되어야 한다.

• 이 과제활동을 통해 무엇을 배웠는가?
• 이 과제활동은 어떤 과정으로 이루어졌는가?
• 이 과제활동을 통해 자신의 직장, 일, 학습 등에 적용할 수 있는 것은 무엇인가?
• 일지에 대한 예는 자료실의 'PBL 연습'을 참조

④ 한 팀의 최종결과에 대해서, 다른 팀은 내용이 어떠한지를 평가하는데, 이때의 평가기준은 각 조 대표가 결정하여 적용한다(1∼5단계 척도).

⑤ PBL 과정이 끝난 후에는 지금껏 배운 내용을 기반으로 각자 주제를 선정하여 A4용지 5장 정도의 분량으로 보고서를 작성하여 제출한다.

5. 교수자는 튜터의 역할로 참여하므로, 모든 학습의 진행 및 책임은 학습자에게 있다.

6. 각 조별로 의견을 수렴하는 시간을 정하여 튜터가 조의 활동에 항상 동참한다.

▶ 과제 및 평가내용

과제	수행자	평가
1. 조별 토론에 참여도	팀＋개인	20%
2. 주어진 문제에 대한 결과보고서	팀	30%
3. 성찰일지 작성	개인	20%
4. 수업 관련 주제로 보고서 작성	개인	30%

▶ 참고도서

• 박성익, 임철일, 이재경, 최정임(2010). 교육방법의 교육공학적 이해. 서울: 교육과학사.
• 박성익 외(2012). 교육공학의 이론과 실제. 서울: 교육과학사.
• 이화여자대학교 교육공학과(2001). 21세기 교육방법 및 교육공학. 서울: 교육과학사.
• 설양환 외 공역(2002). 교육공학과 교수매체. 서울: 피어슨에듀케이션코리아.

▶ 수업진행계획

주차	날짜	학습내용 및 문제	주요 활동	제출 결과물	제출 기한
1	3월 8일	오리엔테이션	자기소개 올리기		
2	3월 15일	PBL 소개 및 연습 조 편성	조 이름 정하기 조별 규칙 만들기 조원 역할 정하기 조원들과 친해지기	조 이름 조별 규칙 역할 알려 주기	3월 21일
3	3월 22일	〈문제1〉제시	〈문제1〉과제수행계획서 작성하기	과제수행계획서	3월 23일
4	3월 29일		문제해결을 위한 토론학습 할당된 주제에 대한 개별학습		
5	4월 5일		〈문제1〉최종 결과물 제출 〈문제1〉최종 결과물 발표 미니 강의	최종 결과물 성찰일지	4월 4일
6	4월 12일	〈문제2〉제시	〈문제2〉과제수행계획서 작성하기	과제수행계획서	4월 13일
7	4월 19일		문제해결을 위한 토론학습 할당된 주제에 대한 개별학습		
8	4월 26일		〈문제2〉최종 결과물 제출 〈문제2〉최종 결과물 발표 미니 강의	최종 결과물 성찰일지	4월 25일
9	5월 3일	〈문제3〉제시	〈문제3〉과제수행계획서 작성하기	과제수행계획서	5월 4일
10	5월 10일		문제해결을 위한 토론학습 할당된 주제에 대한 개별학습		
11	5월 17일		〈문제3〉최종결과물 제출 〈문제3〉최종결과물 발표 미니 강의	최종 결과물 성찰일지	5월 16일
12	5월 24일	〈문제4〉제시	〈문제4〉과제수행계획서 작성하기	과제수행계획서	5월 25일
13	5월 31일		문제해결을 위한 토론학습 할당된 주제에 대한 개별학습		
14	6월 7일		〈문제4〉최종 결과물 제출 〈문제4〉최종 결과물 발표 미니 강의	최종 결과물 성찰일지	6월 6일
15	6월 14일		강의		
16	6월 21일		개별 과제 제출 기말고사	개별 보고서	6월 21일

제4장

문제 개발하기

PBL 수업을 위한 목표가 결정되면 그 다음 중요한 일은 문제를 만드는 것이다. 그러나 불행히도 의학이나 경영학과 같은 소수의 영역을 제외하고는 좋은 PBL 문제를 찾는 것이 쉽지는 않다. 특히 PBL 문제는 교과서나 교재에서 제시하는 연습문제와는 성격이 다르기 때문에 학습목표와 내용에 따라 문제를 수정하거나 설계하는 과정이 필요하다. PBL에 사용할 문제를 찾는 쉬운 방법은 여러 가지 예제가 제시된 웹사이트를 검색하거나 관련 논문이나 잡지 등에서 학습목적과 유사한 사례들을 찾아보는 것이다.

만약 기존에 소개된 문제 중 강좌에서 활용하기에 적절한 것을 찾지 못했다면 교수자가 직접 문제를 설계해야 한다. 대부분의 교수자들이 처음 PBL을 적용하고자 할 때 겪는 가장 큰 어려움이 PBL 문제를 설계하는 것이다. 하지만 PBL 문제 개발도 PBL 문제의 특성을 이해하고, 이를 개발하는 절차에 따라 몇 번 연습을 하다보면 그리 어려운 일은 아니다.

이 장에서는 PBL에서의 문제의 역할을 살펴보고, PBL 문제의 특성, PBL 문제 개발 절차를 살펴봄으로써 문제 설계를 위한 지침을 제시해 보고자 한다.

1. 문제의 중요성

PBL의 가장 큰 특징은 문제로부터 학습이 시작된다는 것이다. 학습을 시작할 때 제시되는 문제는 학습을 해야 하는 이유와 학습목표를 분명히 알려 주기 때문에 학습자는 문제를 통해서 학습하는 이유를 발견하게 되고, 따라서 학습자의 학습 동기를 유발할 것으로 기대된다. 그렇다면 '이러한 기대는 실제로 이루어지고 있는가?' 'PBL에서 문제는 어떻게 학습에 영향을 주는가?'와 같은 의문이 들 수 있다.

이에 대한 해답을 구하기 위하여 Schmidt와 Gijselaers(1990)의 PBL 모델을 살펴보고자 한다. 그들은 학습에 영향을 주는 다양한 요소들을 고려하여 PBL 모델을 만들었다([그림 4-1] 참조). 그들은 PBL 학습결과(즉, 학업성취도와 교과에 대한 흥미도)는 학습자가 사전에 가지고 있는 지식의 양, 문제의 질, 튜터의 행동에 의

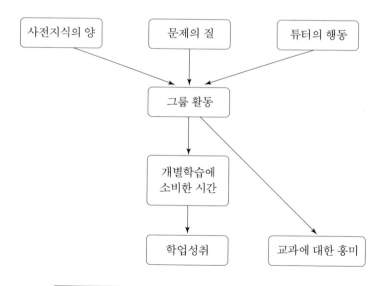

그림 4-1　PBL 모델(Schmidt & Gijselaers, 1990)

해 결정된다고 생각했다. 이러한 투입변인은 그룹 활동에 영향을 미치며, 그룹 활동의 질은 주제에 대한 학습자의 흥미와 그들이 그 주제에 소비하는 시간의 양에 영향을 줄 것이라고 생각했다. 그들은 또한 각 변수의 크기 증가는 다른 변수들의 크기 증가에 영향을 줄 것이라고 보았다. 예를 들면, 학습자에게 제시되는 문제의 질이 개선되면 그룹의 활동도 개선될 것이며, 이는 모든 다른 관련 변수들에게도 영향을 미친다는 것이다. [그림 4-1]에서의 화살표는 변수들 간의 인과관계의 방향을 나타낸다.

그들은 이 모델을 기초로 각 변수들의 인과관계 영향력을 실험하였는데, 그 결과가 [그림 4-2]에 제시되어 있다. [그림 4-2]에 따르면, 모든 PBL 구성요소들이 학습결과에 비교적 높은 영향력을 미쳤다. 하지만 그중에서도 '문제의 질'이 가장 높은 영향력을 보였다(causal effect=0.43). '문제의 질'은 그룹 활동에만 영향을 주는 것이 아니라 두 개의 다른 변인, 즉 '개별학습에 소비한 시간'과 '교과에 대한 흥미'에도 직접적인 영향을 주었다. 이는 문제의 질이 높을수록 그룹 활동이 더 잘 일어나고, 학습자가 자기주도적 학습에 더 많은 시간을 할애하며, 학습하는 교과에 대해 더 많은 흥미를 느낀다는 것이다. 또한 이 결과는 PBL 교육과정에서 '문제의 질'이 가장 핵심적인 변수임을 증명한다. 더욱이 다른 변수들은 비교적 간접적인 영향력을 갖는 데 비해, '문제의 질'은 거의 모든 학습요소에 직접적으로 영향을 미쳤다. 예를 들면, '튜터의 행동' 변수와 비교할 때 '튜터의 행동'은 그룹 활동에만 직접적인 영향을 주고 다른 변수들에는 간접적인 영향을 주었지만, 문제는 거의 모든 학습요소에 직접적인 영향을 주었다.

처음 PBL을 접하는 사람들은 많은 경우 튜터 활동의 중요성을 강조하는 경향이 있다. PBL에 관한 연구물에서도 상당한 부분이 튜터의 전문성과 튜터 활동 방법을 강조하고 있다. 하지만 이 연구 결과는 PBL 활동에서 문제의 역할이 학습결과에 가장 큰 영향력을 끼침을 보여 주고 있다. 이 결과에 따르면, 좋은 문제는 효과적인 PBL 활동을 유도하지만 나쁜 문제는 학습자의 학습에 피해를 줄 수 있다. 따라서 효과적인 PBL을 위해서는 PBL에 적절한 문제의 특성을 이해하고, 좋은 PBL 문제를 설계하는 것이 중요하다. '문제의 질'이 '튜터의 활동'보다 중요하다

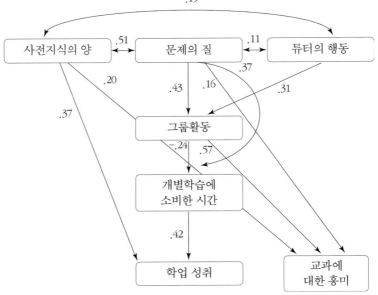

그림 4-2 **PBL 모델에 의한 인과 경로(Schmidt & Gijselaers, 1990)**

는 결과는 어떤 측면에서는 더 고무적일 수 있다. 왜냐하면 튜터의 수행을 개선하기보다는 문제의 질을 개선하는 것이 더 쉽고, 효율적이기 때문이다.

2. PBL 문제의 특성

PBL에 사용되는 문제는 일반적인 교재에서 사용되는 연습문제와는 다른 특성을 지닌다. 따라서 좋은 PBL 문제를 설계하기 위해서는 PBL 문제의 특성을 정확히 이해할 필요가 있다. PBL 문제를 설계할 때 고려해야 할 중요한 특성들은 비구조화, 실제성, 관련성 그리고 복잡성을 들 수 있다.

1) 비구조화

PBL에서 사용되는 문제는 비구조화된 문제이어야 한다. 비구조화된 문제(ill-structured problems)는 학교에서 전형적으로 사용되는 구조화된 문제(well-structured problems)와는 전적으로 다른 특성을 갖는다. 우선 구조화된 문제는 한정된 개수의 개념이나 원리의 적용을 요구하는 문제로, 초기의 상태가 잘 정의되어 있고 도달하고자 하는 목표가 명확하게 드러나는 문제다(Jonassen, 1997). 구조화된 문제들은 일반적으로 문제상황 안에 알고 있는 사실과 목적, 해결방법을 위한 절차들이 잘 진술되어 있다. 즉, 구조화된 문제는 학습자에게 문제의 모든 요소를 제시하고, 제한된 숫자의 잘 구조화된 규칙이나 원리를 적용하도록 요구하며, 해답이 정해져 있다. 대부분의 수학이나 과학 교과서에서 나오는 연습문제나 단순한 응용문제들이 여기에 속한다. 그것은 한 가지 정답을 가지고 있으므로 상대적으로 적은 양의 정보나 제한된 지식을 요구한다.

이에 비해 비구조화된 문제는 문제와 관련된 상황이나 요소가 분명히 정의되어 있지 않고, 문제해결에 필요한 정보가 충분히 포함되어 있지 않은 것을 말한다. 비구조화된 문제는 다양한 해답이나 해결 경로를 가지고 있고, 극단적인 경우에는 해답이 없을 수도 있다. 구조화된 문제는 정확하고 효율적인 해결방법에 초점을 두는 반면, 비구조화된 문제는 의사결정의 명료화와 논쟁에 초점을 둔다. 비구조화된 문제해결의 가장 큰 특징은 대안적 해결책을 찾고, 자신의 가설을 설정하고, 자신의 신념과 가설을 지지하기 위한 논의를 구성하는 과정이다.

구조화된 문제해결의 경우는 대부분 정형화된 답이 있지만, 비구조화된 문제해결의 경우는 정형화된 답을 찾기 어렵다. 문제의 해결책은 문제의 상황과 맥락, 문제해결자의 문제에 대한 태도와 해석 등에 따라서 달라질 수 있다. 따라서 비구조화된 문제해결에서는 다양한 해결책들이 존재할 수 있으며, 최선의 해결책은 있을 수 있으나 정답은 있을 수 없다. 문제해결자는 최선의 해결책을 선택하고, 그 해결책이 다른 대안들보다 뛰어난 점을 증명하고 설득할 수 있어야 한다. 이러한 과정은 구성주의적 논의에서 보면, 개인이 의미를 구성하고 이해하는 과정이며, 이는 우리의 일상생활에서 볼 수 있는 문제해결 과제와 직접적으로 연결된다. PBL에서 다루고자 하는 문제는 바로 이러한 비구조화된 문제들이다. 여기에서 주의할 점은 구조화된 문제가 틀린 문제가 아니라는 것이다. 다만 PBL의 목표와 취지에 적합하지 않다는 의미다.

표 4-1 구조화된 문제와 비구조화된 문제의 비교

구조화된 문제	비구조화된 문제
Keller 모형의 특징을 서술하고, 교육적 시사점을 기술하시오.	Keller 모형을 이용하여 학습자의 동기를 유발할 수 있는 수업계획서를 작성해 보시오.
웹 환경에서 이용되는 주요 애니메이션 기법의 특성과 장단점을 논하시오.	새로 개발되는 사이트에서 어떤 애니메이션 기법을 사용할 것인지를 결정하기 위한 기획 회의를 열기로 하였습니다. 회의에서 발표할 자료를 작성해 보시오.
다음 자료는 우리나라 증권시장에서 소유자별로 주식을 보유한 현황 자료다. • 소유자별 주식 수 비중을 누적 영역형 차트로 작성하라. • 소유자별 시가총액 비중을 누적 가로막대형 차트로 작성하라.	당신은 한국증권업협회 경제통계국 금융통계팀에 근무하고 있습니다. 다음 주 월요일 '증권시장 주식보유 현황과 전망'이라는 주제로 보도 자료를 작성하여 기자실에 전달하려고 합니다. 다음의 분량과 제출일을 참고하여 보도자료를 작성해 보시오. • 기사 분량: A4 1페이지(보도 자료 양식 사용) • 제출일: 오늘 저녁 7시까지 • 보도일: 4월 14일 조간

항목별	1999	2000	2001	2002	2003	2004
주식수						
정부	3,755	2,821	1,897	2,434	1,789	1,632
기관투자자	3,056	4,027	4,614	7,285	4,461	5,299
일반법인	4,009	5,128	5,404	7,413	7,176	6,440
개인	9,635	11,372	12,782	16,344	17,360	16,257
외국인	2,495	3,006	3,296	3,505	5,006	5,975
주식 수 (백만 주)	22,949	26,354	27,992	36,981	35,792	35,603
시가총액						
정부	78,648	28,499	27,534	19,419	17,928	18,330
기관투자자	67,589	35,477	47,279	45,247	61,169	75,474
일반법인	89,996	43,046	52,713	58,683	73,647	79,663
개인	150,145	50,689	81,345	75,645	92,066	92,314
외국인	87,553	58,262	99,070	97,090	147,926	177,957
시가총액 (10억 원)	473,931	215,972	307,940	296,084	392,737	443,737

2) 실제성

좋은 PBL 문제는 학습자의 흥미와 동기를 유발해서 학습내용에 대한 더 깊은 이해를 촉진해야 한다. 학습자의 흥미를 유발하는 한 가지 방법은 실제적인 문제를 사용하는 것이다. 실제적인 문제는 실세계에서 사용되는 진짜 문제이며, 단순히 문제를 이해하는 것에 그치지 않고 문제를 해결하기 위해 관련된 지식과 기능을 사용하도록 유도하는 문제다. 즉, 실제적 문제는 지식을 단순히 이해하는 것이 아니라 지식을 활용하도록 요구하는 문제다. 일상생활에서 발견되는 문제는 지식이나 기능이 고립되어 제시되지 않고 문제 안에 포함되어 있어 문제의 맥락 안에서 이해되고 사용된다. 이러한 실세계의 문제는 문제를 해결해야 하는 정당성을 갖게 되며, 따라서 유의미한 활동을 제공한다. 문제가 학습자가 익숙한 맥락이나 상황에서 제시되면 학습자는 이를 더 잘 이해하게 되고, 문제를 해결해야 할 의무감을 느끼게 된다. 따라서 학습자를 더 집중하게 만들고, 문제의 결과를 알고자 하는 동기를 유발하게 된다.

실제적인 문제는 물리적인 환경의 실제성을 모방할 뿐만 아니라 실제 전문가들이 사용하는 인지 과정을 모방해야 한다(최정임, 1997; Wilson, 1993). 실제적 학습환경이라는 것은 학습자가 실제 물리 실험실을 사용하는 것을 의미하지는 않는다. 오히려 학습자는 과학자와 같은 유형의 인지적 도전을 유발하는 과학적 활동에 참여해야 한다는 것이다. 즉, 실제적 활동의 목적은 학습자가 실제적 실천과 관련된 사고를 하도록 고무하는 것이다. 실제적 학습환경은 우리가 학습자를 준비시키기 위한 환경에서 요구하는 인지적 능력과 같은 종류의 인지 능력을 요구하는 것이다(Honebein, 1996). 예를 들면, 학습자가 역사적 사실을 일방적으로 암기하기보다는 역사학자나 바람직한 시민의 입장에서 역사를 구성하거나 사용하는 데 참여하도록 해야 한다. 학습자가 단순히 과학 교과서에 나오는 문장이나 공식을 암기하는 것보다 과학적 논쟁과 문제해결에 참여하도록 유도해야 한다. 이것은 학습자가 직업 환경에서 전문가나 실천가에게 제공되는 것과 같은 유형의 인지적 도전에 참여하도록 하는 것을 의미한다. 특히, 대학에서 전공영역의 문제를 다룰 때에는 그 교과영역의 전문가가 다루는 문제, 학습자가 실제 직업 상황에서 부딪칠 수 있는 문제들을 다룸으로써 문제의 실제성을 높이고, 학습자로 하여금 전공영역의 전문성을 이해하는 데 도움을 줄 수 있다.

표 4-2 인위적 문제와 실제적 문제의 비교

인위적 문제	실제적 문제
여러분은 이번 학기를 마치고 대학을 졸업함과 동시에 뜻이 맞는 친구들과 함께 그 동안 공부한 전공을 기반으로 창업을 해보기로 작정하였습니다. 여러분이 창업을 하기 위해서는 사업자금이 필요한데, 사업계획서를 잘 작성하여 투자자를 설득하여야 할 것입니다. 어떤 사업을 할 것인지, 기업의 형태는 어떻게 할 것인지, 경영 전략은 무엇인지를 포함하는 사업계획서를 작성하여 5주차(10월 4일)에 투자자들 앞에서 발표할 수 있도록 준비해 주시기 바랍니다. **문제점:** 대학생들이 창업을 위해 투자자들을 설득하기 위한 사업계획서를 작성한다는 것은 현실적이지 않다. 또한 실제 투자자들을 설득하기 위한 투자계획서를 작성하는 것은 실제 창업자가 아닌 대학생들에게 너무 어려운 과제가 될 수 있다.	K대학 공대에 재학 중인 김군은 대학 졸업과 동시에 친구들과 함께 전공과 관련된 회사를 창업하는 데 관심이 있습니다. 하지만 창업을 위해서는 많은 준비가 필요할 것 같고, 본인이 생각하는 업종이 창업에 적절한지 고민하고 있었습니다. 그런데 마침 이번 학기에 지경부에서 주최하는 전국 대학생 기술사업화 경진대회가 있다는 정보를 얻고 여기에 응모해보기로 결정하였습니다. 이 경진대회는 창업을 위한 아이디어를 시험 적용해 볼 수 있는 좋은 기회가 될 것이기 때문입니다. 여러분이 김군이 되어 친구들과 함께 아래의 응모 방법에 따라 경진대회에 응모해 보세요. • 대회목적: 대학생의 창업에 대한 관심과 분위기 조성, 참신한 아이디어와 우수한 사업모델을 발굴·지원하여 청년창업 촉진, 상상력과 모험심이 풍부한 젊은 예비기업가를 창조경제형 청년창업가로 육성하고, 기술창업 지원인프라 구축을 통한 창업국가 코리아 구현에 기여 • 응모기간: 2013년 9월 13일~10월 4일 • 응모형식 및 방법 　: 참가신청서와 사업계획 요약서-9월 27일까지 제출

: 사업계획서(PPT 또는 HWP)-10월 4일
  까지 제출 및 발표
• 심사기준
: 1차심사-창업팀 역량(창업가 자질, 창업
  팀 구성, 창업의지, 시장이해도), 창업아
  이템의 사업성(시장성, 수익성), 기술성
  (우수성, 차별성, 모방성)에 중점을 두어
  평가 [사업계획 요약서 평가]
: 2차심사-창업팀 역량, 창업아이템의 사
  업성, 기술성, 전달력(프리젠테이션 능
  력)에 중점을 두어 평가 [사업계획서 및
  프리젠테이션 평가]

3) 관련성

좋은 PBL 문제는 학습자가 관련성을 느끼게 해야 한다. 즉, 자신이 체험했거나, 체험할 수 있는 문제라고 느끼게 해야 하는 것이다. 비록 실제적인 문제라 할지라도 학습자로 하여금 관련성을 느끼게 하는 문제상황을 제시해야 한다. 예를 들면, 기계공학 학생들에게 기계 설계와 관련된 과제를 제시하는 경우에 학생들이 일상생활에서 필요한 기계를 제작하도록 하거나 졸업 후 일반적으로 취업을 하는 회사에서 업무를 수행하게 되는 상황을 제시한다면, 학생들은 그 과제가 자신의 경험과 관련성이 있다고 느끼게 될 것이다.

문제상황에서 학습자의 역할에 대한 단서를 주는 것도 관련성을 높이는 방법이 될 수 있다. 예를 들면, 단순히 '고속도로에서 발생한 사고를 처리할 수 있는 방법을 제시하시오.' 라는 문제보다 '여러분은 A지역 고속도로 순찰대원이다. …… 고속도로에서 발생한 사고를 처리할 수 있는 방법을 제시하시오.' 라는 직접적인 상황을 제시하는 것이 더 관련성을 느끼게 할 수 있다.

또한 PBL 문제를 작성할 때 학습자가 수행하게 될 과제를 분명하게 제시하는 것이 필요하다. PBL 학습활동을 통해 해결해야 하는 문제가 무엇인지, 그 활동의 결과물이 어떤 형태이어야 하는지에 대한 분명한 지침을 제시해 줄 때 학습자는 목적의식과 주인의식을 가질 수 있다. 학습활동 결과, 기대되는 결과물이 모호한 경우라면 학습자는 PBL 활동에 대한 혼란을 느낄 것이다.

한편, 실제적인 문제는 학습자의 수준에 따라 다양한 형태로 나타나야 한다. 같은 경제에 대한 문제더라도 경제학자가 바라보는 문제와 일반 시민이 바라보는 문제에는 차이가 있을 것이다. 또한 대학 1학년 학생이 해결할 수 있는 문제와 4학년 학생이 해결할 수 있는 문제도 차이가 난다. 1학년 학생의 경우 너무 복잡하고 고차원적인 문제를 접하게 되면, 학습에 대한 부담감을 느낄 뿐만 아니라 학습활동에 어려움을 느끼게 된다. 따라서 사실적이고 실제적인 문제의 유형은 학습자의 지식이나 사전 경험과 유사한 범위에서 고려되어야 한다.

표 4-3 관련성이 강화된 문제 사례

일반 문제	관련성이 강화된 문제
1890년대에서 1910년대 서양화의 도입과 한국화 전통의 계승 과정과 그 내용에 대해서 알아보자. **문제점**: 전통적인 수업에서 사용되는 문제의 형태로, 상황에 대한 정보나 학습자의 역할에 대한 정보, 과제에 대한 설명이 구체적으로 나타나 있지 않다.	여러분은 S박물관의 큐레이터입니다. 이번에 박물관에서는 '1890~1910년대 한국 근대미술의 재조명'을 주제로 전시회를 계획하고 있습니다. 여러분은 그 전시회의 모든 준비와 기획의 책임을 맡게 되었습니다. 어떤 내용과 어떤 작품으로 전시회를 운영할 것인지 기획 보고서를 작성해서 제출하시오.
대학 전자공학과 A 교수가 서해 쪽으로 가족과 자동차 여행을 하고 있었다. 고속도로 중간중간에 과속방지 시스템이 있지만 자동차에는 GPS가 장착되어 있어서 단속구간에서만 감속하고 그 구간을 피해서는 속력을 내서 달리고 있었다. 한참 달리던 중 앞쪽에 차들이 멈춰 있는 것이 보였다. 무슨 일인가 보았더니 앞쪽에서 사고가 났다고 한다.	여러분은 한국도로교통공사의 연구원입니다. 현재 고속도로에서는 과속을 방지하기 위한 무인카메라가 설치되어 있습니다. 하지만 과속에 의한 고속도로에서의 교통사고는 여전히 늘어나고 있습니다. 그 원인을 분석해 본 결과, GPS가 보편화됨에 따라 운전자들이 단속구간에서만 감속을 하고 다른 구간에서는 속력을 내서 달리기 때문이었습니다.

그 원인을 알아보니 단속구간 카메라를 미리 인식하지 못한 앞 차의 급정차로 인한 추돌 사고였다. 바로 나의 사고로 이어질 수도 있었다는 생각이 들었다. 그래서 현재의 과속 방지 시스템의 대안으로 구간 주행시간을 측정하여 과속차량을 검출할 수 있는 시스템을 설계해야겠다는 생각을 하게 되었다. 과속방지에 대한 새로운 검출시스템을 설계하여 제출하라.

문제점: 문제인식의 주체가 학습자가 아니고, 학습자의 역할과 과제도 분명하게 제시되어 있지 않다.

이에 도로교통공사에서는 과속방지를 위한 새로운 시스템으로 구간측정 시스템을 도입하려고 합니다. 여러분의 업무는 이 새로운 시스템을 설계하고, 그 효과를 검증하는 것입니다. 새로운 시스템의 설계안을 작성해 보시오.

4) 복잡성

실세계에서 접할 수 있는 대부분의 문제는 복잡성을 지닌다. 복잡성은 본질적으로 비구조성과 연결된다. 비구조화된 문제는 구조화된 문제보다 본질적으로 복잡하다. 현실 세계에서는 문제를 해결하는 과정과 해결방법이 다양하고, 해결책에 대한 예측도 어렵다. 또한 문제해결자가 어떤 입장에 놓여 있느냐에 따라서 문제에 대한 해석과 방법이 달라지기도 한다.

PBL에서 활용하는 문제는 충분히 복잡하므로 그룹의 모든 구성원들이 문제를 해결하는 데 기여할 수 있도록 해야 한다. 즉, 문제가 충분히 길고 복잡하여 학습자들로 하여금 단순한 역할분담만으로는 문제를 효과적으로 풀 수 없다는 것을 깨달을 수 있도록 해야 한다. 단순히 과제를 나누어서는 해결할 수 없고, 모든 구성원들이 협동을 해야만 문제를 해결할 수 있도록 해야 한다. 학습자들은 협동학습을 통해 자신이 학습한 것과 새로운 정보를 연결할 수 있어야 하고, 이를 종합할 수 있어야 한다. 예를 들면, 단순히 구성원들이 조사한 개념을 조합해서 해결안을 구성할 수 있는 문제는 의미 있는 협동학습이 이루어질 수 없다. 하지만 구성원들이 개념에 대한 공통의 합의를 도출하고, 다양한 해결책을 고안해야 하며, 한 사람의 학습내용이 다른 사람의 학습에 영향을 주는 복잡한 과제의 경우에는 협동학습이 절대적으로 필요하게 된다. PBL에서 추구하는 문제는 이러한 협동학습이 유기적으로 발생할 수 있는 정도의 복잡성을 지닌 문제다.

표 4-4 단순한 문제와 복잡한 문제의 비교

단순한 문제	복잡한 문제
행동주의 이론과 구성주의 이론의 특징과 장단점을 비교, 발표해 보시오. **문제점**: 학습자들은 서로 역할 분담을 하여 각각의 이론 특징과 장단점을 나누어 조사하고, 그 결과물을 단순히 조합할 수 있다. 이러한 과제의 경우는 자신이 조사한 영역 이외의 내용에 대해서는 학습을 하지 않을 수 있으며, 한 사람의 학습이 다른 사람의 학습에 영향을 주기 어렵다. 따라서 이는 진정한 협동학습이 되기 어렵다.	여러분이 근무하는 교육팀에서는 직원들의 교육과정을 새로이 개발했습니다. 지금까지의 교육의 효과는 강사의 능력에 따라 좌우되었고 전반적으로 교육생들의 만족도는 높지 않았습니다. 교육생들은 대부분의 교육이 지루하고, 재미없었으며, 자신의 업무와의 관련성도 낮았다고 응답했습니다. 따라서 교육팀은 이번 교육을 통해서 교육생의 흥미를 유발하고, 참여를 유도하며, 만족도를 높일 수 있는 방안을 모색하고자 합니다. 여러분은 시범적으로 하나의 교육주제를 선정하여, 교육운영 계획서를 작성하고, 시범수업을 진행해야 합니다. 교육계획서에는 교육목표, 교수-학습전략, 교수-학습전략의 선택 이유가 제시되어야 하고, 전체적인 수업 진행방법이 상세하게 제시되어야 합니다.
다이오드와 Active 다이오드의 기능 및 성능을 비교하시오. **문제점**: 문제가 실제 현장에서 어떻게 적용되는지 문제상황에 대한 정보가 없다. 또한 단순한 기능 및 성능의 비교만으로는 문제해결 능력이 향상될 수 없다. 따라서 어떠한 기능과 성능을 왜 비교해야 하는지를 판단할 수 있는 문제가 제시되어야 한다.	당신은 AA 전원시스템 개발회사 기술연구소의 연구원입니다. AA 전원시스템 개발회사는 B 회사에 전원공급기를 납품하고 있으며, B 회사는 이 전원공급기의 역전압 및 역전류 보호 기능에 주의를 기울여 개발, 납품해 달라는 요청을 해 왔습니다. 이 요청을 들은 AA 전원시스템 개발회사의 개발팀장은 당신에게 다음과 같이 이야기했습니다.

"B 회사의 요구에 맞게 새로운 제품을 설계하려면 몇 가지 문제가 예상되네. 기존 회로의 경우 다이오드 소자를 이용하여 역전압 및 역전류 보호 회로를 구성하는데 이 시스템의 경우 전류가 커서 다이오드에 의한 손실이 크고 또한 이에 따른 발열량이 커서 문제가 생길 수 있어. 그래서 Active Diode 회로를 검토하고, 설계 검토서, 설계 회로, 예상 문제점 및 그에 대한 타당성을 검토해서 보고서를 제출해 주게."

3. PBL 문제 사례

PBL 문제는 단순히 문제의 형태로 과제를 제시하는 것이 아니라 앞에서 제시한 여러 가지 PBL 문제의 특성들을 고루 반영한 것이어야 한다. 다음의 〈표 4-5〉는 좋지 않은 PBL 문제와 바람직한 PBL 문제의 특징을 다시 한 번 정리하고 있다.

표 4-5 좋지 않은 PBL 문제와 바람직한 PBL 문제의 비교

좋지 않은 PBL 문제	바람직한 PBL 문제
• 한 가지 해답만 있는 경우 • 교재의 제목을 붙인 문제 • 학습할 질문을 교수자가 제시하는 경우 • 학습자의 경험과 동떨어진 문제 • 혼자서 할 수 있는 과제	• 다양한 해결방안이나 다양한 전략이 포함되는 경우 • 실세계에서 발생하는 문제 • 학습할 질문을 학습자가 생성하는 경우 • 학습자의 경험에 기초한 문제 • 협동학습이 필요한 과제

PBL을 위한 문제를 이해하는 가장 좋은 방법은 기존에 사용된 다양한 문제들을 검토해 보는 것이다. PBL에 사용할 적절한 문제를 찾기 위해서는 관련 논문이나 서적, 잡지 등에서 학습목적과 유사한 사례들을 찾아보는 것이 좋다. 또한 PBL 관련 전문 웹사이트를 검색해 보는 것도 좋은 방법이다([그림 4-3] 참조).

그림 4-3   PBL Clearninghouse 웹사이트
(http://www.udel.edu/inst/indew.html)

다음의 사례들은 실제로 PBL에 활용된 다양한 문제들을 보여 주고 있다(보다 많은 문제는 [부록 1] PBL 문제 사례' 참조).

문제 확인 사례

▶ 사례 1: e-러닝 콘텐츠 기획

　　여러분은 에듀넷 e-러닝 회사의 콘텐츠 개발팀에서 근무하고 있습니다. 콘텐츠 개발팀은 이번에 시·도교육청에서 공모하는 교육용 소프트웨어 개발 프로젝트를 맡게 되었습니다. 프로젝트는 초·중·고등학교 전 학년을 대상으로 교과에 구애받지 않고 자유롭게 개발하는 것입니다. 여러분이 합류한 제작팀에서도 한 교과의 내용을 선정해서 프로그램을 제작해야 합니다. 제작된 프로그램은 교육청 홈페이지에서 교사와 학생이 자유롭게 사용할 수 있는 e-러닝 콘텐츠로 제공될 것입니다. 교육청에서는 교사가 수업에 유용하게 활용할 수 있으며, 학습자의 흥미를 유발하고, 학생이 혼자서도 스스로 학습할 수 있는 자기주도적 학습이 가능한 e-러닝 콘텐츠를 요구하고 있습니다. 팀장은 다음 주 중에 제작팀 회의를 소집하여 개발할 내용에 대한 기획안(계획서)을 작성하고자 합니다. 팀장은 모든 팀원들에게 어떤 내용의 프로그램을 개발할 것인지 각자 기획안을 PPT 자료로 만들어 와서 회의 시 발표하도록 요청하였습니다. 기획안에는 주제와 내용을 어떤 절차와 방식으로 개발할 것인지 구체적인 아이디어가 포함되어 있어야 합니다. 그리고 그 이유는 무엇인지 간략한 소개가 있어야 합니다. 회의를 위한 기획안을 작성하세요.

▶ 사례 2: 수업계획서 작성

　K 대학교 4학년인 당신(전지원)은 현재 수원 영통중학교에서 교육실습 중입니다. 교육실습은 4월 1일부터 시작했고, 실습이 일주일이 지나고 두 번째 주 화요일인 오늘, 아직은 적응이 잘 안 되고 있습니다. 그런데 오늘 당신의 실습 담당 지도교사인 사회과 장선영 선생이 이번 주부터는 수업참관을 시작하고, 실습 4주째에는 여러 교생들과 교사들이 함께 한 자리에서 연구수업을 할 수 있도록 준비하라고 했습니다.

장선영 선생: 전지원 선생님, 4월 마지막 주에는 선생님께서 연구수업을 하도록 하세요. 연구수업의 방법은 선생님께서 자유롭게 결정하셔도 좋습니다. 하지

만 연구수업인 만큼 전통적인 강의식 수업보다는 학생들이 관심을 갖고 활발히 참여할 수 있는 수업이었으면 좋겠습니다. 수업시간은 1차시(45분)입니다.

전지원 교생: 네, 알겠습니다.

장선영 선생: 아마 그때 정도면 '1-2.지역사회의 이해' 중 '4) 지역사회의 문제와 해결' 부분을 할 거예요. 이 부분을 준비해 주세요. 도움이 필요하면 이야기하시구요. 3반과 4반 아이들의 특성이라든지, 활용할 수 있는 자료가 무엇인지 등이요.

전지원 교생: 네. 잘 준비해 보겠습니다.

장선영 선생: 네, 기대할게요. 그럼, 연구수업이 금요일이니까 그 전 화요일(24일)까지 수업지도안을 준비하시고, 어떻게 수업할 것인지 저에게 설명해 주세요. 한 20분 정도. 물론, 수업 때 사용할 자료가 있다면 함께 보여 주시고요. 열심히 해 보세요.

⊙ 참고사항: – 각 반의 학생 수: 38명(남학생: 20명, 여학생: 18명)
　　　　　　　　– 이용 가능 기자재: 컴퓨터, 빔 프로젝트, OHP, 실물환등기, 전동 스크린

▶ **사례 3: 법률문장론***

〈고의로 소음을 내서 아래층 여자를 괴롭힌 행위, 폭행죄일까?〉

K 대학교 법과대학에서 운영하는 '주민법률상담센터'는 주민들을 위해 홈페이지에 '주민법률상담' 코너를 운영하고 있습니다. 법률상담 코너에서는 주민들의 질의사항에 대해 법률검토 의견서를 작성하여 보내 주고 있습니다. 이곳에서 봉사활동 중인 당신이 오늘 해야 할 일은 다음과 같은 '이윤정 씨'의 상담내용에 대한 법률검토 의견서를 작성하여 보내는 것입니다.

작성일: 2014년 4월 10일 18시 24분
작성자: 이윤정

안녕하세요? 저는 이의동 ○○○ 아파트 101호에 거주하는 이윤정이라고 합니다. 저는 몇 년 전 이혼 후 일곱 살 딸(소연)과 함께 ○○○ 아파트에 살고 있습니다. 우리 아파트는 이웃 간의 정이 흘러넘치는 곳이었고 저에겐 아주 소중한 보금자리였습니다. 그런데 지난 1월 어느 날 저희 집 위층에 한 가족이 이사를 왔습니다.

이 가족이 이사를 온 후 며칠 후부터, 위층에서 소음이 들려오기 시작했습니다. 처음엔 대수롭지 않게 여겼는데, 소음이 계속되어서 저는 1월 하순경에 위층을 찾아갔습니다. 벨을 누르니까 아이들 둘이 놀다가 문을 열어 주더라고요. 한참 뛰어놀다가 문을 열어준 게 한 눈에도 알 수 있을 정도로 두 아이는 땀범벅이 되어 있었어요. 그래서 아이들에게 아래층까지 소리가 들리니까 조용히 하라고 타이르고 내려왔습니다. 그런데 그날 위층 아이들 엄마가 저희 집으로 찾아왔습니다. 찾아와서는 왜 우리 아이들에게 이래라저래라 하냐며 오히려 저에게 따지더군요. 그 이후로 저는 위층 사람들과 아주 불편한 사이가 되었습니다.

물론 소음은 계속되었고, 그래서 저의 스트레스는 점점 심해졌습니다. 참다못한 저는 2월 초순경에 경찰에 위층 사람들을 신고했습니다. 위층 여자는 저에게 와서 그러더군요. "경찰에 신고까지 할 정도로 시끄러우면 당신이 이사를 가!" 저도 화가 나서 "이사는 그쪽이 가야죠!"라고 했습니다. 그날부터 위층의 소음은 더욱 심해졌고, 늦은 시간까지 계속되었습니다.

저는 잠을 잘 수 없었고, 그래서 ○○ 병원에 가서 상담한 결과 '수면 부족 및 스트레스로 인한 신경쇠약 증세'가 있다는 진단을 받았습니다. 그러던 어느 날 병원진료 후 집으로 돌아가던 중 매일같이 밤잠을 설친 탓에 운전 중 깜빡 졸았고, 이는 사고로 이어졌습니다. 정말 더 이상은 참을 수가 없더군요. 그래서 위층으로 따지러 올라갔고, (우연히) 현관문 밖으로 들리는 부부의 대화를 듣고 부부가 고의로 시끄러운 소리를 냈다는 사실을 알게 되었습니다. 고의로요.

전 이 부부로부터 폭행을 당했다고 생각합니다. 폭행죄로 이들을 고소하고 싶습니다. 가능할까요? 답변 부탁드리겠습니다. 도와주세요.

---

* SBS 솔로몬의 선택 제작팀(2007)의 p. 133 '무서운 이웃'의 내용을 참고하여 구성한 문제다.

4. PBL 문제 개발 절차

PBL을 적용하고자 할 때 강좌의 목적과 내용에 적절한 기존의 PBL 문제를 찾을 수 있다면 가장 이상적일 것이다. 하지만 PBL 문제는 전통적인 교재에서는 찾기 어려우므로 모든 교과영역에서 좋은 PBL 문제를 구하기란 쉽지 않다. 따라서 PBL 수업을 위해 자료를 찾는 것은 약간의 창의성을 요한다. PBL 문제는 여러 교재나 여러 장의 다양한 연습문제를 서로 연결하여 만들 수도 있다. 어떤 교수자는 비디오 클립을 사용하거나 이야기, 소설, 잡지기사, 연구논문들을 문제의 기초로 사용한다. 더 나아가 실세계의 자원(신문, 라디오, TV)이나 전문 서적(학술논문)으로부터 약간의 아이디어를 더하면 각 장의 연습문제를 더욱 재미있고, 실제적으로 만들 수 있다. 다단계의 PBL 문제를 개발하는 과정은 영역마다 다를 수 있지만 규칙적인 단계를 따르면 어떤 영역의 문제도 개발할 수 있다(Duch, 2001b). 다음에서는 기존의 학습목표에서 PBL 문제를 개발하는 절차를 소개하고자 한다.

1) 핵심적인 학습목표 및 내용 선택

해당 강좌에서 항상 가르치는 핵심 아이디어나 개념, 원리를 선택한다. 그다음에 일반적으로 학습자가 그 개념을 학습하는 데 도움을 주는 전형적인 연습문제, 과제, 숙제를 생각해 본다. 그리고 학습자가 그 문제를 통해서 달성해야 하는 학습목표를 열거한다.

> 예시: 대학생을 위한 물리학 개론 강좌의 경우, 전통적인 교재에서는 학습자에게 간단한 충돌문제(두 개의 물체가 충돌하는 것)를 해결하도록 요구한다. 전통적인 강좌의 학습목표는 다음과 같다.
> ① 학습자는 탄성과 비탄성 물체의 충돌을 포함하는 탄성 보존의 문제를 해결할 수 있다.
> ② 학습자는 탄성과 비탄성 물체의 충돌에서 힘, 운동, 에너지의 역할을 설명할 수 있다.

2) 학습내용과 관련된 실제적 맥락 설계

학습내용 및 목표와 관련해서 그 개념이 사용되는 실세계의 맥락에 대해 생각해 본다. 연습문제를 이야기 형식으로 개발하거나 수업에 사용할 수 있는 실제 사례를 찾아서 학습자가 문제를 해결하도록 동기를 부여하는 요소를 첨가한다. 이야기를 만들기 위해서 잡지나 신문, 논문들을 찾아보거나, 가르칠 개념과 원리가 적용되는 실제적인 아이디어를 얻기 위해 그 분야 전문가의 조언을 구할 수도 있다. 대학의 경우 해당 학과의 졸업생들이 현재 하는 일을 문제 맥락으로 활용할 수도 있다.

> 예시: 앞의 예시에서 소개된 목표들을 가르치기 위해 교통사고 이야기를 문제상황으로 사용할 수 있다. 이를 통해서 학습자가 성취해야 하는 학습목표는 다음과 같이 수정될 수 있다.
> ① 교통사고를 방지하는 계획을 세우기 위하여 힘, 운동, 에너지, 탄성의 법칙을 사용할 수 있다.
> ② 마찰력이 물체의 움직임에 영향을 주는 표면의 다양화와 어떻게 관련되는지 설명할 수 있다.
> ③ 물리학적 원리를 사용해 충돌 전후의 두 물체의 가속도를 계산할 수 있다.
> ④ 운전자의 질문을 판단하기 위해 교통사고와 관련된 실세계의 자료를 평가할 수 있다.
> ⑤ 사고의 복구를 돕기 위해서 적절한 학습자료를 찾고 사용할 수 있다.
> ⑥ 안전띠, 에어백, 범퍼와 같은 안전 도구들이 어떻게 작동되는지 힘과 움직임, 탄성, 에너지의 원리를 이용해 설명할 수 있다.

일반적으로 PBL 상황에서의 학습목표는 전통적인 수업에서의 학습목표를 초월하는 목표를 포함한다. PBL의 목표는 앞의 사례에서 ⑤번과 같이 보다 복잡하고 과정 기술적인 목표를 포함한다.

3) 문제의 초안 작성

학습자가 학습과제를 확인할 수 있도록 문제가 제시되고, 소개되어야 한다. 이를 위해서는 다음과 같은 질문을 해 보는 것이 도움이 된다.

- 첫 번째 단계는 어떠해야 하는가? 어떤 열린 질문을 할 수 있을까? 어떤 것이 학습과제가 될 수 있을까?
- 문제를 어떻게 구조화할 것인가?
- 문제는 얼마나 길어야 하는가? 그것을 완료하려면 얼마나 많은 수업시간이 요구되는가?
- 학습자는 어떤 자료들을 사용해야 하는가?
- 그 문제를 완료하면 학습자는 어떤 결과물들을 만들어 내야 하는가?

많은 경우 PBL 문제는 여러 단계(보통 2~3개의 문제)로 설계되고, 한두 주 정도의 그룹 활동을 통해 완료할 수 있도록 설계된다. 문제를 해결하기 위해 필요한 정보가 문제 내에 모두 주어지지 않으므로 학습자는 문제해결을 위해서 다른 자료나 정보를 찾고, 연구해야 한다.

예시: 교통사고에 대한 이야기는 경찰관이 사고의 책임이 누구에게 있는지를 결정하기 위해 알아야 할 문제들을 요구한다. 어떤 척도와 자료가 수집되어야 하는가? 교통사고 현장을 분석하기 위하여 어떤 물리적인 원리가 필요한가?

이러한 질문은 학습자가 이미 알고 있는 교통사고에 대한 지식과 그들이 배운 물리학적 지식에 대해 토의하도록 유도한다.

4) 학습자원 확인

마지막 단계는 학습자가 사용해야 하는 자료를 확인하는 것이다. 학습자는 스스로 학습자원을 찾고, 사용할 필요가 있다. 하지만 처음에 학습자의 시작을 돕기 위해 교수자가 몇 가지의 좋은 자료들을 알려 주는 것도 유용하다. 특히 오늘날 많은 학습자들은 인터넷에만 자료 검색을 의존하는 경향이 있으므로 학습자가 도서관을 사용하도록 안내하는 것도 중요하다.

또한 교수자는 문제상황을 이해하기 위해 학습자가 요구할 경우에 알려 줘야 하는 자료를 준비해야 한다. 예를 들면, 환자를 진단하는 문제의 경우 환자의 개인적인 병력이나 가족병력, 검사결과 등과 같은 진단에 필요한 자료들을 미리 준비해 두었다가 학습자가 요청하는 경우 이를 알려 주어야 한다.

5) 문제 진술

초안으로 만들어진 문제의 경우 문제상황을 보다 구체화함으로써 문제를 보완한다. 앞에서 논의된 사례의 최종 형태는 다음과 같다.

예시: 2008년 9월 마지막 금요일 13시 20분에 경찰서에 시끄러운 벨소리가 울렸다. 시내의 주도로 교차로에서 심각한 교통사고가 발생했다. 김서장은 전화를 받고 10분 후에 사고현장에 도착했는데, 두 대의 차가 교차로에 충돌해 있는 것을 발견했다. 한쪽 차 안에는 운전사가 의식을 잃고 쓰러져 있었고, 다른 차에는 운전사와 한 승객이 부상을 당했다. 구급차가 부상자들을 병원으로 수송한 후에 김서장은 이번 사고가 어느 운전자의 책임인지를 밝히기 위해 사고를 조사할 임무를 맡았다. 부상의 심각성을 볼 때 사망자가 생길 가능성도 있기 때문에 사고에 대한 조사는 매우 중요하다. 여러분이 김서장이 되어 사고의 책임이 누구에게 있는지 사고 상황을 통해 판단해 보세요.

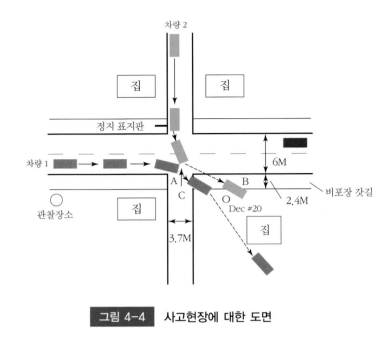

그림 4-4 사고현장에 대한 도면

사고상황: 사고가 난 도로의 제한속도는 시속 60km이다. 다른 도로도 제한속도가 같지만
도로의 양쪽에 정지표지판이 있다. 차량 2는 2,600kg의 무게가 나가며, Dec #20이
라고 표시된 장소 근처의 정지표지 7미터 전방부터 미끄러졌다. 차량 1은 무게가
930kg으로 사고 이후에 미끄러진 흔적이 보이지 않고, 코너의 집 옆에 정차되었다.
차들이 충돌한 장소를 보면 오른쪽 차선에서 충돌하여 차량 2의 오른쪽 앞 범퍼와 차
량 1의 왼쪽 앞 범퍼가 부딪힌 것으로 보인다. 충돌 직후 차량들은 처음에는 같은 방
향으로 움직였다. 김서장은 사고 당일 날씨가 맑았으며, 기온은 20도였고, 도로는 건
조했음을 확인했다.

6) 문제의 타당성 검사

문제가 다 개발된 다음에는 이것이 PBL 문제의 기준에 맞는지, 학습자가 충분
히 이해할 수 있는지에 대한 타당성을 점검할 필요가 있다. 이를 위해서는 체크리

스트를 사용하여 자신이 직접 점검하는 방법과, 동료나 전문가의 도움을 받는 방법, 학습자들을 대상으로 한 파일럿 테스트를 하는 방법 등을 사용할 수 있다.

먼저 문제가 PBL의 특성을 잘 반영하고 있는지를 점검하기 위해 다음과 같은 문제 진단 체크리스트를 사용할 수 있다(〈표 4-6〉 참조). 문제 진단 체크리스트는 문제가 반영해야 하는 특성이 열거되어 있으며, 각각의 요소를 잘 반영하고 있는지 '예'나 '아니요'로 측정할 수 있다. 모든 요소들에 대해 '예'라고 응답되면 PBL의 특성을 잘 반영하고 있는 문제라고 판단할 수 있다. 만약 '아니요'라고 표시되는 요소가 있으면 문제를 점검하고, 그 요소를 반영하는 상황에 대한 기술이나 문제를 수정한다(최정임, 2004).

표 4-6 PBL 문제 진단 체크리스트

기준	응답	
• 문제로부터 학습이 시작되는가?	예	아니요
• 문제는 학습목표와 관련된 개념과 원리를 다루고 있는가?	예	아니요
• 학습에 필요한 지식과 기능을 충분히 포함할 정도로 포괄적인가?	예	아니요
• 문제해결을 위해 문제를 분석하고, 정보를 찾고, 계획하는 과정이 필요한가?	예	아니요
• 여러 가지 해결책이 존재하는가?	예	아니요
• 문제해결을 위한 탐색방법이 다양한가?	예	아니요
• 논쟁이나 토론의 여지가 있는가?	예	아니요
• 실제로 가능한 사례인가?	예	아니요
• 문제해결에 활용되는 자료가 현실적인가?	예	아니요
• 그 분야의 전문가나 실천가의 사고과정을 반영하는가?	예	아니요
• 학습자의 수준에 적절한가?	예	아니요
• 학습자가 경험했거나 경험할 만한 사례인가?	예	아니요
• 현실과 같이 복잡한 문제인가?	예	아니요
• 협동이 필요한 문제인가?	예	아니요

이 문제 진단 체크리스트는 자가 진단뿐만 아니라 동료 및 전문가의 점검을 받을 때도 사용된다. 동료나 전문가에 의한 타당성 검사는 특히 문제의 내용이 학습목표를 충분히 반영하는지, 문제상황이 실제적인지, 학습자에게 필요한 경험인지 등에 초점을 맞추어 실시할 수 있다.

학습자들을 대상으로 파일럿 테스트를 하는 경우는 학습자가 문제를 정확히 이해하고, 문제에서 요구하는 학습과제를 파악할 수 있으며, 문제가 학습자에게 너무 어렵거나 너무 쉽지 않은지, 문제에서 사용된 용어들이 이해하기 쉬운지 등의 내용에 초점을 맞추어 평가해야 한다. 아무리 실제적이고 필요한 문제라 하더라도 학습자의 수준에서 이해하기 어렵거나, 학습자의 관심을 유도하지 못하도록 진술되었다면 그것은 좋은 PBL 문제라고 할 수 없기 때문이다.

제5장

PBL 수업 준비하기

수업 준비하기는 본격적인 PBL 수업을 시작하기 전에 준비해야 하는 사전 활동을 말한다. PBL 수업계획서가 PBL을 위한 학습목표, 문제 개발, 수업시간 및 평가계획 등 학습내용과 절차에 초점을 맞춘다면, PBL 수업 준비하기는 실제 수업 진행에 필요한 여러 가지 자료 및 환경을 준비하는 데 초점을 둔다. 다시 말하면, 수업 준비하기 단계에서는 PBL 수업이 원활하게 진행되기 위해 구체적으로 준비되어야 하는 사항이 무엇인지를 계획하는 것이다. 이를 위한 주요 활동에는 PBL을 위한 그룹을 조직하고, PBL 활동에 필요한 학습자료 및 도구를 준비하며, PBL을 진행할 교실이나 온라인 공간을 준비하는 것들이 포함된다.

1. 그룹 조직

PBL은 주로 그룹 활동을 중심으로 진행되기 때문에 그룹을 적절히 잘 구성하는 것이 중요하다. 일반적으로 학습자는 어떤 그룹 구성원들을 만나느냐에 따라 자신의 성취도가 결정되므로 그룹 구성은 학습자에게도, 교수자에게도 매우 중요한 과정이다. 그룹을 구성하는 가장 쉬운 방법은 임의로 학습자를 배정하거나, 학습자에게 같이 학습할 구성원을 선택하게 하는 것이다. 하지만 이러한 임의적인 배정 방법은 그룹 활동의 공정성을 보장하지 못하고, 그룹 간의 갈등을 불러일으킬 가능성이 있다. 학습자는 자신과 비슷한 친구들과 모둠을 구성하려는 경향이 있는데, 이 경우 모둠 내의 갈등은 최소화될 수 있을지 모르지만 서로 다른 의견이나 자극의 경험이 없기 때문에 지적, 정서적 발달이 일어나기 어렵다. 또한 그룹에 속하지 못하는 소외되는 학습자가 나타나므로 그룹 구성 과정에서 마음의 상처를 받는 경우가 생길 수 있다. 그러므로 학습자가 자율적으로 그룹을 구성하는 것보다는 교수자가 그룹을 구성하는 것이 더 바람직하다. 이럴 경우 교수자는 임의로 그룹 구성원을 배정하기보다는 사전에 학습자의 특성을 파악하고, 협동학습에 영향을 주는 요소들을 고려하여 공정하게 구성해야 한다. 그룹을 구성할 때 일반적으로 고려해야 하는 사항은 그룹의 수, 관련 교과의 성적, 성별, 학년, 전공, 학습 스타일 등과 같은 학습자 특성을 들 수 있다.

1) 그룹 구성원의 수

가장 적절한 그룹 구성원의 수에 대한 정답은 없다. 그룹의 수는 강좌의 크기와 과제의 특성에 따라 달라질 수 있기 때문이다. Craibill(1990)이나 Johnson과 Johnson(1979)의 연구에 따르면, 일반적으로 그룹 활동에 적절한 학습자의 수는 4명이다. 4명의 학습자로 구성된 경우가 그룹의 상호작용이나 구성원의 책임감, 역할분담이 가장 적절히 이루어질 수 있기 때문이다.

하지만 학습자 수가 많은 중형이나 대형 강좌의 경우는 너무 많은 그룹으로 구성할 경우 과제 발표나 그룹 운영에 어려움이 있을 수 있으므로 한 그룹당 학습자 수가 더 늘어나야 한다. 일반적으로 중형 강좌의 경우 그룹의 수가 10조 이내로 구성되는 것이 바람직하므로, 4~6명이 한 그룹을 형성하는 것이 효율적이다. 한 그룹이 6명 이상이 되면 그룹 구성원들 간의 상호작용에 어려움이 있을 수 있으므로 그룹의 크기가 너무 커지지 않도록 유지하는 것이 중요하다.

2) 성 적

그룹을 형성할 때에는 각 학습자들의 관련 교과 성적을 고려해야 한다. 일반적으로 학습자들이 자발적으로 그룹을 형성하면 비슷한 성적의 학습자끼리 그룹을 형성하는 경우가 많은데, 이는 협동학습의 장점을 살리기 어렵고, 공정성 면에서도 적절하지 않다. 학습자의 관련 교과 성적은 학습자의 사전지식과 사전경험, 학습 스타일, 학습에 대한 태도 등 다양한 요소와 관련되어 있으므로 성취도가 같은 학습자끼리 그룹을 형성하기보다는 다양한 수준의 학습자들이 그룹을 형성하는 것이 바람직하다. 그러므로 학습자들의 성적에 대한 정보를 미리 얻을 수 있다면 교수자가 사전에 학습자들의 성취도를 고려해서 그룹을 나누는 것이 좋다.

3) 성 별

학습자의 성별도 그룹 활동에 영향을 준다. 일반적으로 같은 성별의 학습자로 형성된 그룹보다는 다른 성별이 혼합된 그룹이 학습 활동에 더 적극적이며, 더 높은 성취도를 보이는 경향이 있다. 성별이 혼합된 그룹은 이성에 대한 관심으로 그룹 활동에 더욱 적극적으로 참여하게 하는 효과가 있고, 남녀의 다른 의사소통 방식을 익히는 계기가 될 수 있다(정문성, 2004; Speck, 2003).

이상적인 성별을 고려한 그룹은 남녀가 같은 비율을 갖는 것이다. 그러나 성비를 맞추기 어렵다면 여성이 다수를 차지하는 그룹이 남성이 다수를 차지하는 그룹보다 협동이 더 잘 일어나는 모습을 보인다. 여성이 많은 경우에는 남성이 과제를 잘 수행하도록 돕는 경향이 있지만, 남성이 많은 경우에는 여성을 무시하고 고립시키는 경향이 있기 때문이다. 그러므로 가능한 한 그룹 안에 남녀의 비율을 고르게 배분하는 것이 좋다.

4) 학 년(또는 나이)

같은 학년의 학습자가 수강하는 강좌의 경우는 학년에 대한 배려는 그리 중요한 변수가 되지 못한다. 하지만 여러 학년이 같이 수강하는 교양 강좌의 경우 그룹을 형성할 때 학년이나 나이를 고려하는 것이 바람직하다. 고학년의 경우는 처음 대학생활을 시작하는 신입생에 비해 강좌에 대한 이해도가 높고, 그룹 활동이나 프로젝트 활동 경험이 있기 때문에 신입생과 고학년을 혼합하여 형성하는 것이 그룹 활동을 더욱 효율적으로 촉진할 수 있다. 하지만 소수의 고학년이 그룹에 소속되는 경우 고학년이 권위적으로 저학년을 대함으로써 협동학습에 장애가 될 수 있으므로 고학년과 저학년의 수가 비슷하도록 고려하는 것도 필요하다.

5) 전 공

학년과 마찬가지로 전공의 경우도 같은 전공영역의 학습자만 수업을 듣는 전공수업의 경우는 큰 무리가 없지만, 다양한 전공의 학습자가 수강하는 강좌는 그룹을 형성할 때 전공에 대한 고려도 이루어져야 한다. 예를 들면, 대부분의 학습자들이 한 전공영역이고, 타 전공에서 온 학습자들이 소수일 경우에는 그들이 수업에서 소외되지 않도록 그룹을 배정하는 것이 필요하다. 하지만 다양한 전공영역의 학습자들이 수강을 하는 경우에는 같은 전공의 학습자들끼리 그룹을 만들어도 좋다. 이는 같은 전공영역의 학습자들은 비슷한 강좌를 수강하는 경향이 높으므로 그룹 활동을 위한 시간 계획을 세우기 쉽기 때문이다.

6) 학습 스타일

학습자의 학업성취도에 영향을 주는 학습 스타일을 고려하여 그룹을 구성하는 것도 바람직하다. 일반적으로 학습 스타일을 고려할 경우에는 수업 전에 학습 스타일 검사를 통해 학습자의 성향을 파악한 후 그룹을 배치해야 한다. 학습 스타일에 따라 그룹 활동에 참여하는 학습자의 참여도와 그룹의 역동성이 달라지므로 여러 가지 학습 스타일의 학습자들을 고루 배치하는 것이 그룹 활동을 촉진할 수 있다(Ferrett, 2000; Sharp, 2001).

그룹 활동에 영향을 주는 학습 스타일 중 가장 일반적으로 알려진 변인은 학습자의 내향성과 외향성이다. 내향성이란 사고와 행동이 자신의 내부로 향하는 특성으로서, 조용히 혼자 생각하며, 장기기억에 능하고, 과제에 오래 집중하는 모습을 보인다. 반면에, 외향성이란 사고와 행동이 외부로 향하는 것으로서, 직선적이고, 외부와의 의사소통에 적극적이며, 사교적, 충동적인 경향을 갖는다. 따라서 외향적인 학습자는 보다 적극적인 성향을 가지며, 내향적인 학습자는 소극적인 성향을 가진다(Jonassen & Grabowski, 1993). 내향적인 학습자는 숙고적이고 반성적인 사고를 지향하여 과제에 오래 집중할 수 있으므로 효과적인 과제해결이 가능하며, 외향적인 학습자는 과제수행에서 즉각적이며 적극적으로 활동함으로써 과제를 추진해 나가는 데 많은 역할을 할 수 있다. 따라서 외향적인 학습자와 내향적인 학습자가 함께 집단으로 구성이 되었을 때 서로의 장단점을 보완할 수 있을 것으로 기대된다.

그룹 활동 시 고려할 수 있는 또 하나의 학습 스타일은 Kolb(1985)나 Ferrett (2000)에 의한 학습 스타일이다. Perrett에 따르면, 학습자들은 분석자(analyzor), 감독자(director), 지지자(supporter) 그리고 창조자(creator)의 네 가지 유형으로 나누어진다. 분석자는 사고력이 뛰어나고 분석적이며 논리적인 성향을 갖고, 감독자는 모험적이며 자신감이 넘치고 경험을 통해 학습하는 데 익숙한 유형이다. 지지자는 관계 지향적이고 협동적이며 관찰과 그룹 활동을 통해 학습하는 것을 좋아하며, 창조자는 창의력이 풍부하고 감성적이며 실습과 적극적인 활동을 통해 효과적으로 학습하는 경향이 있다. 이러한 다양한 학습 스타일은 그룹 활동에 필요한 다양성을 만들어내며, 각 학습자의 스타일에 맞는 역할분담을 함으로써 서로의 장단점을 보완할 수 있다.

7) 그룹 구성원의 역할

학습자는 개개인이 자신의 행동에 책임감을 느낄 때 그룹 활동에 적극적으로 참여하게 되고, 무임승차를 하려는 경향이 줄어든다. 개개인의 책임감을 증대시키고, 참여를 촉진하는 방법의 하나는 학습자들이 그룹 내에서 각각의 역할을 맡는 것이다. 모든 구성원들이 참여할 수 있는 기회를 주기 위해서 정기적으로 또는 하나의 과제가 끝날 때마다 각 구성원들의 역할을 바꾸도록 하는 것이 좋다. 일반적으로 그룹 내에서 필요한 역할은 다음과 같다.

- 리　더: 토의를 이끌고, 그룹을 대표하며, 구성원의 참여를 유도한다.
- 기록자: 토의의 내용을 기록하고 정리한다. 그룹 활동 결과를 정리하여 제출한다.
- 발표자: 전체 토의에서 그룹의 의견과 토의 내용을 발표한다.
- 관리자: 토의나 그룹 활동의 시간을 관리하고 계획하며, 각 구성원이 자신의 과제나 역할을 충실히 수행하는지를 점검한다.

8) 그룹의 역동성

그룹의 역동성은 그룹의 지속 기간과 그룹 형성의 과정을 포함한다. 그룹의 지속 기간은 한 번 그룹을 구성하여 되도록 그 그룹이 계속 지속되게 하는 것이 좋다. 왜냐하면 모든 그룹은 발달 단계를 거치는데, 그룹이 효과적으로 기능하기 위해서는 어느 정도의 시간이 걸리기 때문이다.

그룹 역동성에 대한 Tuckman(1965)의 연구에 따르면, 모든 그룹은 형성(forming) 단계, 질풍노도(storming)의 단계, 표준(norming) 단계, 수행(performing) 단계와 같은 발달 과정을 겪는다. 형성 단계는 처음에 그룹이 구성되고, 규칙을 형성하기 시작하는 단계다. 이 단계에서는 모든 구성원들은 그룹에 대한 막연한 불안감을 가지고 있으면서도 동시에 그룹에 대한 기대감과 환상을 갖게 된다. 하지만 그룹 활동이 본격적으로 시작되면 그룹 구성원은 질풍노도의 단계를 겪는다. 그룹 구성원들 간에 갈등과 반목이 발생하고, 그룹에 대한 기대감과 현실에 대한 충돌이 생긴다. 이러한 갈등을 거치면서 그룹 구성원 간에 서로에 대한 이해와 신뢰가 생기게 되고, 그룹 내의 규율이 형성되면 그룹이 안정되는 표준 단계에 도달하게 된다. 표준 단계가 더욱 발달하면 자율적이고 본격적인 협동이 일어나는 수행 단계에 이른다. 이 수행 단계에서는 그룹 구성원들이 불필요한 갈등이나 외부의 간섭 없이 효과적으로 협동하며, 가장 생산성 있는 그룹 활동을 하게 된다.

가장 바람직한 것은 모든 그룹이 빠른 시간 내에 수행 단계에 도달하는 것이지만, 그룹에 따라서는 표준 단계나 수행 단계에 이르지 못하는 경우도 생긴다. 따라서 그룹의 역동성에 따라 그룹 리더나 교수자의 적절한 간섭과 피드백이 제공되어야 한다. 예를 들면, 그룹 활동이 시작되는 형성 단계와 질풍노도의 단계에서는 리더가 중심이 되는 적극적인 리더십이 필요하다. 하지만 표준 단계와 수행 단계에서는 그룹이 안정되고 자율적인 협동이 발생하므로 구성원의 자율성을 보다 존중해 주고, 구성원에게 책임감을 부여하는 리더십이 요구된다.

구성을 위한 구성원들의 특징 활용 사례

한편 그룹활동에 기여한 구성원들의 특성을 분석한 장경원, 성지훈(2012)의 연구에 의하면 성실성, 성격, 리더십이 학습자들의 성적, 성별, 전공, 학습 스타일보다 그룹 활동에 더 큰 영향을 준 것으로 나타났다. 성실성에 해당하는 것은 주어진 역할을 충실히 수행하는 것과 과제해결을 위한 그룹 모임에 적극적으로 참여하는 것이다. 성격에 해당하는 것은 다른 사람을 잘 배려하는 것과 자신의 의견을 적극적으로 제시하는 것이다. 리더십에 해당하는 것은 그룹의 분위기를 즐겁게 만드는 것과 회의를 잘 진행하는 것이다.

그룹을 구성할 때 이러한 특성을 반영하기 위하여 다음의 표를 사용할 수도 있다. 6개의 질문은 학습자들이 스스로 그룹 구성원으로서의 성실성, 성격, 리더십에 대해 답변하도록 한 것이다. 학습자들의 답변을 고려하여 학습자들의 특성이 고르게 분포하도록 그룹을 구성할 수도 있다.

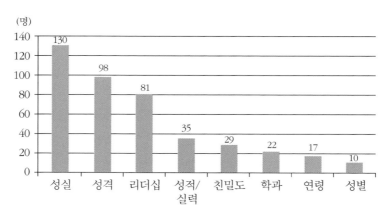

그룹 활동에 기여한 구성원들의 특성(장경원, 성지훈, 2012)

그룹편성을 위한 조사표

이름:			연락처:		
학과:	학년:		나이:		성별:
지난학기 성적(평점):	자료검색능력*: 하( ) 중( ) 상( )				

질문**	전혀 그렇지 않다	그렇지 않다	보통 이다	그렇다	매우 그렇다
① 나는 주어진 역할을 충실히 수행한다.					
② 나는 과제를 위한 모임에 적극적으 로 참여한다.					
③ 나는 다른 사람을 잘 배려해준다.					
④ 나는 내 의견을 적극적으로 표현한다.					
⑤ 나는 소집단의 분위기를 즐겁게 할 수 있다.					
⑥ 나는 소집단 활동 시, 회의를 잘 진행 할 수 있다.					

* 자료검색능력은 실력의 예시항목으로 수업 활동의 특성을 반영하여 발표력, 컴퓨터활용능력,
프로그래밍능력, 외국어능력 등으로 대체 혹은 추가할 수 있다.

** 질문 가운데 ①,②는 성실도, ③,④는 성격, ⑤,⑥은 리더십을 묻는 질문이다.

2. 수업자료 준비

PBL 수업에 대한 계획이 수립되면, 이를 시작하기 전에 수업에 필요한 모든 자료를 준비해야 한다. 수업에 필요한 자료는 수업 활동에 사용될 모든 학습도구 및 매체자료를 말한다. 수업자료는 수업이 진행되는 절차와 단계에 따라서 필요한 자료가 준비되어야 한다.

1) PBL 연습 및 그룹 조직

학습자가 PBL을 처음 접하는 경우에는 PBL 활동을 이해하기 위해서 PBL 연습을 위한 단계를 준비해야 한다. 일반적으로 첫 수업시간은 PBL에 대한 소개 및 PBL 연습 활동으로 이루어진다. PBL 연습을 위해서는 이를 위한 간단한 문제 및 활동지가 준비되어야 한다. 활동지에는 PBL 연습문제와 PBL 문제 분석을 위한 양식, PBL 활동에 대한 간단한 소개 등이 포함될 수 있다. 또한 연습을 위한 조별 활동을 위해서 필요한 필기구 등이 준비되어야 한다.

PBL 연습과 함께 그룹이 조직되면 그룹의 구성원 소개하기, 그룹 이름 짓기, 그룹 규칙 정하기 등 그룹 학습을 위한 준비 활동이 필요하다. 이 경우에도 그룹 활동에 필요한 활동지가 제공될 수 있다. PBL 연습 및 그룹 구성 단계에 대한 자세한 설명은 다음 장에 제시될 것이다.

- 준비 자료: PBL 소개 자료, PBL 연습문제 및 활동지, 그룹 활동지([부록 3] PBL 수업 준비 자료' 참조)

2) 문제 제시

PBL은 학습자가 학습할 문제를 제시하는 것으로 시작된다. 문제를 제시할 때도 호기심과 흥미를 유발하기 위한 다양한 방법이 있다. 일반적으로는 각 그룹별로 PBL 문제를 인쇄물로 나누어 주거나, 파워포인트를 이용하여 제시한다. 그리고 문제상황과 관련된 동영상이나 그림, 삽화 등을 사용하여 흥미를 유발할 수 있고, 필요한 경우는 직접 고객이나 환자를 대하는 역할극을 계획할 수도 있다. 또한 현장감을 높이기 위해 관련 전문가를 초청하거나 화상 회의를 사용할 수도 있다. 문제가 좀 더 구체적이고 실제적인 형태로 제시될수록 학습자의 도전감도 높아질 것이다.

• 준비 자료: PBL 문제 인쇄물, 파워포인트, 동영상, 그림, 삽화 등

3) 문제 분석 및 그룹 활동

문제가 제시되면 학습자들은 그룹으로 모여 문제를 분석하고, 학습과제를 도출하게 된다. 이러한 그룹 활동 과정을 위해 교수자는 그룹 활동에 필요한 자료 템플릿을 제공할 필요가 있다. 그룹 활동 자료는 인쇄물로 각 문제 활동 시에 제공될 수도 있고, 파일로 제공되어 문제 분석 활동이 끝나면 그룹별로 그 결과를 제출하게도 할 수 있다. 또한 문제 분석 이후에 각 그룹별로 개별학습과 그룹학습 활동을 하게 되는데, 각 그룹 활동의 내용과 과정을 파악하기 위하여 개별학습 보고서 및 그룹 활동 보고서를 제출하도록 요구할 수도 있다.

• 준비 자료: 그룹 활동지('[부록 3] PBL 수업 준비 자료' 참조)

4) 평 가

PBL에서의 평가는 다양한 방법으로 이루어진다. 일반적으로 그룹 과제(문제해결안)에 대한 교수자평가뿐만 아니라 개별학습 활동 및 그룹 활동에 대한 학습자 스스로의 자기평가, 그룹 활동에 대한 동료평가도 함께 이루어진다. 따라서 평가를 실시하기 전에 각 평가에 필요한 평가지를 개발할 필요가 있다. 또한 PBL 문제

해결이 끝난 후 작성되는 성찰일지도 문제해결 활동에 대한 평가자료로 활용될 수 있다. 성찰일지는 학습자에게 자신의 생각이나 느낌을 자유롭게 기술하게 할 수도 있고, 교수자가 원하는 내용을 목록화하여 특정한 서식을 제공할 수도 있다.

- 준비 자료: 과제(문제해결안) 평가지, 그룹 활동 평가지, 성찰일지 서식 및 평가표('[부록 3] PBL 수업 준비 자료' 참조)

3. 학습환경 준비

학습환경은 PBL 수업이 진행될 공간을 준비하는 것을 말한다. PBL 수업은 그룹 활동이 중심이 되므로 일반적인 강의식 수업보다 학습공간에 대해 더 많은 신경을 써야 한다. 또한 PBL은 교실 수업과 같은 오프라인 공간에서 진행될 수도 있지만 e-러닝 환경과 같은 온라인 공간에서도 진행될 수 있고, 오프라인과 온라인이 함께 병행되어 사용될 수도 있다. 따라서 어떤 방식으로 수업을 진행할 것이냐에 따른 적절한 학습환경이 준비되어야 한다.

1) 오프라인 학습환경

오프라인 학습환경은 면대면 수업이나 토의를 진행할 교실 공간을 말한다. 일반적으로 PBL 수업은 그룹 활동이 주를 이루므로 그룹 활동을 위한 별도의 공간을 갖추는 것이 좋다. 그룹 활동을 위한 별도의 공간 확보가 어렵다면 일반적인 강의실을 사용하더라도 그룹 활동이 가능한 공간을 활용해야 한다. 예를 들면, 좌석이 고정되어 있는 계단식 강의실보다는 좌석이 자유자재로 이동 가능해야 하고, 좌석 이동을 위한 충분한 공간이 마련되어 있어야 한다. 또한 그룹 활동을 위해서 칠판(화이트 보드)이나 필기구, 포스트잇과 같은 회의 도구들이 갖추어져 있어야 한다. 만약 교실 공간에 이러한 자료들이 충분하지 않다면 교수자가 전지나테이프, 자석, 플립 차트,[1] 네임펜과 같은 이동식 필기구를 사전에 준비해야 한다.

강의실 내 책상들은 그룹 활동이 원활히 이루어질 수 있도록 2~3개의 책상을 붙여 배치한다. 이때, 그룹 활동 중이어도 교수자가 수업과 관련한 다양한 안내를 할 수 있으므로, 교수자가 주로 서서 설명하는 강의실 앞면과 등을 지고 앉는 자리가 생기지 않도록 배치한다.

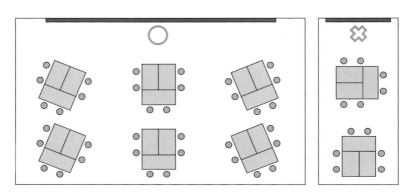

그림 5-1　PBL을 위한 강의실의 책상 배치

(좌: 바람직한 배치, 우: 바람직하지 않은 배치)

그림 5-2　소그룹 활동실

그림 5-3   일반 강의실

2) 온라인 학습환경

그룹 활동을 위한 시간이나 공간 확보가 어려운 경우 온라인을 활용하여 PBL
을 진행할 수도 있다. PBL을 위한 온라인 공간은 교수자가 직접 개발할 수도 있
지만, 대부분의 대학에서는 e-class와 같은 수업보조 사이트를 지원하므로 이러
한 온라인 학습공간을 활용할 수도 있다. 온라인 학습공간을 이용하는 경우는 교
실 수업과 병행되는 블렌디드 러닝(blended learning)의 형태와 순수한 온라인 활
동으로만 수업이 진행되는 온라인 PBL(e-PBL)의 두 가지의 형태로 운영될 수 있
다. 어떤 형태이든 온라인을 이용하는 경우 관련 사이트나 온라인 강의실을 개설
해야 한다. 일반적으로 온라인 강의실에는 자료실, 토론실, 게시판 등이 포함되
어야 하고, 각 그룹별 활동 공간을 제공하여 그룹 활동을 지원해야 한다.

---

1) 쾌도의 일종으로 넘길 수 있는 큰 종이

온라인 공간을 이용할 경우에는 그룹 활동을 위한 교실이 별도로 배정되지 않아도 되고 활동 시간도 그룹의 여건에 맞춰 진행할 수 있다. 또한 그룹 활동 과정이나 토의 내용을 교수자가 점검할 수 있고, 관련 자료를 저장할 수 있는 장점이 있다. 하지만 온라인 그룹 활동은 면대면 활동에 비해 많은 시간을 요구하고, 즉각적인 피드백이나 사적인 의견 수렴이 어렵다는 단점이 있다. 교실 수업과 온라인 활동을 병행하는 블렌디드 러닝을 활용할 경우 온라인과 오프라인의 장단점을 활용할 수 있다.

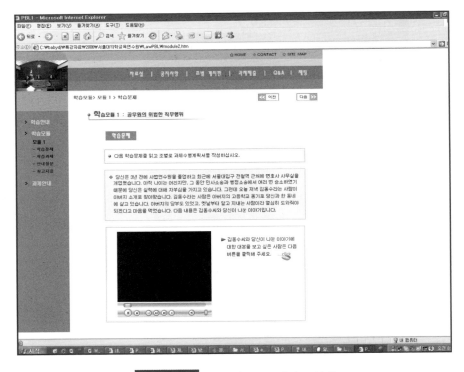

그림 5-4   온라인 PBL 사이트 사례

PART 3

PBL 수업하기

PBL은 학습자의 적극적인 참여가 있을 때 성공적으로 이루어질 수 있다. 따라서 'PBL 수업하기'는 교수자가 PBL 수업을 어떻게 운영할 것인가에 대한 내용이지만, 궁극적으로는 PBL 수업에 학습자를 어떻게 적극적으로 참여하도록 할 것인가에 초점을 둔다.

PBL 수업이 이루어지는 동안 교수자는 학습자가 팀 활동에 적극 참여하고, 개별학습을 책임감 있게 수행하며, 토의에 효과적으로 참여할 수 있도록 튜터와 수업관리자의 역할을 동시에 수행해야 한다. 이 과정을 통해서 PBL 수업에 경험이 없는 학습자가 PBL이 무엇인지 알고, PBL 과정에 익숙해지며, PBL에서 요구되는 학습자의 역할을 구체적으로 수행하도록 도움을 주어야 한다.

제3부에서는 PBL을 경험하지 못한 학습자들을 대상으로 PBL을 운영할 때 그들이 PBL에 적극적으로 참여하고 문제해결을 잘 수행할 수 있도록 교수자가 PBL 수업을 어떻게 운영해야 하는지 단계별로 살펴보고자 한다.

제6장

PBL 준비시키기

PBL 환경에서 학습자들이 문제해결자, 자기주도적 학습자, 협력적 학습자의 역할을 제대로 수행하기 위해서는 PBL이 시작되기 전에 교수자가 이 학습자들을 준비시키는 과정이 필요하다. PBL 준비시키기는 학습자가 PBL이 무엇이며, 왜 PBL을 해야 하는지 이해하고, PBL 과정을 경험해 볼 수 있도록 하는 것이다. 이를 구체적으로 살펴보면 다음과 같다.

1. PBL 소개하기

전통적 수업과 차이가 있는 PBL은 다음과 같은 많은 변화를 요구한다. 교육목표, 교수자의 역할, 학습자의 역할, 평가의 방법과 기능, 그리고 일반적인 기대 등이 그러하다(Woods, 1994). 그러나 PBL에 참여하는 학습자는 대부분 PBL이 무엇인지 모르는 상태에서 수업을 시작하게 된다. 강좌를 수강하는 학습자는 교수자가 활용하는 교수방법에 대해 이론적으로 깊이 있는 이해를 할 필요는 없다. 하지만 해당 교수방법이 보편적으로 활용되는 것이 아니며 학습자에게 새로운 역할을 요구한다면 학습자는 교수방법에 대한 기본적인 이해를 하는 것이 필요하다. 학습자가 수업에서 활용되는 교수방법 체제를 모를 경우 교과내용과 함께 학습방법도 습득해야 하는 어려움을 겪게 되기 때문이다. 이러한 어려움은 학습 동기의 저하를 초래할 수도 있다.

이러한 이유로 교수자는 PBL 수업을 시작하는 첫 시간에 학습자에게 PBL이 무엇인지, 왜 PBL 방식으로 수업을 하는지, PBL은 어떻게 진행되는지 등 전반적인 PBL 안내를 해야 한다. PBL은 교수-학습 방법이므로, 학습자는 PBL을 학습 대상으로 여기기보다는 PBL에 어떻게 참여하는 것인지 방법을 알면 된다(PBL에 대한 자세한 내용은 '제1장 PBL 이해하기' 참조).

학생들에게 소개할 PBL에 대한 주요 내용은 다음과 같다.

PBL 소개하기

1. PBL의 정의

PBL이란 학습자에게 실제적인 문제를 제시하고, 제시된 문제를 해결하기 위해 학습자들이 함께 문제해결방안을 강구하고, 개별학습과 협동학습을 통해 공통의 해결안을 마련하는 일련의 과정에서 학습이 이루어지는 학습방법이다.

※ PBL에서 '문제'의 성격
1) 전통적 수업에서의 '문제': 교수자에 의해 제시된 학습내용을 학습활동으로 개발하기 위한 하나의 전략으로, 주로 학습한 내용에 대한 확인, 적용을 위해 사용된다.
2) PBL에서의 '문제': 학습의 시작점으로, 문제해결에 필요한 정보와 자료는 학습자가 스스로 수집하고 분석한다.

2. PBL의 교육목표
1) 단순한 지식 습득이 아니라 다양한 학문 분야와 교과목으로부터 통합된 지식 습득
2) 효과적이고 효율적인 문제해결 능력 함양

3) 독립적인 자기주도적 학습능력 습득

4) 효과적인 팀 활동능력 습득

5) 적극적이고 자신감 있는 태도 함양

3. PBL의 절차

1) 문제 제시: 교수자가 학습자에게 해결해야 할 문제를 제시하고 문제의 배경을 소개한다.

2) 문제 확인: 해결해야 하는 문제가 무엇이고, 문제해결안의 최종 형태가 구체적으로 무엇인지 확인하며, 해결안을 찾기 위해 무엇을 학습할 것인지 결정한다.

3) 개별학습: 학습과제 중 자신이 맡은 부분을 해결하기 위해 필요한 자료를 탐색 및 학습한다.

4) 문제 재확인 및 문제해결안 도출: 개별적으로 학습한 학습내용을 공유한 다음 문제해결에 더 필요한 사항을 다시 추출, 학습한다. 이후에 문제에서 요구하는 해결안을 도출한다.

5) 문제해결안 발표: 수업시간에 각 그룹별로 준비한 문제해결안을 발표하며, 이때 다른 팀들의 아이디어와 자신의 것을 비교하여 최종 해결안을 모색한다.

6) 학습결과 정리 및 평가: 학습자는 학습결과 발표를 통해 공유된 해결안을 정리하고, 교수자가 이와 관련된 주요 개념을 간단한 강의 형태로 요약, 정리한다. 모든 과정이 끝난 후 학습자는 성찰일지를 작성한다.

생각 (ideas)	사실 (facts)	학습과제 (learning issues)	실천계획 (action plans)
문제를 이해하고, 문제의 원인, 결과, 가능한 해결안에 대한 학습자의 가설이나 추측을 검토한다.	문제에 제시된 사실과 이미 학습자가 알고 있는 문제해결과 관련된 사실을 확인한다.	문제를 해결하기 위해 학습자가 학습해야 할 내용을 선정한다.	문제를 해결하기 위해 학습자가 이후에 해야 하는 일 또는 실천계획을 수립한다.

4. PBL에서 학습자의 역할과 교수자의 역할

1) 학습자의 역할

- 문제해결자: 제시된 문제의 시나리오 속 주인공이 되어 문제에서 요구하는 해결안을 마련해야 하는 문제해결의 주체다.

- 자기주도적 학습자: 자신에게 주어진 학습과제를 습득하는 데 필요한 자료탐색, 수

집, 분석, 정리 등을 주도적으로 수행하는 주체다.

- 협력적 학습자: 학습과제를 선정하고, 자신이 학습한 내용을 공유하며, 문제해결안을 마련할 때 적극적으로 다른 팀원들의 의견을 듣고, 자신의 의견을 발표하고, 의견을 조율하는 주체다.

2) 교수자의 역할
- 교수설계자, 학습촉진자, 학습결과 평가자, 학습내용 정리자

5. PBL의 유용성

1) 문제해결능력, 의사소통능력, 대인관계능력, 자기주도학습능력 등을 향상시킨다.

2) 이론과 실제를 연계시킨다.

3) 자신감과 적극성을 향상시킨다.

2. PBL 연습시키기

PBL에 대한 소개만으로는 PBL 방식을 이해하는 데 어려움이 있다. 따라서 PBL에 대한 설명과 함께 학습자가 PBL 과정을 경험할 수 있도록 하는 것이 바람직하다. 학습자가 직접 PBL 과정을 경험하게 하는 것은 이후의 PBL 수업이 잘 진행될 수 있도록 하기 위해 중요하다. 이때 PBL 경험은 학습자가 PBL 과정에 익숙해지도록 하는 것에 목적이 있으므로 쉽고 재미있는 '문제'를 활용한다. 문제는 꼭 해당 전공과목의 내용을 다룰 필요는 없고, 학습자가 잘 알고 있는 영역의 기초적인 내용이나 초·중등 수준의 내용 등을 담고 있으며 비판적 사고를 유발시키면서 흥미로운 것이면 좋다. 연습을 위한 PBL 문제는 강의가 시작되기 전에 교수자가 미리 고려하고 준비한 것이어야 한다.

연습문제를 함께 해결해 보는 PBL 경험은 학습자에게 PBL 과정을 학습하는 것뿐만 아니라 의견을 제시하는 방법, 다른 사람의 의견에 대한 자신의 생각을 표현하는 방법, 서로 다른 의견을 수렴하는 방법 등을 학습하고, 다른 학습자와의

어색함을 줄일 수 있는 기회가 된다. 따라서 PBL이 온라인 공간에서 이루어지는 경우에도 여건이 허락된다면 면대면 공간에서 PBL을 경험해 볼 수 있도록 하는 것이 바람직하다. 그렇지 않을 경우 간접적으로라도 PBL을 경험할 수 있도록 학습자들이 문제를 해결하는 과정을 촬영한 동영상 등을 자료로 제시하는 것이 필요하다.

　PBL 연습은 PBL의 전 과정을 모두 경험해 보도록 하는 것이 좋지만, 시간이 많이 소요되므로 대개 문제 제시 후 문제 확인 단계까지만 연습 기회를 갖도록 한다. 즉, 교수자가 문제를 제시하면 학습자는 문제가 무엇인지 확인하고, 생각(ideas), 사실(facts), 학습과제(learning issues)의 단계를 거치면서 무엇을 학습할 것인지 결정하고 이를 위해 이후에 해야 할 일을 계획하는 실천계획(action plans), 수립 단계까지 연습하는 것이다.

　PBL 과정을 연습할 때는 되도록 두 개의 연습문제를 해결해 보는 것이 좋다. 두 문제 모두 문제 확인 단계까지만 경험해 보는데, 첫 번째 연습문제는 반드시 교수자의 주도로 학습자 전체가 함께 해결해 본다. 이 과정에서 교수자는 사회자의 역할에 대한 모범을 제시할 수 있다. 즉, 생각, 사실, 학습과제, 실천계획의 각 단계에서 사회자가 그룹의 논의를 어떻게 이끌어갈 것인지 시범을 보이는 것이다. 이때 시범을 보여야 할 내용은 적절하게 그룹 구성원의 참여를 유도하는 것, 구성원에게 적절히 질문하고 참여를 이끌어 내는 것, 참여가 활발한 구성원과 그렇지 않은 구성원을 적절하게 참여시키는 것, 구성원들 간에 이견이 있을 때 이를 조정할 수 있는 진행방법 등에 대한 것이다. 다음의 예는 제1장에서 소개된 문제를 이용해서 교수자가 학습자들에게 PBL 과정을 익히게 하고, 사회자가 어떤 역할을 수행해야 하는지 시범을 보이는 수업 장면을 기술한 것이다.

> 여러분은 우리 동네의 지역신문 기자입니다. 새 편집장은 여러분에게 토요일 신문의 1면에 실을 기사를 준비하고, 그 기사를 독자에게 더욱 호소력 있게 만들라고 지시했습니다. 편집장은 가장 중요한 기사가 1면을 차지해야 한다고 말했고, 그 기사들은 자신의 승인을 받아야 한다고 말했습니다. 여러분은 어떤 기사를 써야 할까요?

교수자: 자, 여러분! 문제를 다 읽어 보셨죠? 그럼 우리가 해결해야 하는 문제가 무엇인지 누가 간단히 요약해 볼까요? (자발적으로 지원하는 학생이 없자) 지원이가 한번 이야기해 볼까요?

지 원: 1면에 실어야 하는 기사의 특징이 무엇인지 아는 것이 우리가 해야 하는 일 같아요.

교수자: 지원 군은 지역신문사의 기자로서 1면에 실어야 하는 기사의 특징을 파악하는 것이 이 문제에서 요구하는 궁극적인 해결안이라고 하는데, 여러분 모두 같은 생각인가요?

학생들: 네.

교수자: 자! 그럼 모두가 문제를 동일한 것으로 이해했다고 봐도 되겠지요?

학생들: 네.

교수자: 그럼, 구체적으로 이 문제를 해결하기 위해 우리가 무엇을 알아야 할지 정해 보도록 합시다. 먼저 '생각' 단계입니다. 우리가 이 문제를 해결하기 위해 무엇을 알면 좋을지, 무엇을 찾아보면 좋을지, 여러분이 지금까지 경험한 것, 알고 있는 것을 토대로 의견을 이야기해 보세요.

민 경: 신문의 주요 독자가 누구인지 알아야 하지 않을까요? 그들이 관심을 갖는 주제가 무엇인지 알아야 하니까요.

교수자: 민경 양은 신문의 주요 독자가 누구인지 알아야 한다고 하는데, 여러분도 동의하십니까?

학생들: 네.

서 기: (제시된 의견을 칠판에 기록한다.)

[이후에 서기가 기록하는 부분은 생략]

교수자: 그럼 또 무엇을 알아야 할까요?

영 윤: 토요일 신문이니까 기존의 신문들, 또는 다른 신문들은 토요일 1면 기사로 어떤 것을 다루고 있는지 알아봐야 할 것 같습니다.

교수자: 다른 신문의 토요일 1면 기사에 어떤 것이 있는지 살펴보는 게 좋겠다는 의견입니다. 다른 사람들도 같은 생각인가요?

학생들: 네.

교수자: 다른 의견은? (자발적으로 이야기하는 학생이 없자) 범준 군이 이야기해 볼까요?

범 준: 네. 저는 일간지가 아닌 지역신문이라는 것을 기억해야 할 것 같습니다. 그래서 지역신문에서는 주로 어떤 기사를 다루는 게 좋은지 알아볼 필요가 있다고 생각합니다.

교수자: 범준 군은 지역신문에서 다루는 기사의 특성을 알아보는 게 좋겠다고 의견을 제시했습니다. 다들 동의하나요?

학생들: 네.

…… 〈중 략〉 ……

교수자: 자! '생각' 단계에서 의견이 충분히 제시되었다고 생각하나요?

학생들: 네.

교수자: 그럼 '사실' 단계로 넘어가겠습니다. '사실' 단계는 문제에 제시되어 있는 내용 중 문제해결을 위해 꼭 고려해야 하는 것과 문제해결을 위해서는 필요하지만 우리가 이미 알고 있어서 더 학습할 필요가 없다고 생각되는 것을 정리하는 단계입니다. 어떤 것을 알고 있나요?

철 이: 우리의 역할이 기자라는 것이요.

교수자: 또 어떤 것을 알고 있나요?

범 준: 신문의 1면은 호소력이 있어야 한다.

교수자: (웃음) 네. 다들 동의하세요?

학생들: 네.

영 윤: 1면에는 가장 중요한 기사가 나옵니다.

…… 〈중 략〉 ……

교수자: '사실' 단계에 더 추가될 내용이 없나요? (침묵) 그럼 이제 '학습과제'로 넘어가겠

습니다. '학습과제'에서는 '생각' '사실' 단계에서 이야기된 것들을 토대로 이제 우리가 정말 문제해결을 위해 꼭 학습해야 할 내용을 선정하는 것입니다. 문제해결을 위해 꼭 알아야 할 학습내용을 이야기해 보세요.

재 홍: 1면 기사의 분량은 어느 정도 되어야 하는지 알아야 하지 않을까요?

교수자: 1면 기사의 분량을 알아야 한다고 합니다. 모두 같은 생각이세요?

학생들: 네.

민 경: 신문기사의 내용을 호소력 있게 만드는 요인이 무엇인지 조사해 봐야 할 것 같습니다.

성 숙: 글만 쓰는 건 아니니까, 1면을 구성하는 요소를 알아야 할 것 같습니다. 글, 그림, 도표 등이 어느 정도의 비율로 포함되는 게 좋은지요.

교수자: 성숙 양의 의견에 모두 동의합니까?

학생들: 네.

경 원: 아까 '생각' 단계에서 나온 이야기인데, 지역신문의 특성을 알아야 할 것 같습니다.

학생들: 네, 동의합니다.

…… 〈중 략〉 ……

교수자: 또 다른 의견을 가진 사람 있나요? (침묵) 그럼, 이 정도에서 학습과제를 마무리할까요?

학생들: 네.

교수자: (학생들의 의견이 적힌 칠판을 보면서) 자, 그럼 이 각각을 누가 어떻게 학습할 것인지 계획을 세워봅시다. 먼저 '누가 이 신문을 읽을 것인가?' 이 부분은 누가 학습을 해 오는 게 좋을까요? (웃음) 이 문제는 연습이니까 실제로 조사하고 학습하는 건 아니지만, 역할분담을 하는 것까지 한번 해 봅시다.

민 경: 제가 해 오겠습니다.

교수자: 네. 민경 양이 해 온다는군요. 좋아요. 자! 그런데 염두에 둘 것은 자신에게 익숙하거나 잘 알고 있는 주제를 맡기보다는 익숙하지 않은 것을 맡는 것이 좋아요. 그래야 학습이 되니까요.

학생들: 네.

교수자: 그럼, 다음 학습과제인 '일반적으로 제1면에는 어떤 종류의 기사가 실리는가?'에 대해서는 누가 공부해 올 건가요?

재 홍: 그 부분은 우리 모두가 다 공부해 오는 게 좋을 것 같습니다. 그래야 의사소통이

잘 되고 다른 내용을 학습할 때도 기준이 될 것 같습니다.

교수자: 다른 사람들의 생각은 어떤가요?

학생들: 네, 동의합니다.

교수자: 그럼, 이 학습과제는 우리 모두 학습해 오는 것으로 하겠습니다. 자, 그럼 다음 '……'는 누가 맡을까요?

…… 〈중 략〉 ……

교수자: 자, 우리가 정한 '학습과제'를 어떻게 알아올 것인지 '실천계획'까지 다 수립하였 습니다. 다음 우리 모임일인 수요일 수업까지 각자 맡은 주제에 대해서 전문가의 수준으로 학습하고 연구하여 다른 팀원들에게 충분히 설명해 줄 수 있도록 준비 해 오세요. 서로에게 도움이 될 만한 자료를 찾으면 수업 커뮤니티의 게시판에서 공유하는 것도 좋을 것 같군요. 오늘 모임은 이만 마치겠습니다.

시간이 허락한다면 PBL 연습 기회를 한 번 더 갖는 것이 좋은데, 이때는 그룹을 구성하여 그룹별로 직접 문제를 해결해 보도록 한다. 첫 연습문제 때와 마찬가지로 문제 확인 단계까지 연습하며, 교수자는 각 학습 그룹이 PBL 과정을 잘 익힐 수 있도록 튜터로서의 역할을 한다.

PBL 소개하기와 PBL 연습시키기는 PBL을 위해 반드시 이루어져야 하는 준비 과정이지만 PBL에 대한 충분한 경험을 갖고 있지 않은 교수자에게는 부담스러운 과정이기도 하다. 따라서 공과대학, 법과대학, 의과대학 등 단과대학이나 학과 단위로 PBL의 실행을 장려하고 있는 경우에는 대학이나 학과 단위로 학습자를 준비시키는 프로그램을 개발, 운영하면 교수자들의 부담을 줄일 수 있다.

3. 아이스 브레이킹

아이스 브레이킹(ice breaking)이란, '마음열기'로 어색한 분위기를 누그러뜨리고 모든 구성원들이 모임 또는 회의에 전념할 수 있는 분위기를 형성하는 것이다. PBL은 학습자의 적극적인 참여에 의해 원활히 이루어질 수 있으므로 수업에 참여하는 학습자들이 서로 친근하고 편안함을 느끼게 하는 것이 매우 중요하다. 이를 위해서 교수자는 수업을 시작하기 전에 자기소개하기와 그룹별 규칙정하기 활동을 실행할 필요가 있다. 교수자에 따라서는 이러한 활동이 첫 시간을 모두 소요할 만큼 중요하다고 생각하지 않을 수 있다. 그러나 시간을 내서 이 활동을 하는 것은, 이후의 학습 그룹 내에서의 활동의 효율과 결속을 위해 중요하다. 그룹 구성원 간에 문제가 발생하여 이를 해결해야 하는 상황이 생길 수 있다는 것을 고려하면 충분한 아이스 브레이킹을 위한 시간을 갖는 것은 오히려 시간을 버는 것이다(Barrows, 1988).

1) 자기소개하기

자기소개하기는 가장 간단한 아이스 브레이킹 방법이기도 하고, 그룹 중심의 활동이 이루어지기 전에 구성원들이 서로를 알기 위해 수행해야 하는 가장 기본적인 단계이기도 하다. 자기소개는 교수자와 학습자, 전체 학생, 그룹 구성원들 간에 모두 이루어질 수 있도록 한다.

먼저 교수자와 학습자 간의 친근감 형성을 위해 교수자는 자기소개를 한다. 학습자는 PBL에 대한 간략한 소개를 통해 새로운 교수-학습 방식에 대한 호기심을 가질 수도 있지만, 익숙하지 않은 수업 운영방법에 두려움을 가질 수도 있다. 따라서 교수자는 학습자가 이러한 두려움을 깰 수 있도록 허용적이고 편안한 분위기를 주도할 필요가 있다. 교수자와 학습자의 관계가 가르치고 배우는 관계가 아닌 함께 공부하는 동료 관계임을 느낄 수 있도록, 교수자가 먼저 한발

다가가는 것이 중요하다. 학습자와 교수자 사이에 있는 벽을 깨기 위한 첫 단계로, 교수자는 자신에 대해 좀 더 솔직하게 드러내야 한다. 예를 들면, 취미, 좋아하는 영화, 과제와 관련된 경험, 흥미, 가족에 대한 소개 등이다. 교수자의 자기소개는 학습자에게 친근감을 형성해 주는 것과 동시에 이후 학습자가 자신을 소개하는 활동의 좋은 본보기가 될 수 있다.

다음으로 학습자들 간의 자기소개다. PBL이 학습자 중심으로 이루어지지만 대개 그룹별 활동이 중심이 되므로 다른 그룹의 구성원들과는 서먹하게 지낼 수 있다. 따라서 수강생 전체가 간단하게 자기소개 할 수 있는 시간을 갖는 것이 바람직하다. 이때 각자 소개한 내용은 수업의 홈페이지(또는 커뮤니티, 카페 등)를 활용하여 자신의 사진과 함께 소개글을 작성하여 게시하고, 서로의 글을 읽도록 권장하는 것도 좋다.

마지막으로 가장 중요한 활동은 학습 그룹 내에서의 자기소개다. PBL 수업을 준비하면서 교수자는 다양한 학습자들이 한 그룹에 편성될 수 있도록 미리 그룹을 구성하였을 것이다. 그러나 수강 인원에 변동이 생길 수 있으므로 미리 구성된 그룹을 다시 한 번 점검하는 것이 필요하다. 학습 그룹이 확정되면 학습자는 자신이 속한 그룹의 구성원들이 어떤 사람인지 서로 알고, 각자의 역할을 설정하는 기회를 반드시 가져야 한다. 구성원들은 저마다 특유의 흥미와 배경을 가지고 있기 때문에, 나름대로 독특하고 중요한 일에 기여할 수 있다(Barrows, 1988).

자기소개를 위한 네임텐트만들기

포럼이나 세미나에서 흔히 볼 수 있는 발표자 명패를 A4 용지를 사용해서 쉽게 만들수 있다. 텐트 모양을 하고 있기 때문에 네임텐트(name tent)라 하며, 많은 워크숍에서 활용하고 있다. 네임텐트는 접힌 선대로 다시 펼칠 수 있으므로, 수업이 끝나면 교재 사이에 넣어 보관하여 다음 수업 시간에도 다시 사용할 수 있다. 또한 교수자와 학습자가 서로의 이름을 기억하는 데 유용하다.

[만드는 법]

① A4 용지를 3등분한 후 지지대 역할을 할 수 있도록 한 쪽 끝을 조금 접는다.

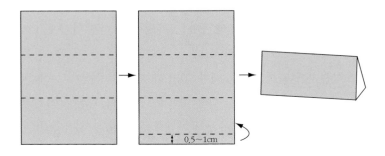

② 접힌 선을 이용하여 그림처럼 삼각형의 텐트 모양을 만든다.

③ 앞면의 중앙에 자신의 이름을 쓰고, 네 귀퉁이에는 자신을 소개할 수 있는 내용(학과, 전공, 사는 곳, 고향, 취미, 특기, 방학에 한 일 중 가장 기억에 남는 것, 추천하고 싶은 책이나 영화, 가장 좋아하는 단어, 나의 꿈, 나의 감정 등)을 쓴다. 교수자 혹은 팀 리더는 네 귀퉁이에 무엇을 쓰게 할지 안내한다.

④ 네임텐트가 완성되면 다른 사람이 잘 볼 수 있도록 네임텐트를 책상 위에 올려놓고, 돌아가며 자기소개를 한다.

출처: 장경원, 고수일(2014)

2) 팀워크 형성

자기소개가 끝나면, 팀워크 형성을 위해 그룹별로 그룹의 이름과 규칙을 정하도록 한다. 학습자들이 소극적이고 정적이라면 그룹의 구호를 정해 보는 활동을 포함하는 것도 좋다. 서먹한 사이로 인해 바로 토의에 들어가면 자유롭게 이야기하는 분위기가 조성이 되지 않아 토의가 원활하지 않다. 이럴 때 그룹 이름과 규칙을 정하는 것은 하나의 그룹으로서 어떻게 활동할 것인지에 대해 서로 약속하고 분위기를 만들어 나가는 중요한 활동이다. 물론, 이러한 활동은 새로운 문제를 시작할 때마다 되풀이할 필요는 없다. 학습자는 문제를 해결해 나가면서, 이러한 활동 없이도 서로에 대한 친근감, 신뢰감, 소속감을 갖게 될 것이다. 교수자는 각 그룹별로 이루어지는 자기소개와 팀워크 형성 등의 초기 활동에 참여하면서 학습자가 개방적이고 편안함을 느낄 수 있도록 해야 한다.

다양한 그룹 운영 규칙들

- 자신이 맡은 역할에 충실히 임한다.
- 준비를 충분히 해 온 다음에 그룹의 논의에 임한다.
- 팀별 토의방에 일주일에 2번 이상 방문한다.
- 주 단위 보고시간은 매주 수요일 오후 10시로 한다(유동성 있음).
- 적어도 정해진 시간, 날짜에는 게시판에 접속한다.
- 월요일 11시부터 1시, 수요일 오후 10시 이전에 게시판에 접속(문제해결)한다.
- 오프라인 모임은 그 주의 토론 사회자가 필요하다는 판단을 내렸을 경우 구성원들과의 합의를 통해 정할 수 있다.
- 각 구성원들에 대한 평가는 최대한 객관적으로 한다.
- 우리 그룹의 주요한 학습활동 평가기준은 출석률, 참여율, 과제해결에 대한 기여도다.
- 각자 맡은 과제는 다른 구성원들이 알기 쉽게 정리해 와서 설명한다.
- 자료는 구성원 수만큼 복사해서 가져온다.

팀워크 형성을 위한 활동 중 교수자는 그룹의 규칙을 구체적으로 정할 수 있도록 지도한다. 그룹의 규칙은 그룹이 원활히 운영될 수 있도록 하는 것으로, 구체적이지 않을 경우 유명무실해질 수 있다. 그룹의 규칙은 그룹 활동을 촉진할 수 있으며, 몇몇 학습자들이 중심이 되어 과제가 수행되고, 몇몇 학습자들이 무임승차하는 것을 방지할 수 있다. 그룹 규칙을 정하는 것은 서로를 격려하면서 활발한 참여를 도모하기 위한 장치인 것이다. 따라서 다음에 제시된 예를 보여 주면서 가능하면 구체적인 규칙을 수립할 수 있도록 지도하는 것이 바람직하다.

그룹 이름을 정하고 그룹 규칙을 정하는 활동을 할 때 명목집단법(Nominal Group Technique: NGT)을 활용하면 효과적이다(장경원, 고수일, 2014). 그룹별로 결정된 그룹 이름, 구호, 규칙 등은 다른 그룹 앞에서 발표할 수 있는 기회를 가지며, 수업을 위한 온라인 공간을 마련했다면 그룹 이름과 그룹의 규칙을 온라인 공간에 게시하도록 한다.

명목집단법: NGT(Nominal Group Technique)

명목집단법은 집단 구성원으로부터 아이디어나 정보를 모으는 구조화된 절차로, 집단의 모든 구성원이 다른 구성원의 영향을 받지 않고 자신의 아이디어를 표현할 수 있는 방법이다. 명목집단법을 활용함으로써 개개인은 집단 속에 있지만 개별적으로 일하는 것이다(Bartunek & Murninghan, 1984). 명목집단법은 집단에서 토의를 하기 전에 토의에 참가한 참가자 개개인이 다른 사람과 이야기하지 않고(침묵 속에서) 토의 주제에 대한 자신의 생각을 노트나 분임토의 양식 또는 카드 등에 정리할 수 있도록 일정한 시간을 부여하는 방법이다. 이 방법을 명목집단법이라 부르는 이유는 다른 사람과 이야기하지 않고 각자 작업하는 동안은, 명목상으로는 집단이지만 실제로는 개인적으로 작업하고 있기 때문이다. 명목집단법을 이용하면 더 많은 아이디어를 촉진할 수 있고, 모든 구성원들에게 균등한 발언기회를 제공할 수 있고, 주제에 대한 구성원들의 활발한 논의를 유도할 수 있으며, 아이디어에 대한 우선순위를 민주적으로 정할 수 있다. 명목집단법 활용방법은 다음과 같다.

① 사회자는 토의 주제가 무엇인지 명확히 안내한다.
② 주제에 대한 자신의 의견이나 아이디어를 각자 포스트잇에 적는다. 이때 아이디어를 생각해서 적을 수 있도록 3~5분 정도의 시간을 주며, 이 시간에는 서로 상의하거나 떠들지 않는다. 아이디어를 작성할 때는 가독성과 이동성을 높일 수 있도록 다음의 사항을 따른다.

- 포스트잇 한 장에는 한 가지의 개념, 단어, 아이디어만 적는다.
- 모두가 볼 수 있도록 네임펜, 칼라펜 등을 사용하여 굵은 글씨로 적는다.
- 모두가 잘 읽을 수 있도록 인쇄체로 크게 적는다.
- 팀별, 주제별로 색깔을 구분할 필요가 있을 때는 색깔을 구분하여 적는다.

③ 각각의 의견이 적힌 포스트잇을 직접 벽이나 큰 종이에 붙인다. 이때 특정 의견이 누구의 것인지 밝히지 않는다.

④ 비슷한 내용끼리는 합치면서 내용별로 분류한다. 이때, 팀 리더는 나열된 아이디어 중 뜻을 이해하기 어려운 것은 제안자의 설명을 들어 명료하게 조정한다. 기록된 모든 의견을 공유하며 논의한다.

⑤ 제안된 아이디어들에 우선순위를 묻는 투표를 하여, 최종적으로 가장 많이 점수를 얻은 것을 선택한다. 투표 시 다음의 사항을 따른다.

- 팀원들은 가장 바람직한 아이디어가 적힌 포스트잇에 스티커를 붙이거나 도형을 그려 투표를 한다.
- 1인당 가능한 적정 투표수는 상황에 따라 적절하게 정하지만, 많은 경우 전체 아이디어 수/3개를 적정 투표수로 제안하기도 한다.

제7장

PBL 실행하기

PBL 실행하기는 PBL 연습을 마친 후 본격적으로 교실공간에서 PBL 방식의 수업을 시작하는 것이다. 의과대학의 PBL은 한 개의 학습 그룹을 한 명의 튜터가 관리하지만, 전통적 방식의 강좌를 PBL로 설계, 운영할 경우에는 한 명의 교수자가 여러 그룹을 관리하게 된다. 또한 강좌에서 PBL 방식을 어느 정도 적용하느냐에 따라 PBL을 실행할 때 전략은 각각 달라진다. 한 학기에 한 개의 문제만 해결하는지 두 개 이상을 해결하는지에 따라 학습자의 학습과정을 촉진하기 위한 교수자의 전략이 달라지기 때문이다. 따라서 이 장에서는 면대면 공간을 중심으로 일반으로 PBL을 실행할 때 고려해야 할 교수자의 운영 전략을 살펴보고자 한다. 다음의 전략은 PBL 수업에서 해결해야 하는 모든 문제에 적용되지만 특히 강좌 시작 후 첫 번째 문제를 해결할 때는 좀 더 세심한 교수자의 관찰과 지도가 필요하다. PBL 과정이 익숙하지 않은 학습자는 문제의 난이도와 상관없이 첫 번째 문제를 어려워하기 때문이다.

1. 문제 제시

PBL은 교수자가 학습자에게 문제를 제시하는 것으로부터 시작된다. 일반적으로 문제는 문제상황을 진술한 문서화된 형태로 되어 있기 때문에 문제 제시는 학습자에게 문제가 담긴 유인물을 나누어 주는 것이다. 그러나 멀티미디어 자료가 포함된 문제라면 강의실 앞에 설치된 스크린을 이용하여 문제에 포함된 동영상, 그림 등의 멀티미디어 자료를 함께 제시한다. 학습자에게 문제를 제시한 다음, 교수자는 문제에 대해 간단하게 설명하고 각 그룹은 학습 그룹별로 배치된 공간에서 학습과제를 도출하기 위한 활동을 시작한다. 이때 그룹 활동을 시작하기 전 교수자가 학습자에게 다음에 제시된 글처럼 다시 한 번 PBL 과정을 상기시켜 줄 필요가 있다.

그룹 활동 안내

여러분! 지금부터 각 그룹별로 문제를 해결할 것입니다. 우선 문제를 잘 읽고 문제에서 요구하는 것이 무엇인지 파악하고, 이 문제를 해결하기 위해 여러분이 무엇을 공부하고, 조사해야 할지 결정하는 것이 오늘 여러분이 할 일입니다.

구성원 중에 한 명이 사회자, 한 명은 기록자의 역할을 해야 합니다. 먼저 사회자는 구성원들이 문제에 대해 동일한 이해를 하고 있는지 알아볼 수 있도록 합니다. 이를 위해서 본인이 문제에 대해 이해한 것을 말하고 구성원들의 동의를 구해도 좋고, 다른 구성원이 이야기를 하도록 진행을 해도 좋습니다. 이렇게 문제를 어떻게 이해했는지 이야기한 후, 생각, 사실, 학습과제의 순서로 여러분의 의견을 공유하고, 최종적으로 실천계획 단계에서 논의된 학습과제를 누가 어떻게 학습할 것인지 결정하도록 하세요. 자! 이제 그룹별로 자유롭게 논의를 시작하세요.

---

2. 문제 확인

각 그룹별로 이루어지는 문제 확인 단계는 PBL의 가장 핵심이 되는 과정이다. 문제가 제시된 후, 학습자들은 교수자의 안내에 따라 사회자와 기록자를 정해 토의를 진행한다. 기록자는 기록할 수 있는 공간(칠판, 큰 종이 등)을 생각, 사실, 학습과제 및 실천계획의 네 공간으로 나눈다(문제 확인 단계에 대한 상세한 설명은 제1장 참조). 각 공간의 활용 방식은 다음의 〈표 7-1〉과 같다.

각 공간에 작성할 내용은 가능한 한 구성원 모두의 동의를 거쳐 결정한다. 학습과제를 도출하는 과정에서 학습자는 자신이 무엇을 질문할 것이며, 왜 질문해야 하고, 질문내용이 어떻게 연관되어 있는지 등을 정당화해야 한다. 이러한 일련의 과정은 시간 소비적인 일처럼 보이지만, 문제해결 과정을 습득하게 되는 중요한 일이다. 학습자는 시간이 지남에 따라 이러한 과정이 PBL의 교육목표 달성에 꼭 필요한 활동임을 인식할 것이다.

다른 단계에서도 마찬가지이지만, 문제 확인 단계는 무엇을 학습할 것인지 결정하는 단계이므로 구성원 모두가 적극적으로 참여하여 자신들의 학습과제를 도출하는 것이 중요하다. 교수자는 각 그룹이 효과적으로 논의할 수 있도록 다음과 같은 그룹 규칙을 제안한다.

표 7-1 문제해결을 위한 학습내용 도출

생각	사실	학습과제	실천계획
• 문제 이해 (내용, 요구사항, 결과물 등) • 해결책에 대한 가설, 추측들	• 문제에 제시된 문제해결에 필요한 사실들 • 문제해결과 관련하여 학습자가 알고 있는 사실들	• 문제해결을 위해 알아야 할 학습내용들	• 문제해결을 위한 이후의 계획(역할분담, 정보 및 자료 검색 방법, 시간계획 등)

그림 7-1   학습과제 도출을 위한 그룹별 학습 장면

- 모든 구성원들은 자신의 생각, 관찰내용, 의견 그리고 다른 사람의 생각과 관찰에 대한 의견을 발표한다.
- 모든 구성원들은 알고 있거나 믿고 있는 것을 자유롭게 발표하고, 다른 사람의 의견에 대한 자신의 의견도 자유롭게 발표한다.
- 각 단계마다 제시된 의견을 기록할 때는 구성원의 동의를 거친다.

이러한 규칙이 잘 이루어질 수 있도록 교수자는 학습자의 토의 장면을 관찰하며 소극적인 학습자도 발표할 수 있도록 격려하고 참여를 유도해야 한다.

처음 PBL 문제를 해결할 때는 학습과제를 도출하기 위한 논의가 자연스럽게 이루어지지 않을 수 있다. 이때는 교수자의 적극적인 도움이 필요하다. 즉, 그룹 내에서 논의가 자연스럽게 진행되지 못할 때, 교수자는 각 단계의 의미가 무엇이며 어떠한 논의가 이루어져야 하는지에 대한 안내를 제시해야 한다. 이 단계에서 이루어져야 하는 구체적인 교수자 활동은 다음과 같다.

첫째, 교수자는 학습자가 문제 확인을 위한 모든 과정을 올바른 순서로 거칠 수 있도록 도와준다. PBL의 목적이 달성되기 위해서는 PBL의 각 과정이 잘 지켜져야 한다. 학습자는 PBL 과정에 익숙해지고 스스로 각각의 단계에 자발적으로 참여해야 하는데, 이를 위해 PBL 초기에는 교수자의 개입이 필수적이다. 교수자는 학습자가 PBL에서 제안한 순서에 맞게 토의를 진행하는지, 각 단계에 적합한 논의와 의견 제시가 이루어지는지 살펴야 한다.

둘째, 모든 학습자들이 빠짐없이 그룹학습 과정에 참여하도록 유도한다. 이는 앞서 제시한 그룹의 학습 규칙에서도 언급한 것으로 구성원 모두가 논의에 참여할 수 있도록 하는 것은 교수자의 중요한 역할이다. 이를 위해 교수자는 한 학습자가 자신의 생각이나 의견을 말하면, 이 말을 들은 다른 학습자들이 어떤 의견이든지 말할 수 있도록 유도하고 확인하는 것이 필요하다. 이렇게 해서 가능한 모든 항목들과 생각에 대해 구성원 모두가 논의를 하고 합의를 이루게 해야 한다. 예를 들어, 어떤 문제의 원인에 관한 생각들을 탐색할 때 구성원들은 모두 각자의 생각을 발표할 기회를 가져야 하고, 다른 학생의 생각에 대한 견해를 밝혀야 한다. 이때 다른 학습자의 생각에 대한 견해는 발표된 의견에 대한 동의 여부일 수도 있고, 그에 대한 자신의 생각을 제시하는 것일 수도 있다. 이렇게 해야 그룹에서 뒷전으로 물러나 있는 학습자가 없고 소수의 독단적인 학습자가 그룹의 논의를 주도하는 것을 막을 수 있다.

셋째, 학습자가 알고 있는 것을 깊이 있게 탐색하도록 안내한다. 이를 위해 한 학습자가 어떠한 의견을 제시하면 다음과 같은 질문을 하는 것이 필요하다. "왜 그렇게 이야기한 건가요?" "지금 이야기한 것은 무슨 의미인가요?" "그것이 무슨 뜻인가요?" "그것이 그렇다는 것을 어떻게 알았나요?" 등의 질문을 거듭하여 학습자 자신이 이해하고 알고 있다고 여기는 것보다 더 깊게 생각할 수 있도록 한다. 학습자가 말하는 생각, 용어, 설명 또는 기타 언급 사항들에 대해 그냥 넘어가기보다는 다시 한 번 짚고 넘어갈 수 있도록 교수자가 질문을 해야 한다. 이러한 질문을 통해 학습자는 자신이 제시한 의견에 대해 다시 한 번 생각해 볼 수 있는 기회를 가진다. 또한 학습자가 의견 제시 중 학술용어나 부호 또는 어원적 명칭들을 언급하면 그 용어의 정의를 물어보는 것도 필요하다.

넷째, 학습자가 적절한 수준에서 학습할 수 있도록 한다. 각각의 그룹들이 동일한 문제를 해결하기 위한 논의를 하지만, 그룹별로 도출하는 학습과제는 서로 다르다. 이러한 결과는 그룹별로 경험과 선행지식이 다르기 때문에 자연스러운 것이지만, 어떤 그룹이 지나치게 낮거나 높은 수준의 학습과제를 도출하거나 한쪽으로 편중된 논의를 하고 있다면 다음과 같은 질문을 제시함으로써 학습의 방향과 수준을 조절해 주어야 한다. "이 문제(또는 과제)에서 가장 중요한 것은 무엇인가요?" "학습목표를 다시 고쳐서 이 과제에서 가장 중요한 부분을 학습하도록 하자." "여기까지만 하고 학습자료를 좀 더 읽어 보거나 전문가와 이야기해 봅시다." "지금은 큰 그림만 그리고 자세한 것은 나중에 채워 넣는 것이 좋지 않을까?"와 같이 말할 수 있다.

다섯째, 학습자의 학습 정도에 대한 교육적 진단을 한다. 교수자는 학습자 개개인의 학습 향상 정도에 관심을 가져야 한다. 학습상의 어려운 점들, 예컨대 추론을 못하거나, 그룹 내에서 논의되는 정보와 개념들을 이해하지 못하거나, 자기주도학습 과정에서 적절한 정보를 찾지 못하는 등 학습과정에서의 어려운 점들은 되도록 일찍 확인해서 PBL의 초기 단계에 도움을 주는 것이 필요하다.

본래 PBL은 소그룹 학습이기 때문에 각각의 학습자들의 이해 정도를 교수자가 쉽게 파악하여 교육상 어려운 부분에서 학습자를 도와주고, 학습자들도 서로 도울 수 있다. 그러나 일반적인 강좌를 PBL로 진행할 경우 교수자가 모든 학습 그룹들의 논의과정 전체에 참여할 수 없으므로 본래 PBL이 갖는 특성만큼 학습자에 대해 충분히 파악하고 피드백을 제공할 수 없다. 그러므로 그룹의 논의내용과 참여 정도, 발표내용 등을 토대로 도움이 필요한 학습자가 있는지 의식적으로 탐색하고 도우려는 노력을 기울이는 것이 필요하다. 교수자가 이러한 노력을 할 때 PBL의 교육효과는 더욱 상승될 것이다.

여섯째, 학습자에게 제공한 문제의 난이도가 적절한지 진단한다. PBL을 시작하기 전 충분한 분석과 준비과정을 통해서 문제를 개발하지만 PBL과 관련하여 중요하게 고려해야 할 학습자의 문제해결 능력과 선수학습 능력은 문제해결 과정에서 확인된다. 특히, 학습자들 간에 많은 논의가 이루어지는 문제 확인 단계는 문제해결 능력, 선수학습 내용과 같은 학습자의 주요한 특성을 파악할 수 있는 단계이므로, 학습자를 관찰하여 이 단계에 제시한 문제와 다음에 제시할 문제들의 난이도가 그들에게 적절한지 확인해야 한다. 학습자의 수준에 적합하지 않은 지나치게 쉽거나 어려운 문제는 학습동기를 유발할 수 없으며 의미 있는 학습을 가져올 수 없다.

문제의 난이도가 적절한지 진단하는 것은 학습자들의 논의과정을 관찰함으로써 이루어질 수 있지만, 교수자가 제공하는 다양한 수준의 질문을 통해서 좀 더 명확해질 수 있다. "왜 그렇게 생각하나요?" "무슨 뜻이지요?" "어떻게 알았어요?" "○○○을 제안할 수 있는 증거는 무엇인가요?" "다르게 설명할 수도 있나요? 다른 방식으로 설명해 주시겠어요?" "고려해야 할 것들을 모두 생각해 본 것인가요?"와 같은 질문에 대한 학습자의 답변은 문제의 난이도가 학습자의 수준에 적절한지 진단할 수 있게 한다. 예를 들어, 교수자가 "○○○은 무슨 뜻이지요?"라는 질문을 했을 때, 이에 대해 대부분의 학습자들이 정확하게 답변하지 못하거나 상식 수준에서의 짧은 대답만 하거나 다시 자료를 찾아보면서 내용을 읽거나 하는 등의 행동을 보인다면, 교수자는 문제의 난이도가 너무 높은 것이 아닌가 다시 한 번 고려해 보아야 한다.

이때 문제의 난이도가 너무 높다고 판단되면 문제해결을 위해 학습해야 할 개념이나 원리를 이해하는 데 도움이 될 수 있는 내용과 예를 학습자 전체에게 제시하거나 자료로 소개하는 등의 도움을 줄 수 있다. 이와는 반대로 학습자가 문제를 너무 쉽게 해결한다면 계획했던 문제해결 기간을 단축하거나 문제의 최종 해결안의 형태를 변화시킬 수도 있다. 예를 들어, 문제의 최종안이 어떠한 새로운 개념을 제안하는 것이었다면 그 개념이 실현될 수 있는 구체적 사례를 함께 제시하도록 한다. 또는 하나의 교육과정을 개발하는 것이었다면 새롭게 개발된 교육과정 운영에 필요한 지침서를 함께 제작하도록 할 수 있다. 그러나 이처럼 문제의 최종 해결안의 형태에 변화를 줄 때에는 학습자의 동의를 구하고, 변경하는 이유를 충분히 설명해야 한다.

강좌의 그룹 수가 많지 않을 때는 교수자가 튜터의 역할을 하는데 어려움이 없다. 그러나 학생 수가 많아 그룹의 수가 많아지는 다인수 PBL일 경우에는 튜터 역할에 어려움을 겪을 수 있다. 성지훈과 장경원(2009)의 연구에 따르면 다인수 PBL 수업에서는 교수자가 PBL의 과정에 대한 안내보다 내용에 대한 안내를 하는 경우가 많고, 학습자들의 문제해결과정에 대한 충분한 관찰과 경청을 바탕으로 도움을 주기보다, 주로 학생들의 요청에 따라 안내 및 도움을 제공하는 경향이 있었다. 따라서 관리해야 하는 그룹이 많을 경우에는 의식적으로라도 학습자들의 과제해결과정에 대한 관찰을 소홀히 하지 않도록 해야 한다.

문제 확인 단계의 결과물인 과제수행계획서는 가능한 한 수업시간 내에 작성하도록 지도한다. 교수자는 학습자가 도출한 학습과제의 내용과 깊이 등에 대해 앞서 제시한 것과 같은 방식의 질문을 사용해 피드백을 제공할 수 있다. 그러나 수업시간 내에 이를 작성하지 못했을 경우에는 강좌의 보조 학습공간인 온라인 공간에 과제수행계획을 제출하도록 하고 정해진 시간 내에 피드백을 제공하도록 한다.

또한 피드백과 함께 가능하다면 온라인 공간에서도 문제에 대한 개요를 다시 한 번 설명해 주는 것이 좋다. 문제를 제시하기 전 학습자에게 과제에 대한 간단한 개요를 제시했지만, 이들은 과제수행계획서 작성에 몰입한 나머지 '문제'의 내용과 의도를 잊는 경우가 종종 있다. 따라서 다시 한 번 문제에 대한 개요를 제시해 줌으로써 문제해결의 큰 방향을 잡아 줄 수 있다. 또한 PBL 과정 중 생각, 사실, 학습과제, 실천계획으로 진행되는 PBL의 각 단계에 대해 다시 설명해 주는 것이 좋다. 이는 학습자들이 PBL 과정에 익숙해지도록 하기 위함이다.

3. 문제해결을 위한 자료수집

이 단계는 문제 확인 단계에서 도출한 학습과제를 분담하여 학습자가 자기주도적으로 학습하는 시기다. 이때 이루어지는 활동들에 대해 교수자가 전적으로 관찰하고 관여할 수는 없지만, 교수자는 학습자가 학습 중에 문제에 집중하도록 도와주어야 한다. 이를 위해 면대면 공간에서 이루어지는 PBL이라 할지라도 학습자에게 온라인 공간을 활용하여 자신이 학습한 내용을 게시하고 서로 자료를 공유하게 한다. 학습자가 온라인 공간에 게시한 학습내용에 대해 교수자가 제시하는 격려의 글은 학습자에게 학습동기를 부여할 수 있으며, 올바른 학습 방향을 제시할 수 있는 안내자의 역할을 한다. 따라서 교수자는 가능하다면 온라인 공

신뢰성 있는 자료제공처 안내

　대부분의 학습자들이 인터넷 검색을 통해 자료를 수집한다. PBL에서는 학습자들이 과제해결에 필요한 자료를 스스로 수집하는 것이지만, 학습자들이 인터넷을 통해 신뢰성이 낮은 자료들을 수집할 가능성이 높다면 교수자가 학기 초에 각 전공별로 신뢰할 수 있는 자료제공처를 소개하는 것이 필요하다. 전공별로 차이가 있겠지만, 일반적으로 활용할 수 있는 자료수집 주요 사이트와 제공되는 자료의 특징은 다음과 같다.

기관명(웹사이트)	특징
한국교육학술정보원(KERIS) http://riss4u.net	• 국내 1,100개 학회 및 대학 부설 연구소 발행 학술지에 수록된 논문 64만 건의 원문 및 해외 학술지에 수록된 논문 1,500만 건 검색 가능 • 국내 100여 개 대학도서관 수여 석사·박사 학위논문 20만 건 및 내국인의 해외 취득 박사 학위논문 2만 건의 원문 제공 • 국내 420여 개 대학/전문도서관이 소장하고 있는 단행본 및 비도서자료 620만 건(CD-ROM, 비디오 등) • 국내 학술지 35,000여 종과 해외 학술지 67,000여 종의 검색 및 권호별 소장정보 확인
국가전자도서관 http://www.dlibrary.go.kr	• 참여 기관의 데이터베이스 검색 및 원문 제공(2012년 현재 참여기관: 국립중앙도서관, 국회도서관, 법원도서관, 한국과학기술원 과학도서관, 한국과학기술정보연구원, 한국교육학술정보원, 농촌진흥청 농업과학도서관, 국가지식포털, 국방전자도서관) • 국내외 도서관, 유관 기관, 국제기구들의 웹사이트 링크
국회도서관 http://nanet.go.kr	• 석사·박사 학위, 국내학술잡지, 세미나 자료, 정기간행물 원문 데이터베이스 구축 • 단행본, 국내 정부간행물, 신문 검색 목록과 외국 학술잡지 색인 제공

DBPIA http://www.dbpia.co.kr	• 인문/사회/어문/경제 · 경영/교육/신학/법학 · 행정/ 의학/예체능/공학/자연과학 등 11개 분야의 학회, 협회 및 출판사에서 발행하는 600여 종의 정기간행 물을 창간호부터 최근호까지 데이터베이스화
한국학술정보(주) http://kiss.kstudy.com	• 80만 편의 국내학술지, 대학간행물, 연구논문집 제공
학지사 학술논문원문서비스 http://www.newnonmun.com	• 어문학, 인문과학 분야, 사회과학 분야, 교육 분야, 기타 분야의 국내 학위, 학술논문 검색과 원문 제공 • 국내외 기관과 학교 도서관 홈페이지 검색 사이트 링크
Google 학술정보검색 http://scholar.google.co.kr/	• 모든 학문 분야의 학술논문 검색 및 원문 제공

출처: 성태제, 시기자(2006).

간에서 학습자에게 PBL 과제가 제시하는 문제의 모든 학습자원을 탐색해 볼 수 있도록 격려하고, 실제적 맥락을 강조해야 한다.

이 단계에서 학습자는 많은 자료들을 찾아서 읽고, 정리하여 구성원들과 공유할 수 있는 형태의 자료를 작성해야 한다. 이때, 학습자가 범하는 과오 중의 하나는 인터넷 자료에 지나치게 의존하는 것과 자신의 생각을 정리하기보다는 검색된 자료를 그대로 잘라 붙이기만 하는 것이다. 따라서 교수자는 PBL에서의 그룹학습을 하는 이유가 단순히 과제를 나누고 이를 그대로 모으는 것을 의미하는 것이 아님을 학습자에게 알게 하여, 자신이 맡은 부분을 충분히 이해한 후 다른 구성원들에게 이를 이해시켰을 때 문제해결을 위한 유용하고 의미 있는 자료원이 된다는 것을 인식시켜야 한다.

이 기간에 학습자에게 교수자가 함께 있다는 것을 인식시켜 주는 것은 매우 중요하다. 가능한 범위에서 그룹별 토론방에 게시된 학습자의 글에 대해 의견과 격려, 칭찬 등을 제시해 준다면 학습자들의 학습 동기는 매우 높아질 것이다. 학습자는 이러한 교수자의 답글을 통해 격려받기도 하고, 교수자가 보고 있다는 생각 때문에 PBL에서 지켜야 하는 중요한 규칙들을 지키려고 노력하게 된다.

자료정리양식

학습자들의 자료정리를 돕기 위해 다음과 같은 자료정리양식을 활용할 수 있다. 이 양식들은 학습자들이 수집한 자료를 체계적으로 정리하는데 도움을 줄 것이다.

1) 인터뷰 활동 계획

자료 수집을 위한 방법으로 많이 이용되는 방법에 인터뷰 및 관찰을 위한 현장방문이 있다. 그러나 계획없이 방문할 경우 가장 필요한 자료를 수집하지 못하는 경우가 이루어질 수 있으므로, 방문 전에 필요한 정보와 자료가 무엇이며, 이를 수집하기 위한 질문 계획 등을 수립해야 한다. 이 때 미리 계획하여 작성한 질문을 이메일 등을 이용해서 방문자에게 먼저 보낸 후 방문한다면, 보다 양질의 자료를 수집할 수 있을 것이다.

일시	년 월 일 ( )요일 : ~ :
방문 대상	
방문 목적	

No.	질문을 통해 얻고자 하는 항목	질문

2) 인터뷰 결과 보고

인터뷰나 현장방문을 통해 수집된 자료는 방대하기 마련이다. 따라서 방문목적과 과제에 대한 시사점을 중심으로 요약, 정리하여 그룹의 구성원들과 공유해야 한다.

No.	질문	답변 내용 요약	시사점

3) 문헌연구 결과

공식적 · 비공식적, 학문적 · 비학문적 문헌 모두 자료수집의 대상이 될 수 있다. 문헌연구 결과를 그룹 구성원들과 공유할 때는 구성원들이 쉽게 이해할 수 있도록 요약, 정리한다.

No.	출처	주요내용	시사점

출처: 장경원, 고수일(2014)

4. 문제 재확인 및 문제해결안 도출

강좌의 이수 단위[1]에 따라 과제수행계획서를 작성하여 각자 학습할 내용을 분담한 후 2~3일 혹은 1주일 후에 그룹의 구성원들이 다시 모이게 된다. 개별학습을 통해 새로운 것을 학습하고 온 학습자는 자신이 맡은 주제에 대해서는 전문가의 입장이 되어 문제로 되돌아오는 것이다. 학습자는 문제 확인 단계에서 도출된 학습과제에 대해 각자 학습한 내용을 설명하고 이에 대한 자신의 의견을 제시한다. 많은 경우 학습자는 처음에는 너무 상세하거나 복잡한 자료를 가져오는데, 서로의 의견을 교환하고 논의하는 과정을 통해 이후에는 보다 적절한 자료를 수집하고 문제를 분명히 이해한 후 그룹의 논의에 참여하게 된다. 이때 오늘날처럼 인터넷을 이용하여 자료를 쉽게 얻을 수 있는 환경에서는 학습자가 찾은 자료의 타당성과 신뢰성을 점검해 보는 시간도 반드시 필요하다.

이처럼 학습내용을 공유하게 되면 학습자는 새롭게 알게 된 지식[2]을 토대로 처음에 자신이 문제에 접근했던 내용을 재확인하고, 문제해결을 위해 필요한 학습과제를 추가로 도출한다. 물론 이때는 학습과제를 도출하는 데 처음만큼 오랜 시간이 걸리지 않을 것이다. 문제 재확인의 과정을 통해서 학습자는 개별학습 전에 자신이 수행했던 문제해결 과정에 대해 스스로 비판할 수 있게 된다. 처음과 동일한 절차에 따라 진행되는 과정에서 학습자는 새로 획득한 지식을 활용하

---

[1] 2학점 강좌의 경우 일주일에 한 번 수업이 이루어지고, 3학점 강좌의 경우 1학점, 2학점으로 나누어 지거나 1시간 30분씩 두 번으로 나누어 수업을 하는 경우가 있다. 따라서 수업을 운영할 때 교수자는 이러한 강좌 운영시간을 잘 고려해야 한다. 대개 첫 번째 PBL 문제에서는 학습자가 과제수행계획을 통해 나누어 학습한 것을 서로 공유하고 다시 필요한 학습과제를 도출하기 위해 많은 시간이 소요되므로 3학점 수업의 경우 가능한 2시간을 사용할 수 있도록 설계하는 것이 바람직하다. 그러나 두 번째, 세 번째 문제를 해결할 때는 첫 번째 문제에 비해서 비교적 수월하게 서로 학습한 것을 공유하고 논의를 진행하므로 전체 일정에 따라 자연스럽게 수업시간을 활용할 수 있을 것이다.

[2] 문제 확인 단계에서는 '학습과제'였던 것이 학습내용을 공유함으로써 이미 알고 있는 '사실'이 되는 것이다.

여 자신이 세운 가설을 수정하고, 자료를 분석하여, 문제를 재해석한다. 이 과정에서 학습자는 더 많은 내용을 학습하도록 동기화되며 특정 내용에 대한 학습뿐만 아니라 학습하는 방법과 문제해결방법을 학습하게 된다. 즉, 자신이 알고 있는 지식이 문제해결에 적합한 것인지 판단하고, 문제를 분석, 종합하는 과정을 통해서 보다 유능한 학습자가 되는 것이다.

이때 학습자의 이러한 활동이 좀 더 의미 있게 이루어질 수 있도록 교수자는 학습자에게 학습내용을 점검하는 판단 기준이나 방법을 제시한다. 학습자들이 인용한 자료가 신뢰할 만한 것인지, 수렴한 의견이 타당한 것인지를 학습자에게 질문함으로써 그들이 이에 대해 생각할 수 있도록 하며, 이후에는 학습자들이 자발적으로 이러한 질문을 하도록 지도한다. 또한 교수자는 지난 시간에 학습자가 도출한 학습계획이 얼마나 성실히 이루어졌는지의 여부도 확인한다. '학습과제'로 선정한 항목들이 어느 정도 '사실'로 옮겨졌는지를 확인하고, 각각의 학습자들이 발표한 내용에 대해 다른 학습자에게 질문을 하거나 부연설명을 요구한다.

문제 재확인 단계 이후 학습자는 다시 자료수집 및 학습이 필요한 학습과제를 도출하고 그 결과를 다시 공유한 후 문제에서 요구하는 해결안을 작성하게 된다. 이때 교수자는 학습한 내용이 충분히 숙지되었는지, 학습자들이 고르게 참여하고 있는지 등을 확인해야 한다.

한 학기 전체 일정에 따라 다르겠지만, 대부분의 경우 문제해결안을 작성하는 과정은 수업시간 내에 이루어지기 어렵다. 그러나 전체가 아닌 일부의 과정이라도 수업시간 내에 학습자가 문제해결안을 작성하는 것을 교수자가 관찰하고, 적절한 도움을 줄 수 있도록 계획하는 것이 좋다. 학습자는 문제에 대한 전문가의 입장이 되어 문제해결안을 구안하게 된다. 즉, 문제에서 주어진 역할에 충실하여 해결안을 모색하는데, 이때 협동학습의 방법과 협동학습을 위한 태도 등도 학습하게 된다. 문제해결안은 학습자가 학습한 내용을 문제에서 요구하는 형태로 작성하는 것이다. 예를 들어, 문제해결안은 프레젠테이션 자료, 환자에 대한 처방전, 설계 제안서 등 다양한 형식을 취할 수 있다.

5. 문제해결안 발표

　문제해결안이 작성되면 학습그룹들은 작성된 문제해결안을 발표하는 시간을 갖는다. 일반적으로 문제해결안을 파워포인트와 같은 프레젠테이션 프로그램을 사용하여 발표하는 경우가 많은데, 모든 결과물을 프레젠테이션의 형태로 제출하도록 하는 것은 바람직하지 않다. 전공과 문제의 상황이 갖는 특성에 따라 제작된 동영상의 시연, 프레젠테이션, 작품 전시, 다양한 형태의 퍼포먼스 등 실제성을 높일 수 있는 형태로 문제해결안을 발표하는 시간을 갖는 것이 좋다.

　이때 그룹의 수가 적으면 모든 그룹이 자신들의 문제해결안을 발표할 수 있지만 다섯 그룹 이상일 경우 혹은 해결안의 내용이 많을 경우는 정해진 시간 내에 모두 발표하는 것이 어려울 수 있다. 또한 발표 내용이 유사하기 때문에 학습자는 나중에 발표하는 그룹에 집중하지 않는 모습을 보일 수도 있다. 따라서 발표시간의 확보 및 학습 동기 유지를 위해 발표할 수 있는 그룹의 수를 제한하는 것도 하나의 전략이 된다. 예를 들면, 문제해결안을 미리 교수자에게 제출하게 하고 교수자가 평가한 후 세 개 정도의 학습 그룹을 선별하여 발표기회를 부여하는 것이다. 이때 발표기회를 갖지 못한 그룹의 해결안에 대해서는 온라인 공간을 활용하여 평가하도록 할 수 있다. 그러나 이러한 전략이 발표를 하지 못한 그룹의 사기저하 등을 가져올 수 있다고 판단되면 무작위로 발표 그룹을 결정하거나 문제별로 발표할 수 있는 기회를 분배하는 등 다양한 운영전략을 수립할 수 있다.

6. 학습결과 정리 및 평가

1) 주요 학습내용에 대한 정리

학습 그룹별로 문제해결안 발표가 끝난 후, 교수자가 문제에서 중요하게 다루어졌어야 하는 개념, 원리, 절차, 이론 등에 대해 전체적인 그림을 그려 줄 수 있는 정리와 요약 시간이 필요하다. 이 과정은 PBL에서 매우 중요한 부분인데, 교수자 주도 아래 요약과 정리를 하지 않으면 PBL의 주요한 학습 효과를 놓치게 된다. 문제를 해결하기 위해 학습자가 무엇을 학습했으며, 그들이 이미 알고 있던 것이 어떻게 확장되었고, 이를 어떻게 적용할 수 있을 것인가에 대해 정리하도록 요구하는 것은 학습자로 하여금 의식적으로 문제해결 과정에서 일어난 학습내용을 회상하고, 그것을 사전지식과 통합하며, 정교화하게 한다.

또한 교수자가 제공하는 요약 및 정리는 학습자에게 문제해결을 통해 학습한 내용들을 보다 체계적으로 조직하게 한다. 실제적 맥락의 문제를 해결하는 것과 학습한 내용을 다시 체계화시키는 과정을 반복함으로써 학습자는 지식을 자유롭게 조직할 수 있는 능력을 키우게 된다.

2) 성찰일지 작성

학습결과의 정리는 교수자의 강의뿐만 아니라 학습자가 작성하는 성찰일지를 통해서도 이루어진다. 학습자는 성찰일지를 통해 문제해결 과정에서 무엇을 배웠는지, 어떤 과정을 통해 학습했는지, 학습한 내용을 자신의 생활, 학문, 실제적 일에 어떻게 적용할 것인지에 대해 생각하고, 이를 글로 표현해 보게 된다. 이렇게 작성된 성찰일지로 학습자는 자신의 학습을 다시 한 번 정리할 수 있는 기회를 갖게 되며, 교수자는 학습자 개개인의 학습 정도를 파악할 수 있다. 이때 될 수 있는 대로 교수자는 학습자의 성찰일지에 대해 피드백을 제공하는 것이 좋다. 피드백의 내용은 잘못 이해하고 있는 개념에 대한 설명, 학습자의 의견에 대한 교수자의 의견(설명, 격려, 질문 등), 그리고 문제해결자로서의 학습자의 역할 및 태도에 대한 의견 등을 포함한다. 이러한 피드백은 다음 문제가 제시되기 전에 제공하는 것이 바람직하다. 그렇게 해야 피드백 내용이 학습자가 다음에 제시되는 문제를 해결하는 데 도움이 될 수 있기 때문이다. PBL에서 교수자가 논의에 개입하거나 피드백을 제공할 때는 시기의 적절성이 중요하다.

3) 학습과정 및 결과에 대한 평가

학습자에 대한 평가는 교수자뿐만 아니라 동료 학습자에 의해서도 이루어진다. PBL 과정 동안, 학습자는 자신의 의견을 표현하고, 추론하고, 문제를 해결하고, 자신의 관점에 대해 방어한다. 그리고 다른 사람의 관점이나 의견을 비판하고, 학습문제를 확인하며, 자기 학습을 수행한다. 또한 문제에 새로운 정보를 적용해 보고, 새로운 용어를 사용해 보며, 상위인지 전략을 수행하고, 자기 자신을 모니터하고, 그룹 활동을 수행하고, 그룹 구성원들을 돕는다. 각각의 학습자들이 이러한 활동을 얼마나 잘 수행했는가는 교수자뿐만 아니라 학습 그룹의 다른 구성원도 인식할 수 있다. 특히 교수자 한 명이 여러 그룹을 운영하는 경우라면 학습과정에 대해서는 교수자보다 같은 그룹의 구성원이 보다 정확히 평가할 수 있다. 따라서 교수자뿐만 아니라 그룹의 모든 구성원들은 각 학습자의 학습과정에 대한 평가에 참여해야 한다. 선행 연구들에 따르면, 교수자와 그룹 구성원들의 평가결과는 거의 일치하는 경향이 있다.

문제해결안에 대한 발표 및 정리가 모두 끝나고 난 후에는 강좌의 온라인 공간에 PBL 전체 과정에 대한 교수자의 성찰을 제시하는 것도 좋다. 성찰의 내용은 주로 학습자의 학습과정을 지켜보면서 가졌던 생각, 학습자의 문제해결안과 성찰일지에 대한 의견, 향후 학습과제 제안 등을 포함할 수 있다. 다음은 교수자의 성찰 사례다.

교수자 성찰의 사례

▶ 첫 번째 문제의 발표를 끝내고

여러분, 안녕하세요? 오늘 문제해결안을 발표하느라 모두 고생하셨습니다.

오늘 발표자로 지목된 사람들은 많이 떨렸을 거예요. '설마 내가 ……' 하다가 발표를 하게 되었으니까요. 모두 수고하셨어요. 잘했어요.

여러분이 준비한 발표내용을 보니 정말 많은 노력을 하면서 이것저것 많이 공부했다는 것을 알겠더군요. 하지만 늘 이야기한 것처럼, 욕심으로 공부한 모든 자료를 다 제시하는 것은 효과적인 프레젠테이션이 아닙니다. 글을 쓸 때도 마찬가지입니다.

문제가 요구하는 사항을 잘 이해하고 필요한 내용을 잘 조직화하여 발표하는 법을 모두들 조금 더 익혀야 할 것 같다는 생각을 했습니다.

그리고 수업시간에 말했듯이, 우리 수업에서 하는 구성주의적 방식이 가장 좋은 교수방법이라고 단정할 수는 없습니다. 많은 방법들 중의 하나입니다.

아마도 첫 번째 문제에 대한 정확한 이해는 여러분이 두 번째, 세 번째, 네 번째 문제를 풀어 나가면서 정립되지 않을까 싶습니다. 벌써 보세요. 두 번째 문제를 통해서 첫 번째 문제에서 잘못 알고 있던 것들을 해결할 수 있었잖아요.

여러분! 다른 교직과목에 비해 힘들게 하는 거 잘 알아요. 그래서 오늘 아주 많이 칭찬해 주고 싶었는데, 마음만 그랬지 지적한 것이 많아 마음이 아픕니다.

하지만, 야단친 게 아니라는 것을 여러분이 알아주었으면 합니다.

모두 잘했어요.

▶ 성찰일지를 작성할 때는

여러분의 성찰일지를 읽어 본 것에 대한 전체적인 논평을 하겠습니다.

대체적으로 다 잘 적었습니다.

한 가지 부탁하고 싶은 것은 성찰일지를 숙제로 생각하고 작성하지 않으셨으면 하는 겁니다.

성찰(reflection)은 학습이 이뤄지기 위해 가장 중요한 요소입니다.

경험 → 성찰 → 일반화 → 적용(경험) → 다시 성찰

이런 주기로 학습이 이뤄지는 것이거든요.

그것을 글쓰기의 형태로 객관적으로, 의식적으로, 성찰활동을 해 보는 것이 바로 성찰일지 쓰기입니다. 그러니 그만큼 성찰일지를 읽어 보면 여러분이 어떻게 수업을 하고 있

고, 어떤 생각을 하며, 무엇을 배우고 있는지 알 수 있게 됩니다. 또한 성찰일지는 저와 여러분 간의 의사소통의 장입니다. 수업에 대한 피드백을 제공하는 공간이기도 하고요.

그런데 여러분 각자의 일지를 읽으면서 느낀 점은, '무엇을 배웠는가?'에 대한 경우 대부분이 여전히 '과정'적인 부분을 적는다는 것입니다. 그 부분은 〈문제 1〉을 통해 배운 '사실' '지식' '정보'를 적는 곳입니다. 곧, 교육공학이란 무엇이며, 교육공학적 마인드란 무엇이고, 왜 교육공학적 마인드를 갖는 것이 중요한지를 자신의 말로 요약해서 적었으면 하는 것이지요.

여러분이 나중에 그것을 다시 보았을 때, 내가 〈문제 1〉을 통해 학습한 내용이 무엇인지 되돌아볼 수 있게 말이지요. 그냥 '교육공학의 중요성, 교육공학의 마인드'에 대해서 배웠다, 혹은 PBL이 무엇인지에 대해서 배웠다가 아니고요.

하지만 대체적으로 좋은 성찰일지였습니다. 익숙하지 않은 수업방식인데도 다들 열심히 하고 있음을 느낄 수 있었습니다. 〈문제 2〉에 대한 성찰일지부터는 여러분의 학습을 되돌아보는 시간을 가질 수 있길 바랍니다.

여기 잘 쓰인 성찰일지의 예를 하나 올리겠습니다. 대학원 수업에서 제출한 것인데 한 번 읽어 보세요.

PBL 수업에서 첫 번째 문제를 해결하면서 학습자는 기존의 수업방식과 다르다는 것 때문에 어려움을 겪었지만, 그 과정에서 PBL에 익숙해지고 자신감도 갖게 된다(장경원, 2008). 따라서 두 번째 문제부터는 학습과제를 도출하기 위한 그룹의 활동도 보다 수월하게 이루어진다. 그러나 이러한 수월함과 함께 학습자들은 요령을 피울 수도 있다. 예를 들면, '생각' '사실' '학습과제'의 순으로 그룹의 논의를 진행하는 것이 아니라 정리하기 쉬운 '사실'을 먼저 정리하고 '생각'을 정리한 후 이를 그대로 '학습과제'로 옮기는 것이다. 따라서 교수자는 두 번째 이후의 문제부터는 이러한 점을 유의해서 PBL이 진행될 수 있도록 해야 한다.

한 학기에 3개 이상의 문제를 해결하는 강좌의 경우 대체로 학습자는 두 번째 문제부터는 PBL 과정에 익숙해지는 것과 동시에 긴장감이 줄어들어 첫 번째 문제만큼 참여가 활발하지 않을 수 있다. 따라서 교수자는 학습자가 적극적으로 문제해결에 참여할 수 있도록 그들의 참여를 독려해야 할 것이다. 〈표 7-2〉는 PBL

수업에서 학습자가 문제를 해결할 때 교수자가 제시한 도움의 형태를 문제별로 제시한 것인데, 문제에 따라 교수자의 도움 형태가 달라져야 함을 보여 준다(장경원, 2005).

표 7-2 PBL에서 문제별 교수자의 주요 활동내용

주요 활동내용	첫 번째 문제	두 번째 문제	세 번째 문제 이후
특이점	격려 · 칭찬 친근감 표시 PBL 과정 안내	참여 독려 강좌 운영 질문	강좌 운영 질문
공통점	격려 · 칭찬, 친근감, PBL 과정 안내		

또한 학습자의 문제해결 과정과 첫 번째 문제해결안의 완성도 등을 통해 확인된 학습자의 문제해결능력과 선수학습 정도에 대한 결과를 이후 문제의 선택 및 PBL 운영 전략에 반영해야 한다. 즉, 두 번째 이후의 문제는 미리 개발된 것을 그대로 활용하기보다는 첫 번째 PBL의 결과에 기초하여 학습자의 수준에 적절한 것인지 확인하고 수정, 선택해야 한다. 이때 필요한 경우 PBL의 진행과 함께 적절한 내용과 수준의 강의와 읽기과제, 실험과제 등을 병행하는 방법도 고려할 수 있다.

제8장

PBL 활동 촉진하기

PBL 활동 촉진하기는 PBL에서 교수자가 PBL 과정을 안내하는 튜터의 역할을 수행하는 것이다. 튜터란 교수자와 학습자 사이에서 학습자의 학습을 도와주고, 학습자가 가진 문제를 상담해 주며, 나아가 진로 및 인생의 선배 역할까지 해 주는 중재자를 뜻한다. PBL에서 튜터의 역할은 교육과정 설계자, 안내자 및 평가자로 요약되는데, 가장 보편적으로 사용되는 튜터의 정의는 'PBL을 구성하는 학습 그룹의 학습과 개별학습이 원활하게 이루어지도록 촉진하는 사람'이다(서울대학교 의과대학, 2001). PBL은 학습자 중심으로 이루어지지만 학습과정에 대한 책임은 튜터에게 있다. PBL의 목적이 달성되기 위해서는 PBL에서 강조된 과정이 잘 지켜져야 하며, 학습자가 스스로 PBL의 과정에 익숙해지고 자발적으로 참여해야 하는데, 이를 위해서는 튜터의 개입이 필수적이다. 따라서 이 장에서는 교수자가 튜터로서 PBL 활동을 촉진하기 위해 수행해야 하는 역할을 살펴볼 것이다.

1. PBL 튜터 활동의 기본 원칙

PBL의 성공 여부는 튜터 역할을 어떻게 하느냐에 달려 있다. Barrows(1988)는 튜터에게 요구되는 여러 가지 기술은 PBL의 척추로 비유될 만큼 중요한 것으로, 교수자는 PBL을 위해 튜터의 기술을 익혀야 한다고 강조했다. 튜터의 기술이란, 강의와 읽기자료를 통해 학습자에게 필요한 정보를 직접 제공해 주는 대신에, 학습자의 학습을 간접적으로 안내하고 도와줌으로써 학습자 중심의 학습환경을 제공하는 것이다. 이러한 역할은 비지시적 언어와 행동을 사용하여 수행되는 것이기 때문에 강의식 수업에 익숙한 교수자에게는 쉽지 않은 활동이다.

튜터가 학습자의 학습을 돕는 역할을 해야 한다는 것은 자칫 튜터의 역할이 수동적이어야 한다는 오해를 불러일으킬 수도 있다. 하지만 튜터의 역할은 결코 수동적이어서는 안 된다. 오히려 PBL 과정에서 나타나는 튜터의 역할은 매우 적극적이다. 그러나 학습자가 중심이 될 수 있도록 해야 하기 때문에 매우 어려운 일이다.

튜터의 역할을 수행하는 데 가장 핵심이 되는 것은 '적절한 때(timing)'에 역할을 수행해야 한다는 것이다. 튜터는 적절한 때에 학습자에게 질문을 제시하고, 그룹 활동을 격려하며, 학습자의 학습 진척 정도를 확인해야 한다(Margetson, 1994). 따라서 튜터가 역할을 잘 수행하지 못한다는 것은 많은 경우 '적절한 때'를 놓쳤다는 것을 의미한다. Barrows(1988)는 '적절한 때'에 튜터가 역할을 수행할 수 있도록 〈표 8-1〉과 같은 원칙들을 제시했다.

교수자가 Barrows가 제안한 이러한 원칙들을 수행할 때, 학습자는 PBL 과정에서 지식을 형성하고, 경험을 체계화할 수 있게 된다. 결국 튜터의 역할이 필요한 '적절한 때'란 학습자에게 고차적 인지와 관련된 질문을 제시해야 할 때, PBL 과정을 충분히 거칠 수 있도록 과정을 안내해야 할 때, 학습자를 격려하고 학습속도를 촉진시켜야 할 때, 학습자의 학습 진척 정도를 관찰해야 할 때, 구성원들의 인간관계 문제에 개입해야 할 때를 의미한다. 튜터는 '적절한 때'를 놓치지 않기

표 8-1 튜터 역할 수행을 위한 원칙들

- 튜터와 학습자의 상호작용은 항상 고차적 인지 수준에서 이루어져야 한다. 단, PBL 과정이 유지되기 위해 필요한 활동과 관련된 시간 안내, 모임 장소, 오리엔테이션 활동, 안내 등은 보다 적극적이고 상세하게 이루어져야 한다.
- 튜터는 학습자가 문제해결의 모든 과정을 충분히 그리고 반드시 거칠 수 있도록 해야 한다. PBL은 문제에 대한 협동적 추론과정과 자기주도학습(개별학습) 과정 등을 번갈아 거치게 되는데, 이때 다음 단계로 넘어가기 전에 학습자가 그 단계에서 거쳐야 하는 과정을 반드시 거칠 수 있도록 해야 한다.
- 튜터는 학습자가 깊이 있게 이해할 수 있도록 추진해야 한다. 이러한 행동은 고차적 인지 수준의 질문을 제시하는 것으로, 이때 학습자의 의견과 진술 등이 정확한 것인지 검증해 볼 수 있도록 유도해야 한다.
- 튜터는 학습자의 의견이나 그룹에서의 어떠한 역할에 대해서도 자신의 의견을 표현해서는 안 된다.
- 튜터는 학습자에게 정보제공을 하지 않는다. 학습자가 이용할 수 있는 정보원은 문헌, 전문가 조언, 인터넷 자료, 모델, 견본, 현장경험 등이다.
- 학습자들이 자신의 논의과정에서 서로의 의견이나 지식에 대해 서로 비판하고 의견을 주고받을 수 있도록 한다.
- 모든 논의는 그룹 과정이며, 그룹의 동의가 있어야 한다. 이때 튜터는 모든 학습자들이 그룹의 활동에 공헌할 수 있도록 해야 한다. 모든 학습자들에게 자신의 생각을 표현하고 다른 사람의 생각에 대해 의견을 제시할 수 있는 기회가 주어지며 그렇게 할 수 있도록 해야 한다.
- 튜터와 학습자 간에는 논의가 이루어져서는 안 된다. 튜터는 학습자들끼리 이야기하고 논의할 수 있도록 해야 한다.
- 학습자가 도전감을 갖게 해야 한다. 학습자의 생각이나 의견의 옳고 그름과 상관없이 '당신이 맞다고 확신합니까?' '이 결정에 만족합니까?' 등의 질문을 던져 지도해야 한다.
- 학습자가 불필요한 학습과제에 지나치게 열중하는 것을 조절해야 한다.
- 튜터는 학습자 개개인의 학습의 질과 고차적 인지전략의 사용 여부를 모니터해야 한다.
- 튜터는 그룹 과정에서 나타나는 잠재적인 대인관계의 문제들을 인식해야 한다.

출처: Barrows(1988).

위해서 학습자들의 학습과정에 함께 동참하면서 이들을 관찰해야 한다. 이러한 이유로 튜터의 역할에 대한 선행연구들은 교과내용 전문가인 튜터와 PBL 과정 전문가인 튜터의 효과성을 비교하면서 PBL 과정 전문가로서의 튜터 역할이 더 중요함을 강조하였다. 그러나 PBL이 성공적으로 이루어지기 위해서는 내용 전문 가인 교수자가 PBL 과정을 익혀 두 가지 능력을 모두 갖추는 것이 가장 바람직할 것이다.

2. PBL에서 튜터의 역할

튜터의 역할은 PBL의 각 과정에서 강조점이 달라진다. 〈표 8-2〉는 PBL 과정 의 각 단계에서 수행해야 할 튜터의 역할을 제시하고 있다(Barrows, 1985, 1988).

표 8-2 PBL 과정에서 튜터의 역할

단계	PBL 과정	튜터의 역할
도입 단계	초기 활동	• 생소한 수업방법 소개하기 • 허용적 분위기 형성하기 • 학습자와 튜터의 역할 안내하기
문제 해결 단계	문제 제시 문제 확인 및 학습과제 도출 문제해결을 위한 자료수집 문제 재확인 및 문제해결안 도출	• 학습자의 학습 촉진을 위한 질문하기 • 학습자의 교육적 난점 진단 및 중재하기 • 학습자의 고른 참여 유도하기 • 학습자의 학습 속도와 수준 조절하기 • 그룹 내 대인관계 조정 유도하기
학습정리 단계	문제해결안 발표 학습결과 정리 및 평가	• 평가활동 안내하기 • 학습내용 정리하기

출처: Barrows(1985, 1988).

1) 도입 단계

(1) 생소한 수업방법 소개하기

PBL은 교육목표, 교수자의 역할, 학습자의 역할, 평가의 방법과 역할이 전통적 수업과 다르기 때문에 PBL에 참여하는 학습자에게 이에 대한 소개를 해야 한다. 이때 PBL이 무엇이며, 그 과정은 어떻게 진행되는지에 대한 소개와 함께 왜 PBL 방식으로 수업을 운영하는지에 대한 안내도 해야 한다. 또한 '제6장 PBL 준비시키기'에서 강조한 것처럼 학습자가 PBL의 과정에 익숙해질 수 있도록 연습의 기회를 제공해야 한다.

(2) 허용적 분위기 형성하기

문제를 제시하기 전에 이루어지는 초기 활동에서 튜터는 학습자가 자신의 생각과 의견을 자유롭게 나눌 수 있는 분위기를 형성하고, 수업방식을 안내하는 역할을 주로 수행한다. 한 수업에서 여러 가지의 문제를 해결할 경우, 항상 초기 활동이 필요한 것은 아니지만 학기 초에는 반드시 초기 활동이 이루어져야 한다. 주요한 초기 활동으로는 자기소개하기, 팀워크 형성하기가 있다. 만약 충분한 초기 활동을 하지 않아 팀워크가 형성되지 않는다면 문제해결 단계에서 어려움을 겪을 때 구성원들 간에 갈등이 생길 수 있다.[1] (초기 활동에 대한 구체적인 내용은 '제6장 PBL 준비시키기' 참조)

(3) 학습자와 튜터의 역할 안내하기

PBL을 처음 접하는 학습자에게 PBL에서의 학습자와 튜터의 역할은 매우 생소하다. 따라서 PBL을 시작하기 전에 이에 대한 충분한 설명과 안내가 이루어져야

---

[1] 기업교육 분야에서 유능한 퍼실리테이터(튜터)로 활동하는 한 전문가는 한 기업의 문제해결을 위한 회의에서 퍼실리테이터로서 자신이 수행한 역할 중 가장 큰 부분은 아이스 브레이킹이었다고 했다. 충분한 아이스 브레이킹이 이루어진 후 회의 참여자들은 활발히 자신의 의견을 제시하고 논의를 이끌어 갔다고 했다.

한다. 튜터의 역할이 충분히 안내되지 않으면, 학습자는 종종 직접 지식을 전달해 주지 않고, 주로 학습자의 학습과정을 관찰하는 교수자를 매우 불성실하다고 인식하여 학습자 자신도 수업에 불성실하게 임할 수 있다.

2) 문제해결 단계

초기 활동 단계에서의 튜터 역할도 중요하지만 문제해결 과정에서 튜터가 적절한 질문을 제시하고, 학습자의 논의 과정을 관찰하고 돕는 것은 PBL의 성공에 중요한 영향을 미친다.

(1) 학습자의 학습 촉진을 위한 질문하기

PBL에서 튜터는 학습자의 학습을 촉진하기 위해 질문을 해야 한다. 학습자는 튜터의 질문에 대답하는 과정에서 자신이 알고 있는 것을 명확히 하며 무엇을 알지 못하는지 파악할 수 있다. 튜터의 질문은 지식수준의 질문, 인지적 수준의 질문, 초인지적 수준의 질문으로 나눌 수 있다(Torp & Sage, 2002). 지식수준의 질문은 객관적 사실에 해당하는 것을 학습자가 분명히 알고 있는지의 여부를 묻는 것이다. 인지적 수준의 질문은 학습자가 객관적 사실이나 지식에 대해 충분히 이해하여 다른 사람에게 쉽게 설명할 수 있으며, 자신의 입장을 제시할 수 있는지의 여부를 묻는 것이다. 초인지적 수준의 질문은 학습자가 학습을 통해 이해하고 있는 것과 그렇지 않은 것에 대해 미시적 입장과 거시적 입장을 모두 취할 수 있는지 확인하는 것이다. 따라서 튜터는 학습자가 자신이 알고 있는 것을 명시화할 수 있도록 하기 위해서 지식 수준의 질문을 하고, 학습자가 좀 더 깊이 있는 사고를 할 수 있도록 촉구하기 위해서 인지적 또는 초인지적 수준의 질문을 해야 한다. 튜터가 할 수 있는 질문들의 예는 〈표 8-3〉과 같다.

표 8-3	튜터의 질문들
지식 수준의 질문	• 어떻게 알았어요? • 더 알아야 할 것은 무엇인가요? • 왜 그렇게 이야기하나요? • 문제를 해결할 만큼 충분히 알았을 때 어떻게 할 건가요? • 당신의 최상의 해결안을 어떻게 결정할 건가요? • 우리가 무엇을 알 수 있을까요? 확실하게 어느 정도인가요? • 여기에서 무엇이 문제인가요? • 만약 _____이라면, 그 다음엔(그땐) _____? • 우리의 문제 진술과 어떻게 관련되나요? • 당신의 역할이 당신이 알고 있는 것과 관심 분야에 어떻게 영향을 주나요?
인지적 수준의 질문	• 확신하나요? • _____은 믿을 만한가요? 왜 그런가요? • _____을 어떻게 고려했나요? • 좀 더 말해 보세요. • 만약 _____라면 어떤 결과가 도출될까요? • 무슨 뜻이지요? • 이제 무엇을 해야 하나요? • 어디에 꼭 적합한가요? • 누가 고려되어야 할까요? • _____을 제안하기에 충분한 증거(사실)는 무엇인가요? • _____이 합리적인 이유는 무엇인가요? • 모든 사람들이 _____을 정의할 수 있나요?, 왜 그렇게 생각하나요? • 영희와 철수가 말한 것이 맞아도, 당신은 _____을 믿나요?, 왜 그렇게 생 각하나요? • _____에 대해 이것을 어떻게 적용하나요? • 이것에 대한 당신의 생각은 무엇인가요? • 왜 이것이 중요한가요?
초인지적 수준의 질문	• 일이 수행되는 데 필요한 것은 무엇인가요? • 어떤 해결안들이 나왔나요? • 어느 부분에 차이나 모호함이 있나요?, 그 이유는 무엇인가요? • 어디서부터 시작할 수 있을까요? • 당신의 전략은 무엇인가요? • _____에 이것을 어떻게 맞출 수 있을까요? • 누가 이렇게 할 수 있을까요? 언제까지 할 수 있나요?

초인지적 수준의 질문	• 어떻게 하면 이것에 대해 더 배울 수 있을까요? • _____(과정이나 전략)을 고려해 봤나요?, 고려한 결과는 무엇인가요? • 만약 그렇다면, 목적과 전략들 중에서 무엇이 변화되어야 할까요? • 어떤 결론을 이끌어 낼 수 있나요? • 목표에 도달했나요?, 그렇게 생각한 이유는 무엇인가요? • 이것에 대해서 어떻게 했나요? • 왜 이것(과정)이 중요한가요? • 무엇을 성취하기 원하나요? • 어떤 방해물(어려움)이 있나요? • 지금까지 당신이 가장 잘한 일은 어떤 것인가요?

이러한 질문들이 이루어질 수 있는 상황을 제6장에서 제시된 'PBL 연습시키기의 예'에서 찾아보면 다음과 같다. 단, 제시된 사례는 질문이 어떻게 제시될 수 있는가를 보여 주기 위한 것으로, 학습자들의 모든 발언에 대해 교수자가 질문하고 개입해야 하는 것은 아님을 주지하기 바란다.

튜터의 질문이 이루어지는 사례

영　윤: 저는 토요일 1면 기사의 특징을 알아오는 것을 맡았습니다. (자료를 나누어 주며) 자료를 보면 알겠지만, 몇 개 신문들의 토요일 1면 기사를 찾아봤는데, 같은 날 실린 것 중 한겨레신문은 경기부양을 위한 무리한 감세정책에 대한 비판 기사가 실렸고, 매일경제신문은 미국 증시의 폭락으로 아시아 증시도 상황이 날이 갈수록 악화되고 있는 것을 실었으며, 국민일보는 구제금융 법안 통과 이후에도 연일 추락하는 미국 증시에 대한 기사를 실었고, 조선일보는 미국발 금융위기에 대한 실마리가 보이지 않자 국제 공조를 한층 강화하여 해법을 모색하려는 움직임을 1면에 실었어요. 내 생각엔 1면 기사는 주요한 이슈가 무엇이냐지 토요일이냐 아니냐가 중요한 것 같진 않아요.

민　경: 내 생각에도 그런 것 같아요.

튜　터: 토요일 신문에 그때의 주요 이슈가 실린다는 걸 어떻게 알았지요? (지식수준 질문)

범　준: 조사한 신문들에서 다루고 있는 기사를 통해 알았어요.

튜　터: 우리가 지역신문의 기자라는 걸 고려했나요? (인지적 수준 질문)

영　윤: 아! 우리는 지역신문이지요. 그럼 다를 수도 있겠어요. 지역신문에 실린 1면 기사
　　　들을 다시 찾아봐야겠습니다.

······ 〈중　략〉 ······

철　이: 지역신문은 아니지만 신문 1면이 갖는 시각적인 특성은 모든 신문이 동일할 것
　　　같아요. 영윤이가 본 신문 1면의 시각적 특징에 대한 생각을 이야기했으면 하는
　　　데요.

범　준: 좋은 생각인 것 같아요. 지역신문의 특징도 알아야겠지만, 대표 일간지의 특징을 아
　　　는 건 우리가 문제해결을 하는 데 도움이 될 것 같아요.

영　윤: 독자의 시선을 끌기에 충분한 사진과 그림, 도표 등을 사용했어요. 물론 당연히 컬
　　　러를 사용했고. 사진이나 도표들의 특징은 뭐랄까······ 좀 자극적인 것 같았어요.
　　　예를 들면, 그래프의 경우 차이가 나는 걸 강조하기 위해 급간, 그러니까 눈금의
　　　단위를 조정한다든지 해서 시각적인 자극을 주려고 노력한 것 같았어요.

튜　터: 그렇다면, 우리가 문제해결을 위해 알아보고 계획했던 것 중 신문기사를 잘 작성
　　　하기 위해 더 필요한 사항이나 변화되어야 할 사항이 있을까요? 있다면 무엇일까
　　　요? (초인지적 수준 질문)

재　홍: 시각적 자료가 주는 효과에 대해 자세히 알 필요는 없지만 그래도 좀 더 알아보는
　　　게 좋을 것 같습니다. 특히 기사글 중 어떤 부분을 시각적으로 표현하는 것이 좋
　　　을까 등과 관련해서요.

성　숙 : 좋은 의견인 것 같아요.

······ 〈중　략〉 ······

범　준: 그럼 다음엔 민경이가 학습한 내용을 이야기하겠습니다.

······ 〈후　략〉 ······

(2) 학습자의 교육적 난점 진단 및 중재하기

PBL에서 튜터는 학습자가 학습과정에서 어떠한 어려움을 겪고 있는지 진단하고 이를 도와주어야 한다. 이를 위해서 학습자의 교육 향상 정도를 끊임없이 모니터링해야 한다. 튜터는 학습자가 가진 학습상의 어려운 점들, 예컨대 추론을 못하거나, 그룹에서 논의하는 정보와 개념들을 이해하지 못하거나, 자기주도학습을 통해서 적절한 정보를 찾는 데 문제가 있는 경우 등의 문제들을 일찍 확인해서 교육적으로 관여하여 도와주는 것이 필요하다.

PBL은 본래 소규모의 그룹 학습으로 진행되기 때문에 튜터가 학습과정에서 학습자 개개인의 이해 정도를 쉽게 파악하여 도와주고 학습자들도 서로 도울 수 있다는 장점을 갖고 있다. 그러나 일반적인 강좌를 PBL로 진행하는 경우 교수자가 모든 그룹의 논의과정 전체에 참여할 수 없으므로 본래 PBL이 갖는 특성만큼 학습자에 대해 충분히 파악하고 피드백을 제공할 수는 없다. 하지만 학습자의 문제해결 과정에 대한 성의 있는 관심과 관찰은 이를 가능하게 한다. 즉, 그룹별로 문제해결 과정 중에 작성하는 '과제수행계획서'의 내용을 참고하면 그룹의 논의내용과 참여 정도를 어느 정도 확인할 수 있다. 또한 중간 발표나 최종 발표, 그리고 학습자가 작성한 성찰일지를 통해 도움이 필요한 학습자가 누구인지도 확인할 수 있다. 특히 성찰일지는 개인별로 학습내용을 정리하는 것이기 때문에 학습자의 교육적 난점을 진단하는 데 효과적인 자료가 된다. 학습자가 작성한 성찰일지에서 나타난 개인별 어려움에 대한 교수자의 피드백 예를 제시하면 다음과 같다.

학습자가 작성한 성찰일지 중 '무엇을 배웠는가?'에 대한 글

1) 객관주의적 수업과 구성주의적 수업이 무엇인지에 대해서 배웠다.

이 과제를 받고 가장 처음 해결해야 했던 과제가 객관주의적 수업과 구성주의적 수업이 무엇인지 아는 것이었다.

이 부분은 소리와 성곤이가 각자 조사해 오고, 조사해 온 내용을 우리 구성원들에게 쉽게 이야기해 주어서 이해하는 데 많은 도움이 되었던 것 같다.

객관주의적 수업과 구성주의적 수업은 철학적 입장에서 수업방식을 나눈 것을 말한다. 객관주의적 수업은 교수자가 학습내용을 학습자에게 전달해 주는 방식이다. 구성주의적 수업은 교수자가 학습내용을 직접적으로 전달해 주는 것이 아니라 학습자가 문제나 상황을 해결해 나가면서 그 안에서 학습내용을 습득해 가는 수업방식이다. 교수자 중심의 수업은 문제가 많기 때문에 가능한 구성주의적 수업을 해야 한다는 생각이 들었다.

2) 구성주의적 수업을 구성할 때, 문제를 만드는 기술을 배웠다.
구성주의적 수업을 구성하면서, 어떠한 방법으로 구성주의적 수업을 꾸려가야 할까를 고민하는 데 가장 많은 시간을 보냈던 것으로 기억한다. 구성원 모두가 모여서 구성주의적 수업에 맞는 문제상황을 만들기 위해 몇 시간을 매달려 있었다. 그러면서 어떠한 형식으로 문제상황을 만들어야 학생들이 그 문제를 통해 학습내용을 전달받을 수 있고, 동기부여도 될 수 있는지 생각해 보게 되었다.

······ 〈후 략〉 ······

학습자의 성찰일지에 대한 교수자의 답글

두 번째 문제는 구성주의를 구성주의 방식으로 공부한다는 데 의의가 있는 것 같아요. 구성주의를 가르치면서 주입식으로 가르친다면 어땠을까요?
······ '무엇을 배웠는가'에 적은 것처럼 구성주의의 경우 학습환경을 만들어 주는 것이 정말 중요하고 어려워요. 문제(상황)가 이상하면 정말로 학생과 교사 모두 에너지만 소모할 수 있거든요. ······ 좋은 경험을 하셨습니다.
그런데 한 가지, 교수자 중심의 수업이 꼭 문제가 많은 걸까요? 교육의 목표가 무엇이고, 교육이 이루어질 수 있는 환경의 특성이 무엇인지에 따라 교수자 중심의 강의식 교수법이 가장 효과적인 교수방법이 될 수도 있습니다. 우리 수업을 PBL 방식으로 운영하면서 가장 걱정이 된 점이 바로 교수자 중심의 수업에 대한 좋지 않은 편견을 갖지 않을까 하는 점이에요. 문제 발표 후 설명한 것처럼 가장 좋은 교수방법이 무엇인가를 고민하도록 해 주세요. 좋은 성찰이었어요. 그리고 교생실습 관계로 그룹 편성이 새롭게 되어 걱정했는데, 결속이 잘 이루어져서 정말 다행입니다.

(3) 학습자의 고른 참여 유도하기

PBL에서 튜터는 학습자들이 모두 그룹 활동에 적극적으로 참여할 수 있도록 유도해야 한다. 이를 위해서는 한 명만 주로 이야기하거나 다른 사람의 의견을 듣기만 하는 등의 행동을 보이는 학습자가 있는지 잘 관찰해야 한다. 가장 바람직한 그룹 활동의 모습은 한 학습자가 자신의 생각이나 의견을 말하면, 이 말을 들은 다른 학습자들이 그 의견에 대해 자신이 가진 다른 생각이나 관점을 발표하는 것이다. 이러한 그룹 활동이 이루어질 수 있도록 튜터는 문제해결을 위해 논의되는 모든 내용과 생각에 대해 구성원이 논의할 수 있도록 지도한다. 예를 들어, 어떠한 문제의 원인에 대한 가설을 찾을 때 구성원은 모두 각자의 생각을 발표할 기회를 가져야 하고, 다른 사람의 생각에 대한 견해를 밝힐 수 있어야 한다. 이렇게 해야 그룹 학습에서 뒷전으로 물러나 있는 학습자가 없고, 독단적인 학습자가 항상 그룹의 학습을 주도하는 것을 막을 수 있다.

튜터의 학습자 참여 유도 사례

······ 〈전 략〉 ······

튜 터: 범준이의 의견에 대해 성숙이는 어떤 생각을 갖고 있는지 이야기해볼까요?

······ 〈중 략〉 ······

튜 터: 모두 의견 정리가 잘 안 되는 것 같아요. 그럼 우리 포스트잇을 이용해서 각자 생각한 것을 작성한 후 그걸 가지고 토론을 이어가면 어떨까요?
영 윤: 네, 좋은 것 같아요.
튜 터: 그럼 모두 포스트잇에 의견을 적어 주세요. 한 장에 한 개의 의견을 적는 것이고, 잘 보이도록 크게 적으세요.

······ 〈후 략〉 ······

---

(4) 학습자의 학습 속도와 수준 조절하기

PBL에서 학습자의 학습 속도와 수준을 조절하는 것은 성공적인 학습을 이끌어 내기 위한 중요한 튜터 활동이다. 튜터는 학습자의 학습과정이 너무 느리거나 너무 쉬운 내용을 다루어서 학습자가 문제해결 과정을 지루하게 느끼지 않도록 해야 한다. 지루함은 학습을 저해하고 학습욕구나 내재적 동기를 손상시킨다. 한편 또 다른 극단적인 상황은 학습자에게 주어진 과제가 너무 크고 복잡해서 학습해야 할 것이 너무 많은 경우로, 이때 학습자는 압도되고 당황하여 힘이 빠지게 된다. 학습에 대한 집중과 의욕은 알게 되는 기쁨과 흥분이 함께해야 한다. 따라서 교수자는 중간 중간에 초인지적 질문을 제시함으로써 학습의 진행과정을 조정해야 한다. 예를 들어, 학습의 깊이를 심화시키려면 "왜 그렇지요?" "학생이 말하는 것은 무슨 뜻인가요?" "근거가 무엇인가요?" "다르게 설명해 주시겠어요?" "고려해야 할 것들을 모두 생각해 본 것인가요?" "혹시 누락된게 있다면 무엇인가요?" "그게 무슨 뜻인가요?" 등의 질문으로 긴장감을 조성하고 흥미를 돋운다. 도전 요청 수준을 낮추려면, "이 문제(또는 과제) 중 가장 중요한 부분은 무엇일까요?" "학습목표를 다시 고쳐서 이 과제에서 가장 중요한 부분을 하도록 합시다." "여기까지만 하고 학습자료를 좀 읽어 보거나 전문가와 이야기해 봅시다." "지금 큰 그림만 그린다면, 어떻게 표현할 수 있나요?" 등으로 말할 수 있다. 튜터의 이러한 역할을 '생산적 긴장'이라고 표현할 수 있다(Barrows, 1988).

(5) 그룹 내 대인관계 조정 유도하기

그룹 학습으로 진행되는 PBL에서 튜터는 구성원 간에 감정적 대립이 있는지 살피고, 만약 그룹 구성원 간에 대인관계와 관련한 문제가 발생하면 구성원이 스스로 이를 해결할 수 있도록 도와주어야 한다. 대인관계 문제는 어느 그룹에서나 발생할 수 있으며, 이러한 문제가 발생하면 그룹 활동의 효율을 떨어뜨린다.

PBL 활동 초기에는 대부분의 학습자들이 최선의 행동을 보이므로 대인관계 문제가 표면에 드러나지 않지만, 학습자와 학습자, 학습자와 튜터가 서로 익숙해지고 방어 자세가 낮아지면 문제가 표면으로 드러날 수 있다. 일단 그룹의 구성원들이 서로 알고 나면 나중에 각자의 차이점, 행동, 습관, 가치, 견해, 욕구 등에서 서로 참을 수 없는 일이 생길 수 있기 때문이다. 이런 일들은 대개 개강 후 3~4주쯤 지나면 발생한다. 따라서 튜터는 그룹에서 일어나는 불협화음이나 비생산적 분위기를 나타내는 사소한 단서에도 민감해야 한다.

그룹 내에서 대인관계 문제가 생겼다는 것은 다음과 같은 모습으로 나타날 수 있다. 말이 없고, 늦게 오고, 빈정대고, 비생산적이고, 자발성이 없어지며, 차분하게 논의할 자리에서 논쟁을 하고, 논제에 대립해서 편을 가르며, 학습에 대한 불만을 표시하거나, 그룹을 주도하려는 시도가 모두 이러한 증상들이다. 가장 흔하게 일어나는 증상은 그룹 활동에 더 이상 진척이 없는 경우인데, 해결하려는 문제나 과제를 어느 방향으로 진행시켜야 할지 합의가 되지 않아 꼼짝을 못한다든지, 쳇바퀴 돌리듯이 쓸데없는 논의로 긴 시간을 낭비하는 경우다. 이런 문제들은 언제든지 나타날 수 있음을 인식하고 이를 대비하는 것이 중요하며, 튜터가 이를 빨리 알아챌수록 더 효과적이고 즉각적으로 대처할 수 있다.

그러나 이러한 대인관계 문제가 발생할 때, 튜터가 나서서 전적으로 책임을 지거나 보호자처럼 책임을 떠맡아서는 안 된다. 그러면 학습자가 튜터에게 의존하고 문제들을 해결해 주길 바라기 때문이다. 학습자는 전문가로서의 역량을 함양하기 위해서라도 대인관계 문제에 어떻게 대처하고 해결해야 할지 배워야 한다. 장차 자연스럽게 어울릴 수 없는 사람과도 어쩔 수 없이 같이 일을 해야 하기 때문이다. 따라서 현재 어떤 그룹에서 대인관계의 문제가 발생한 것으로 판단되면, 튜터는 역시 초인지적 차원에서 접근하는 것이 가장 좋다. 우선 그룹 내에 문제가 있다는 것을 그룹 전체 또는 어느 학습자에게 어떻게 깨닫게 하느냐가 중요한 관건이다. 바람직한 것은 어떤 한 학습자가 자신의 그룹에 문제가 있다고 걱정을 하거나, 그룹 활동이 한 발도 나아가지 못하고 있으며 아무 일도 못하고 있다고 우려를 표시할 때까지 튜터는 그대로 내버려두는 것이다. 그리고 튜터는 "무슨 일이 있다고 여기나요?"라고 묻고, 이후에 "그 일 때문이라면 이제 무엇을 해야 하나요?"라고 초인지적 반응을 보여야 한다.

물론 누군가가 무엇을 말하도록 기다리면서, 학습 그룹의 문제가 더 악화되도록 그대로 내버려둘 수 없는 경우도 많다. 이에 대비해서 학습활동 초기에 학습자들에게 문제의 발생을 파악하는 예를 미리 들어줄 수 있다. 예를 들면, "이 그룹에서 우리 사이에 무엇인가 문제가 있는 것 같다." 또는 "우리 그룹이 조금도 앞으로 나아가지 못하고 있는 것 같다."라는 것을 말한 후, 이 문제의 해결방안에 대해 논의하도록 한다.

논의를 통해서도 문제를 해결할 수 없으면 구성원은 그 안에 감춰진 자신들의 행동과 감정에 관해 어떻게 하면 좋을지 방안을 마련해 보도록 한다. 이때 튜터가 그룹이 가진 문제를 논의의 주제로 제안할 수도 있다(Barrows, 1988).

3) 학습정리 단계

(1) 평가활동 안내하기

PBL 과정 중 평가 단계에서의 튜터 역할은 평가자보다는 바람직한 평가방법에 대한 모델을 제공하는 것이다. 물론 튜터는 그룹의 문제해결 과정과 문제해결안을 평가하는 평가자이지만 평가 단계 역시 학습이 이루어지는 과정이므로 학습자에게 바람직한 평가방법을 안내하는 것이 더 의미 있다고 할 수 있다. 바람직한 평가방법이란 자신들의 학습과정과 학습결과에 대해 좀 더 솔직하고 구성적이며 구체적인 의견을 제시하는 것이다. 즉, "잘했어요." "좋았어요." 등의 평가가 아니라 "……한 부분을 고려한 점이 좋았어요." "……한 접근이 매우 창의적이었고, ……아이디어가 문제해결에 좋은 역할을 한 것 같아요." "……를 제시한 것에 대해서는 ……한 의견을 갖고 있습니다." "괜찮다면 ……을 제시한 것에 대해 구체적인 설명을 듣고 싶어요." 등이다. 발표된 문제해결안에 대해 학습자들이 평가한 후 튜터가 이러한 방식으로 평가하도록 시범을 보이면 학습자는 자신의 평가방법을 수정할 것이며, 학습이 더욱 의미 있게 될 것이다.

(2) 학습내용 정리하기

PBL 과정 중 학습내용에 대한 정리 단계에서는 튜터가 전통적인 교수자의 역할로 되돌아온다고 할 수 있다. 즉, 그룹별로 발표한 문제해결안에 대해 평가하고 의견을 제시하며, 문제를 해결하면서 학습자가 스스로 학습한 여러 개념, 원리, 절차 등에 대해 간략하지만 전체적인 관점을 갖도록 정리하는 것이 이 단계에서 교수자가 수행할 주요한 활동이다(학습내용 정리하기에 대한 구체적인 내용은 제7장 참조).

튜터의 역할은 PBL 과정 초기에는 개입의 정도가 많을 수 밖에 없지만 학습자가 PBL에 익숙해짐에 따라 튜터의 개입이 점차 줄어들고, 결국에는 튜터의 역할이 불필요하게 되는 것이 가장 이상적인 상태다. 그러나 튜터의 역할이 줄어드는 것이 튜터의 존재가 불필요해지는 것을 의미하지는 않는다. 튜터는 개입의 정도는 줄이되, 학습자를 방임하지 않고 지켜보고 공감해 주는 모습으로 여전히 튜터가 학습에 함께한다는 존재감을 갖도록 해야 한다(Barrows, 1988).

튜터의 역할은 간략하게 정리할 수 없을 만큼 복잡하여 튜터의 역할을 하는 것이 어렵지만 시간이 지나면 익숙해지고 쉬워질 것이다. 중요한 것은 튜터가 강좌의 목표와 학습자가 성취해야 할 것을 분명하게 인식하는 것과 PBL의 구조를 파악하는 것이다. 그 이후에는 학습자가 PBL 과정에 익숙해지듯, 튜터 역시 연습과 경험을 통해 PBL에서의 자신의 역할에 익숙해지게 된다(Barrows, 1985).

이상의 내용을 정리하여 학습자들이 문제를 해결하는 단계에 따라 교수자가 할 수 있는 질문들을 정리하면 〈표 8-4〉와 같다.

| 표 8-4 | PBL 단계별로 교수자가 해야 하는 질문들 |

단계	질문
팀 구성 후 팀빌딩이 이루어져야 할 때	• 어려움에 부딪혀도 우리에게 에너지와 용기를 주는 것은 무엇일까요? • 우리의 강점은 무엇인가요? • 우리의 역량을 강화시킬 수 있는 방법은 무엇인가요? • 팀을 하나로 만들려면 무엇을 해야 할까요?
문제에 대한 이해를 촉진시키고자 할 때	• 지금 문제에서 문제해결 주인공이 해결해야 하는 것은 무엇인가요? • 문제에서 현재 상황이 가지고 있는 중요한 특성은 무엇인가요? • 문제해결의 주인공은 어떤 역할을 해야 하죠? • 우리가 다루어야 할 또 다른 측면이 있다면 무엇일까요?
문제 확인 및 학습과제를 도출할 때 (Ideas, Facts, learning Issues, Action Plans을 도출할 때)	• 문제를 해결하기 위해 무엇을 알아야 할까요? • 문제를 해결하기 위해 어떤 자료를 찾아보면 좋을까요? • 지금까지 이야기한 것 이외에 무엇을 더 알아보면 좋을까요? • 문제 시나리오에 제시된 내용 중 문제해결을 위해 꼭 기억해야 하는 내용은 무엇일까요? • Ideas에 정리된 내용 중 여러분이 이미 알고 있는 것은 무엇인가요? 그것을 설명해주세요. • 또 무엇을 알고 있나요? • 문제해결에 도움이 되는 지식이나 경험이 있다면 이야기해 주세요. • 왜 이것(이 과정)이 중요한가요? • 우리가 정말 공부해야 하는 것은 무엇일까요? • 왜 그렇게 생각하세요? • 이러한 내용(자료)를 어떻게 얻을 수 있을까요? • 그 자료를 얻기 위해서 무엇을 해야 할까요? • 그 내용을 학습하는 게 문제해결을 위해 어떤 도움이 되나요?
탐색이나 분석을 촉진할 때	• 이러한 현상이 발생하는 원인이 무엇일까요? • ~라고 말했는데, 그 이유가 뭐라고 생각하나요? • 이것은 결국 어떤 영향을 미칠까요? • 그렇게 한다면 어떤 결과가 발생할까요? • 그들이 (진정) 원하는 것이 무엇이라고 생각하나요? • ~을 위해 우리가 살펴보아야 할 사항들은 무엇이죠? • 그 대안의 장단점은 무엇인가요?

	• 그것을 실행한다면 어떤 장애요인(어려움)을 예상할 수 있을까요?
	• 그 장애요인을 어떻게 극복할 수 있을까요?
	• 그러한 결론이 기초로 하는 가정은 무엇이죠?
	• 그 가정이 옳다는 것을 어떻게 알죠(검증하죠)?
	• 어떤 결론을 이끌어 낼 수 있을까요?
	• 그 사실은 무엇을 시사(의미)하나요?
학습을 유도할 때	• 우리가 알아야 할 것이 무엇인가요?
	• 그것을 뒷받침할 수 있는 이론적 근거는 무엇이지요?
	• 그것을 확인하기 위해 무엇을 학습해야 할까요?
새로운 시각을 촉진할 때	• 왜 그렇게 생각하나요?
	• 그 문제를 다른 관점에서 볼 수 있나요?
	• 만일 …… 한다면 어떻게 될까요?
	• 그것을 다른 방식으로도 할 수 있을까요?
	• 우리가 생각할 수 있는 다른 대안은 무엇일까요?
과제 마무리 이후 성찰의 기회를 줄 때	• 과제를 수행하면서 무엇을 배웠나요?
	• (그러한 경험을 통해)우리가 배울 점은 무엇인가요?
	• 어떤 성과를 얻었다고 생각하나요?
	• 그 대안이 어떤 점에서 실질적으로 도움이 될 것이라고 생각합니까?
	• 이 과제에 당신은 어떻게 기여했나요?
	• 이 과제를 다시 시작한다면 바꾸고 싶은 점은 없나요?
	• 과제 목표를 충분히 달성했다고 생각하나요? (예/아니요) 어떤 점에서 그렇죠?
	• 그 문제를 해결하기 위해(결과물을 얻기 위해) 살펴본 점은 무엇이죠?
	• 과제 수행과정이나 결과물에서 잘 했던 것이 무엇인가요?
	• 문제해결안이 질적으로 어떻다고 생각합니까?
	• 과제가 우리의 학습에 도움이 된 것은 무엇입니까?(가장 가치 있는 학습은 무엇이었나요?)
	• 팀에 대해 무엇을 배웠나요?
	• 과제를 통해 배운 학습을 어디에 적용할 수 있을까요?
	• 내가 질문해야 하는데 하지 않은 질문이 있나요?

제9장

온라인 공간 활용하기

온라인 공간 활용하기는 PBL을 운영할 때 학습자의 학습공간으로 온라인을 언제 어떻게 활용할 것인지를 다룬 것이다. PBL에서 교수자는 수업 운영 전략에 따라 온라인 공간을 면대면 수업과 병행하여 활용할 수도 있고, 온전히 온라인 공간에서만 PBL을 운영할 수도 있다. 첫 번째 형태를 블렌디드 PBL이라 하고, 두 번째 형태를 온라인 PBL이라고 한다. 면대면 공간과 온라인 공간을 병행, 활용하는 블렌디드 PBL의 경우에는 각 공간을 언제 어떻게 활용하느냐에 따라 매우 다양한 형태의 수업이 이루어질 수 있다.

PBL 운영 시 온라인 공간을 반드시 이용해야 하는 것은 아니다. 그러나 온라인 공간을 활용할 경우 시공간의 제약을 받는 면대면 수업의 한계를 극복할 수 있으며, 면대면 수업과 온라인 수업의 장단점을 보완할 수 있다. 더욱이 최근의 학습자는 인터넷과 온라인 공간에 친숙하다는 것을 고려하면 온라인 공간을 PBL을 위한 학습공간으로 활용하는 것이 바람직하다. 따라서 이 장에서는 학습환경으로서의 온라인 공간의 특성을 살펴보고, 블렌디드 PBL과 온라인 PBL 운영 시 각각의 온라인 공간 활용 전략을 제시하고자 한다.

1. 온라인 학습환경의 주요 특성

　교육에서 온라인 공간을 활용하는 것은 온라인 공간이 제공하는 다양하고 풍부한 학습환경 때문이다. 정보통신공학의 발달로 등장한 온라인 학습환경은 다음과 같은 특성을 갖는다. 첫째, 풍부한 학습자원에 기초한 학습이 가능하다. 학습내용과 관련한 다양한 견해와 최신의 정보를 수시로 참조할 수 있으며, 텍스트를 비롯하여 이미지, 그래픽, 오디오와 비디오 등 풍부한 멀티미디어 자료에 기초한 학습이 가능하다. 둘째, 다양한 상호작용이 가능하다. 웹 채팅이나 리얼 오디오, 화상대화 등을 활용하는 동시적 상호작용과 전자 게시판, 컴퓨터 컨퍼런싱을 활용하는 비동시적 상호작용이 가능하다. 셋째, 역동적이고 학습자 중심적인 환경이 될 수 있다. 다양한 상호작용이 가능하기 때문에 원격지 학습자들과의 활발한 협동학습을 통한 문제해결 활동이 가능하다.

　이러한 온라인 학습환경의 특성은 PBL에서도 중요한 이점이 될 수 있다. PBL은 학습자들의 활발한 논의와 자료 공유가 중요하기 때문에 학습자들 간의 상호작용이 편리하게 이루어질 수 있는 온라인 공간은 PBL을 실천하는 데 중요한 학습환경을 제공한다. 이는 또한 교수자가 손쉽게 학습자의 학습과정을 모니터링할 수 있는 환경을 제공한다는 점에서도 중요하다. 한 명의 교수자가 여러 학습 그룹의 튜터 역할을 수행할 경우 면대면 상황에서는 한 개의 학습 그룹 내에서 이루어지는 문제해결 과정을 충분히 관찰하고 도움을 주기 어렵다. 하지만 온라인 공간을 활용할 경우 교수자가 각 그룹별 토의내용과 학습자의 개별학습 내용을 살펴볼 수 있다.

　PBL에서 온라인 공간을 활용하기 위해서는 이 공간을 PBL의 성격에 맞게 잘 설계해야 한다. 온라인 공간을 면대면과 어느 정도 병행할 것이냐에 따라 차이는 있겠지만, 학습자의 원활한 상호작용과 학습과정의 가시화를 위해서 〈표 9-1〉과 같은 공간이 마련되어야 한다. 각각의 공간은 교수자가 필요에 따라 가감할 수 있으며, 각 공간에 대한 접근 권한 역시 조정할 수 있다. 예를 들어, 각 그룹의 공간

| 표 9-1 | PBL 온라인 공간의 메뉴와 가능 |

메뉴	기능
공지사항	교수자가 수업 운영과 관련된 내용을 공지하는 공간
자료실	수업에 필요한 자료를 제시하는 공간
과제제출	각 그룹의 과제수행계획과 문제해결안 등을 제출하는 공간이며, 동시에 각 과제에 대한 교수자의 피드백이 주어지는 공간(그룹별 과제제출 공간과 개인별 과제제출 공간을 구분할 수도 있음)
질문답변	교수자 및 학습자가 질문 및 답변하는 공간
각 그룹별 공간	각 그룹별로 논의하고 자료를 공유할 수 있는 공간
성찰일지	각 문제가 끝났을 때 성찰일지를 제출하는 공간
자기소개실	학습자와 교수자가 자기소개를 할 수 있는 공간
휴게실	수업 외의 사적인 이야기를 나눌 수 있는 공간
채팅	채팅기능이 있어 동시적 의사소통이 가능한 공간

을 수업에 참여하는 모든 학습자들이 접근 가능하도록 할 수 있고, 그룹별로 해당 구성원들만 접근하도록 할 수도 있다. '과제제출'이나 '성찰일지'의 경우도 전체 학습자들이 접근할 수 있어 서로의 학습결과물을 탐색할 수도 있고, 교수자 이외에는 접근할 수 없도록 제한할 수도 있다.

이러한 기능을 갖춘 온라인 공간은 (제5장에서 안내한 것처럼) 교수자가 직접 개발할 수도 있지만, 대부분의 대학에서 제공하는 e-class와 같은 수업 보조 사이트를 활용해도 된다. 또는 스프링노트와 같은 웹 2.0 기능을 활용할 수도 있다.

온라인 공간을 이용할 경우에는 그룹 활동을 위한 교실이 별도로 배정되지 않아도 되고 활동 시간도 그룹의 여건에 맞춰 진행할 수 있는 장점이 있다. 또한 그룹 활동 과정이나 토의내용을 교수자가 점검할 수 있고, 관련 자료를 저장할 수 있는 장점이 있다. 하지만 온라인 그룹 활동은 면대면 활동에 비해 많은 시간을 요구하고, 즉각적인 피드백이나 즉시적인 의견수렴이 어렵다는 단점이 있다. 따라서 PBL 실행 시 온라인 공간을 활용할 때는 이러한 장단점을 고려한 운영전략을 수립하고 활용해야 한다.

2. 블렌디드 PBL

온라인 공간을 활용하는 방법은 교실 수업과 온라인 공간을 병행하여 사용하는 블렌디드(blended) 형태와, 면대면 수업 없이 온라인 학습이 주가 되는 온라인 PBL의 두 가지 형태가 있다. 블렌디드 PBL은 별도의 튜터 없이 교수자 한 명이 여러 그룹의 학습을 보조해야 하는 경우 큰 도움을 받을 수 있다. 앞 장에서 교실 수업에서 이루어지는 PBL의 형태에 대해 설명을 했으므로, 여기서는 교실 수업에서 온라인 공간을 어떻게 활용할 수 있는지 블렌디드 PBL에 대해 먼저 살펴보고자 한다.

블렌디드 PBL은 면대면 공간과 온라인 공간을 함께 활용하는 것으로 PBL의 모든 단계에서 온라인 공간을 활용할 수 있다. 그래서 어떤 단계에서 교실 수업을 진행하고, 어떤 단계에서 온라인 공간을 활용할 것인지는 교수자의 판단이나 필요에 따라 자유롭게 선택할 수 있다. 다음에 제시되는 내용은 PBL의 절차 중 교수자가 필요하다고 판단되는 단계를 온라인 공간에서 활용할 때 고려할 사항들이다.

1) PBL 준비시키기 단계에서의 온라인 공간 활용

PBL 준비시키기 단계는 학습자가 PBL 과정에 잘 참여할 수 있도록 하는 준비 단계다. 학습자의 적극적인 참여 유도를 위해 면대면 공간에서 아이스 브레이킹 활동을 하는데, 이때 온라인 공간이 보조적인 역할을 할 수 있다. 이를 위해 필요한 공간은 자기소개실과 그룹별 학습 공간이다.

(1) 자기소개실
학기가 시작되면 PBL 방식으로 수업을 운영하기 전 PBL을 소개하고, PBL 과정을 연습시키며, 학습자 간의 어색함을 없애기 위한 아이스 브레이킹 활동을 한다. 면대면 공간을 함께하는 블렌디드 PBL에서 자기소개하기는 되도록이면 면대면 공간에서 이루어지는 것이 바람직하다. 그러나 학습자가 온라인 공간에서도 자기소개를 한다면 이들이 서로에 대한 정보를 학기 중에 언제든 확인할 수 있으므로 온라인 공간의 '자기소개실'을 함께 활용하는 것도 좋다. 또한 온라인 공간에서의 자기소개는 학습자가 온라인 공간에 친숙해지고, 이 공간에서 자신의 의견을 제시하고 다른 사람의 의견에 대한 생각을 제시하는 등의 연습기회가 된다.

(2) 그룹별 학습 공간

면대면 공간에서 수립한 그룹별 규칙은 각 그룹의 학습 공간에 게시하도록 한다. 이 공간은 PBL 준비 단계에서는 그룹별 규칙을 게시하고, 서로의 연락처를 주고받는 공간이지만 본격적으로 PBL이 실행될 때는 구성원 간의 논의와 자료공유가 이루어지는 주요한 학습공간이 된다.

2) PBL 각 단계에서의 온라인 공간 활용

문제해결의 각 단계는 될 수 있는 대로 면대면 환경에서 이루어지는 것이 교수자가 학습자의 학습활동을 충분히 관찰하고 적절하게 개입할 수 있기 때문에 바람직하다. 그러나 학습자들의 문제해결 과정을 충분히 관찰할 수 없고, 수업 중 문제해결을 위해 필요한 충분한 시간과 공간을 제공할 수 없다면 온라인 공간을 활용하는 것이 좋다.

(1) 문제 제시 단계

면대면 공간에서 제시한 문제를 온라인 공간에 게시하면 학습자가 필요할 때 언제 어디서든 문제를 확인할 수 있다. 특히 문제가 텍스트의 형태가 아니라 비디오, 모의실험 등의 형태일 경우에는 더욱 그러하다. 온라인 공간에 문제를 게시할 때는 문제의 배경 등을 간단히 설명하는 것이 좋으며, 문제를 해결하는 과정에서 나오는 결과물을 언제, 어디에 제출해야 하는지도 함께 제시한다.

(2) 문제 확인 단계

각 그룹별로 이루어지는 문제 확인 단계는 PBL의 가장 핵심이 되는 과정이다. 따라서 가능하면 면대면 공간에서 문제를 제시하고 바로 그룹별로 문제 확인의 활동을 수행하도록 해야 한다. 온라인 공간은 그룹별로 문제 확인 단계에서 수행한 활동들, 즉 '생각' '사실' '학습과제' '활동계획'의 내용을 기록해 둘 수 있는 곳으로 활용한다. 의과대학의 PBL에서는 그룹별로 별도의 학습 공간을 제공한다. 학습자는 자신의 학습 공간에 설치된 화이트보드에 문제해결을 위한 논의 내용(생각, 사실, 학습과제, 활동계획)을 기록하며, 이 기록은 다음 모임 때까지 보전된다. 그룹의 별도 공간이 없는 경우 온라인 공간이 이러한 역할을 대신할 수 있다.

교수자는 학습자가 게시한 내용을 보고 필요한 경우 다양한 수준의 질문을 제시하거나 칭찬, 참여 독려 등의 간단한 피드백을 제공할 수 있다(자세한 내용은 '제8장 PBL 활동 촉진하기' 참조).

(3) 개별학습 단계

문제 확인을 위한 그룹 활동이 끝났다면, 학습자는 자신에게 주어진 학습과제를 해결하기 위해 개별학습을 수행한다. 이 단계에서 온라인 공간은 학습자 개개인의 자료 저장 공간, 다른 학습자들과의 자료 공유 공간, 그리고 게시한 학습내용에 대해 다른 구성원의 의견을 쉽게 수렴할 수 있는 공간이 된다. 또한 교수자는 학습자들이 온라인 공간에 제시한 자료를 확인함으로써 각 학습자의 개별학습 과정을 파악할 수 있고, 필요한 경우 피드백을 제공할 수 있다.

(4) 문제 재확인 및 해결안 도출 단계

이 단계는 학습자가 개별학습한 내용을 서로 공유하면서 문제를 처음 접했을 때 도출한 학습과제를 점검하고 해결안을 마련하는 단계로, 그룹 구성원의 설명과 논의가 활발히 이루어지는 단계다. 면대면 수업이 이루어질 때도 이 단계에서 그룹 활동이 가장 활발히 일어난다. 그룹 활동은 면대면으로 진행될 수도 있고 온라인으로 진행될 수도 있지만, 온라인 공간이 마련되어 있는 경우에는 활동의 결과를 공유하거나 시간이 부족할 때 추후 논의가 이루어질 수 있으므로 유익하다. 이 단계에서 교수자는 문제 확인 단계에서와 마찬가지로 학습자가 게시한 내용을 보고 다양한 수준의 질문을 제시하거나 칭찬, 참여 독려 등의 간단한 피드백을 제공할 수 있다.

(5) 문제해결안 발표 및 평가 단계

문제해결안이 작성되면 이를 발표하는 시간이 필요하다. 문제해결안 발표는 되도록 면대면 공간에서 이루어지도록 하는 것이 바람직하다. 그러나 학습 그룹의 수가 많으면 정해진 수업시간 내에 모든 그룹이 발표하는 것이 어렵다. 이런 경우 몇 개 그룹만 수업시간 내에 발표하게 하고 다른 그룹들의 문제해결안에 대해서는 온라인 공간을 활용하여 학습자가 공유하게 한다. 물론 온라인 공간은 문제해결안을 저장하고 공유하는 공간이 된다. 교수자의 평가는 문제해결안에 대해 개별 또는 팀별 평가가 이루어진 후에 각 그룹의 문제해결안에 대해 제시한다 (구체적인 평가내용 및 방법은 '제10장 PBL에서 학습자 평가하기' 참조).

(6) 학습결과 정리 단계

각 그룹별로 문제해결안 발표가 끝나면 교수자가 발표내용과 학습내용에 대해 요약하고 정리하는 시간을 갖는다. 이때 교수자는 각 그룹의 발표내용에서 빠지거나 보충할 부분에 대한 설명을 제공할 수도 있고, 그룹별로 다르게 제시된 해결방안에 대한 중재를 제시할 수도 있다. 또한 PBL 문제의 목표와 과정을 점검하고, 문제를 통해 학습한 내용들을 정리해 줄 수도 있다. 이러한 정리 단계는 간단한 요약의 형태가 되기도 하고, 필요한 경우 미니 강의의 형태로 제공될 수도 있다.

학습결과에 대한 정리는 문제해결안을 발표한 직후 면대면 공간에서 하는 것이 좋다. 그러나 학습자들이 발표에 시간을 많이 할애하여 정리 시간이 부족하다면 학습결과에 대한 정리를 생략하는 것이 아니라 온라인 공간을 활용해서 이를 실행한다. 온라인 공간에서 학습 정리를 할 경우, 주요 개념을 정리한 글을 작성해서 게시하는 것이 일반적이지만, 10~20분 정도의 동영상 강의를 제작하여 게시하는 것도 좋은 방법이 된다.

강의가 문제를 통해 무엇을 배웠는지 교수자가 정리해 주는 것이라면, 성찰일지 작성은 학습자 스스로 문제해결을 통해 무엇을 배우고 무엇을 느꼈는지를 다시 한 번 정리해 보는 기회가 된다. 교수자는 학습자에게 성찰일지를 쓰도록 안내하고, 이의 형식과 구체적 내용 등은 수업 홈페이지에 게시한다. 또한 학습자들이 작성한 성찰일지에 대해서는 가능한 한 모두 피드백을 한다. 이 또한 온라인 공간에서 학습자가 작성한 글에 답글을 작성하는 방식으로 이루어질 수 있다.

3) 블렌디드 PBL 운영전략

블렌디드 PBL의 운영방법은 앞에서 제시한 것처럼 문제해결의 각 단계에서 다양한 방식으로 운영될 수 있다. 그러나 블렌디드 PBL은 면대면 공간과 온라인 공간의 장단점을 상호 보완하기 위한 것이므로 블렌디드 PBL의 효과를 극대화하기 위한 운영전략을 고려해 보아야 한다. 블렌디드 PBL 운영 시 고려해야 하는 전략을 정리하면 다음과 같다.

첫째, 처음 PBL 문제가 제시된 후 이루어지는 문제 확인 단계는 면대면 공간에서 이루어지는 것이 바람직하다. 문제 확인 단계는 제시된 문제를 파악하고, 문제해결을 위해 필요한 생각, 사실, 학습과제 및 활동계획을 수립하는 단계다. 이 단계는 추후의 문제해결 방향에 결정적인 영향을 미치므로 충분한 논의가 이루어져야 한다. 또한 이 단계는 학습자가 자료에 의존하지 않고 자신의 선행지식과 경험을 토대로 문제에 접근해 보는 것이 중요하므로 다른 자료에의 접근이 용이한 온라인 공간보다는 면대면 공간에서 이루어지는 것이 좋다. 비록 교수자가 여러 그룹의 논의과정에 충분히 관여할 수 없을지라도 면대면 공간에 교수자가 함께 있을 때 토의의 양과 질은 그렇지 않은 경우에 비해 우수하다. 또한 면대면 공간에서는 학습자가 잘못된 방향으로 문제를 이해하거나 분석하는 경우 교수자의 즉각적인 피드백이 가능하다. 그러므로 문제에 대한 명확한 이해가 필요한 문제 확인 단계는 되도록 면대면 공간에서 이루어져야 한다.

둘째, 토의나 학습내용의 정리 및 공유는 온라인 공간을 활용하는 것이 바람직하다. 학습 그룹별로 충분한 학습 공간을 제공할 수 없는 현실을 고려할 때 각 그룹을 위한 공유 공간의 제공은 필수사항이다. 이때 공유를 위한 온라인 공간을 학습자가 스스로 확보하여 활용하면 교수자가 학습과정을 확인할 수 없다. 학습자의 학습의 어려움을 파악하고, 대인관계에 문제가 있는지의 여부를 확인하는 것은 교수자의 중요한 역할이므로, 교수자는 수업시간 이외의 시·공간에서 이루어지는 학습에 대해서도 알아야 한다. 온라인 공간은 이를 가능하게 한다.

셋째, 블렌디드 PBL에서의 온라인 공간은 학습자만의 공간이 아니라 교수자가 함께하는 공간임을 숙지해야 한다. 교수자가 온라인 공간에서 학습자들이 게시한 학습내용과 정리를 모두 확인하는 것은 많은 시간과 노력을 요하는 것이므로 현실적으로 부담이 된다. 그렇다고 해도 온라인 공간을 학습자만의 공간으로 여기고 교수자가 참여하지 않는 것은 무책임하다. 교수자는 학습자의 학습과정에 관심을 갖고 학습내용을 확인하고 피드백을 제공해야 한다. 이때 학기 초에 학습자들과 '약속'을 하는 것도 하나의 전략이다. 예를 들면, 매주 수요일 저녁 7~8시는 수업의 온라인 공간을 방문할 것이라고 공지한 후 이를 지키는 것이다. 물론 방문한 시간 동안에는 학습자의 글을 읽고 의견을 남기는 등의 활동을 해야 한다. 이렇게 하면 학습자는 다른 요일과 시간에 교수자가 온라인 공간에 참여하지 않는 것에 불만을 갖지 않을 것이다.

3. 온라인 PBL

온라인 PBL은 사이버 대학 또는 대학의 e-러닝 강의처럼 수업 전체를 온라인 공간에서 운영할 때 주된 교수방법 혹은 일부를 PBL로 실행하는 경우다. 수업을 온전히 온라인으로 운영하는 경우는 블렌디드와 같이 면대면 수업을 병행하는 경우와 매우 다른 설계 및 운영전략이 필요하다. 따라서 여기에서는 온라인 PBL을 위한 준비 및 설계부터 PBL 과정에 따른 운영전략에 이르기까지 온라인 PBL을 위한 전략을 독립적으로 구성하여 설명하고자 한다.

1) 온라인 PBL 설계

온라인 PBL을 운영하기 위해서는 면대면 수업과는 별도로 온라인 PBL 수업을 위한 설계과정이 필요하다. 온라인 PBL 수업설계는 면대면 수업설계와 동일한 단계를 거치지만 온라인이기 때문에 다음과 같이 특별히 고려해야 할 사항들이 있다.

(1) 온라인 PBL 수업을 위한 분석 단계

온라인 PBL 설계를 위해서는 우선 사전 준비 단계로 PBL의 특성, 온라인 학습의 특성, PBL로 운영할 교과목의 특성을 파악하는 것이 필요하다.[1] 이들에 대해 충분히 이해한 후 다음의 사항을 고려해야 한다.

첫째, 이용 가능한 혹은 이용하고자 하는 온라인 시스템의 특성을 파악해야 한다. 일반적으로 온라인 PBL을 위한 전용 공간이 별도로 마련되어 있는 경우는 드물다. 따라서 교수자는 자신의 수업 운영방법에 적합한 시스템을 선택해서 운영해야 한다. 일반적으로 대학들은 e-class와 같은 온라인 수업지원 시스템을 제공하는 경우도 있고, 사이버 강좌를 위한 시스템을 사용해야 하는 경우도 있다. 그러나 이러한 시스템이 모두 온라인 PBL을 운영하는 데 적합한 것은 아니다. 예를 들면, 사이버 강좌를 위해 개발된 시스템들은 강의식 수업에 적합하도록 설계되어 있어 매주 동영상 강의나 웹기반 자료를 제작해야 하는 경우가 있을 수 있다.

---

1) PBL의 특성과 교과목의 특성을 파악하는 것은 앞서 제시된 '제3장 수업계획 수립하기'를 참조하고, 온라인 학습의 특성은 본 장의 앞부분에 소개된 '온라인 학습환경의 주요 특성'을 참조하라.

이러한 경우 강의식 수업과는 다른 일정으로 운영되는 PBL에는 적합하지 않을 수 있다. 또한 강의식 수업을 중심으로 개발된 시스템들은 간단한 게시판 기능은 제공하지만 그룹별 활동을 유도할 수 있는 토론방이나 그룹 학습 공간은 제공하지 않는 경우가 있어 그룹별 학습 공간이 필수적인 PBL 수업에는 적절하지 못하다. 따라서 교수자는 사용할 수 있는 시스템의 특성을 파악하고, 필요한 경우에는 여러 포털 사이트 등 다른 시스템을 사용할 수 있는 전략을 수립해야 한다.

둘째, 수업을 수강하는 학습자의 특성을 파악해야 한다. 물론 면대면 수업을 준비하는 경우도 학습자 특성이 고려되어야 한다. 그러나 온라인 PBL을 위해서는 면대면 환경의 수업에서 고려하는 학습자 특성(예: 성별, 학습 수준, 학년 등) 이외에 학습자가 그룹 활동에 참여할 수 있는 여건을 고려해야 한다. 즉, 학습자가 그룹 활동에 참여할 수 있는 시간이 충분한지, 면대면 그룹 활동에 참여할 수 있는 시간과 여건이 되는지를 고려하는 것이다. 만약 면대면 활동이 어렵고 시간이 부족한 직장인이 온라인 공간을 통해서만 만날 수 있다면 한 그룹의 인원을 2~3명 정도의 소규모로 편성하여 그룹 활동에 필요한 시간을 줄여 주거나 문제해결에 필요한 시간을 늘려 주는 등의 배려를 해야 한다. 또한 학습자의 학습활동에 대해 교수자가 좀 더 관심을 갖고 학습과정에 대한 조언을 제공해야 한다.

(2) 온라인 PBL 수업을 위한 설계 및 개발 단계

온라인 PBL 수업을 위한 분석이 이루어진 후, 수업 운영을 위해서는 필요한 문제, 온라인 학습 공간, 운영전략에 대한 설계와 개발이 필요하다.

첫째, 문제 개발이다. PBL을 위한 문제 개발은 이 책 '제4장 문제 개발하기'에서 상세히 소개하고 있다. 다만 온라인 PBL에서는 온라인 공간이 줄 수 있는 장점을 활용하여 학습자에게 보다 풍부한 실제적 맥락을 제공해 줄 수 있는 멀티미디어형 문제를 개발하여 제시하는 것이 가능하다. 따라서 여건이 허락한다면 문제를 역할극, 만화, 동영상 등 다양한 형태로 개발하는 것이 필요하다. 그리고 문제 개발 시 고려해야 하는 사항은 문제해결안의 형태다. 온라인 PBL에서는 문제해결안에 대한 발표가 온라인상에서 이루어져야 하기 때문에 일반적으로 요구되는 문제해결안의 형태는 워드 문서나 프레젠테이션 자료가 될 수 있다. 그러나 과제의 특성에 따라서 좀 더 다양한 형태의 문제해결안을 요구할 수도 있다. 예를 들면, 자신 또는 그룹이 발표하는 모습을 동영상으로 제작하거나 문제해결안을 웹 자료나 블로그의 형태로 게시하도록 유도할 수 있다. 또한 기계 설계와 같이 작품을 직접 제작하여 작동해야 하는 경우, 관찰이나 현장답사가 필요한 경우 등도 문제해결안의 형태가 동영상이 될 수 있다.

둘째, 온라인 학습 공간에 대한 설계와 개발이다. 온라인 학습 공간은 원하는 기능과 디자인을 제공할 수 있는 포털 사이트나 학교나 기관에서 제공하는 온라인 교수-학습 시스템을 이용하여 구축하게 되는데, 이때 고려해야 할 것은 필요한 학습 공간의 기능이다. 온라인 공간에 마련되어야 하는 것은 기본적으로 강좌 운영을 위한 공간, 학습자들 간의 상호작용이 이루어질 수 있는 학습의 공간, 그리고 친교의 공간이다(Salmon, 2000). 첫째, 강좌 운영을 위한 공간은 문제 제시, 일정 안내, 자료 제시 등이 이루어질 수 있는 공간으로 교수자의 수업 운영 계획에 따라 세분화할 수 있다. 둘째, 학습을 위한 공간은 기본적으로 그룹 활동이 가능하도록 학습 그룹별로 마련되어야 하며, 글 작성뿐만 아니라 파일 첨부 등이 가능해야 한다. 또한 동시적·비동시적 상호작용[2]이 가능하도록 준비되어야 한다. 셋째, 친교를 위한 공간은 학습 분위기 조성을 위해 친목을 도모하기 위한 공간이다. 학습자의 친교 활동은 대부분 그룹별로 마련된 학습 공간에서 함께 이루어지기 때문에 친교의 공간과 학습의 공간을 따로 마련할 필요는 없다. 그러나 강좌를 수강하는 모든 학생들이 학습 공간에 대한 편안함과 친근감을 느끼게 하기 위해서 모든 수강생을 위한 친교의 공간이 마련되는 것이 좋다. 예를 들면, 휴게실, 사진방과 같은 공간을 마련하여 전체 학습자들의 상호작용을 촉진할 수 있다(온라인 PBL 운영을 위해 필요한 구체적인 학습 공간 메뉴는 앞에

---

2) 동시적 상호작용은 같은 시간에 동시에 이루어지는 상호작용으로 메신저를 활용한 채팅이 그 예다. 비동시적 상호작용은 지연된 시간에 상호작용이 이루어지는 것으로 게시판을 활용한 상호작용이 예가 된다.

제시된 〈표 9-1〉 참조).

셋째, 수업의 운영전략 설계다. 온라인 PBL을 위한 운영설계는 크게 강좌에 대한 구조화와 튜터 활동에 대한 설계로 나눌 수 있다. 먼저, 구조화는 문제해결 시간, 과제제출 시기 등을 계획하는 것으로 이는 개발된 문제의 성격에 따라 결정된다. 강좌의 구조화에 대한 설계는 강의계획서로 정리될 수 있는데, 이는 '제3장 수업계획 수립하기'에서 자세히 안내하고 있다. 다음으로 교수자의 튜터 활동에 대한 설계는 기본적으로 면대면 PBL에서와 유사하지만 온라인 PBL에서는 온라인 활동에 대한 학습을 촉진하기 위한 전략이 함께 고려되어야 한다. 특히 모든 활동이 온라인 공간에서 이루어지는 경우에는 면대면 수업 상황보다 학습자들 간의 상호작용과 학습 분위기 형성을 위한 활동에 더욱 초점이 맞추어져야 한다. 온라인 PBL에서 고려되어야 하는 튜터의 활동은 〈표 9-2〉에 상세하게 제시하였다.

표 9-2 온라인 PBL에서의 튜터 활동 지침

구분	튜터 활동 지침
온라인 PBL 운영 활동	• 온라인 PBL 과정이 유지되기 위해 필요한 활동들과 시간 안내 등은 적시에 상세하게 이루어지도록 한다. • 강의 초기, 친근한 분위기 조성을 위해 편안한 글을 작성한다. • 허용적 분위기를 조성하기 위해 학습자의 의견에 대해 판단의 글을 게시하지 않는다. • 학습자의 문제해결 흐름이 좋지 않을 때도, 성급히 관여하지 않고 간접적인 질문으로 학습을 안내한다. • 학습자가 문제를 잘 해결할 것이라는 믿음을 갖는다. • 학습자의 학습과정에 대해 정기적으로 모니터한다. • 학습자의 학습과정을 모니터할 때는 게시판에 짧은 글이라도 남겨, 학습자가 교수자와의 '동시적 존재감'을 느낄 수 있도록 한다. • 그룹 구성원들 간의 대인관계에 대해 지속적으로 모니터한다. • PBL 과정을 준비시킬 때는 PBL에 대한 소개와 왜 PBL 방식으로 수업을 진행했는지에 대한 충분한 설명을 제시한다.

P B L 과 정 안 내 활 동	• 될 수 있는 대로 다양한 배경을 가진 학습자들을 하나의 그룹으로 구성한다. • 학습자의 PBL 경험 정도에 따라 PBL 과정의 연습 정도를 결정한다. 이때 PBL 연습은 비교적 쉽고 간단한 연습문제를 이용해 수행한다. • 문제 제시와 함께 문제에 대한 배경을 제시한다. • 문제 제시 후 학습자의 논의가 진행되지 않을 때는 참여를 촉진하는 메시지를 게시한다. • 문제에 대한 접근이 이루어지는 단계에서는 학습자의 의견에 대한 칭찬과 격려의 메시지를 게시한다. • 학습자가 작성한 '과제수행계획서'에 대해서 간략한 의견을 게시한다. • 학습자가 정보수집 과정에서 게시한 내용에 대해 자료의 적합성과 관련한 피드백을 제공한다. • '문제해결안'에 대해서 적시에 피드백을 제공한다. • 학습자가 제시한 문제해결안들의 내용을 수합하여 종합하고 정리한다. • 학습자의 성찰일지에 대해 되도록 빠른 시간 안에 피드백을 제공한다.

출처: 장경원(2005).

(3) 온라인 PBL 수업의 실행 및 평가 단계

온라인 PBL이 실행될 때 교수자는 [그림 9-1]에 제시된 것처럼 사회적 · 감성적 · 인지적 활동을 수행하게 된다. 사회적 활동은 학습자들의 그룹 활동이 원활히 이루어질 수 있도록 도움을 주는 것을 의미하며, 감성적 활동은 교수자가 학습자에게 갖는 태도 또는 마음가짐이 드러나는 활동을 의미한다. 사회적 활동과 감성적 활동은 정확히 분리되기 어렵고 복합적으로 나타나는 경향이 있다. 인지적 활동은 학습자의 문제해결 과정에 대한 인지적 도움을 주는 것으로 학습자가 PBL 과정을 충분히 경험할 수 있도록 하고, 문제해결 과정과 결과에 대해 피드백을 제공하는 것이다. 온라인 PBL에서는 학습자의 학습을 촉진하기 위한 인지적 활동도 중요하지만, 무엇보다 학습자가 함께 학습하고 싶은 분위기를 형성하는 사회적 · 감성적 활동도 중요하다. 다음은 각 영역에서 이루어져야 하는 구체적인 활동 전략을 소개한 것이다.

① 사회적 · 감성적 활동

교수자가 수행해야 하는 사회적 · 감성적 측면의 구체적인 활동은 다음과 같다. 첫째, 친근하고 허용적인 분위기 조성하기다. 학습자 중심으로 학습이 이루어지려면 학습자가 의견을 자유롭게 이야기할 수 있는 분위기를 형성해야 한다. 이러한 분위기는 자연스럽게 형성되지 않으므로, PBL 초기에는 교수자가 이러한 분위기를 형성하기 위한 노력을 기울여야 한다. 온라인 PBL은 온라인 공간에서 이루어지는 활동이므로 자연스럽게 자신의 이야기를 꺼내고 의견을 이야기할 수 있는 다양한 활동을 마련하는 것이 필요한데, 자기소개하기와 그룹의 이름과 규칙 정하기 등의 활동이 주로 활용된다.

둘째, 그룹 구성원들의 관계 살피기다. 여러 명의 학습자로 구성된 그룹의 구성원들은 원만하게 지내기도 하지만, 특정 학습자의 토의 주도, 참여 저조, 책임 불이행 등으로 대인적 문제가 발생할 수 있다. 따라서 온라인 공간에서 이루어지는 학습자의 게시글, 답글, 덧글 등을 살펴 이러한 문제가 있는지의 여부를 확인해야 한다.

셋째, 학습자에 대한 믿음 갖기다. 특히 첫 번째 문제의 경우 학습자들이 학습과정을 원만하게 진행하지 못하는 경우가 있는데, 이때 성급하게 실마리를 제공하거나 학습자의 능력을 과소평가하지 않아야 한다. 학습자가 문제를 해결할 수 있다는 믿음을 갖는 것은 PBL 과정을 진행할 수 있는 기본적인 튜터의 마음가짐이라 할 수 있다.

넷째, 온라인 학습 공간에 교수자의 존재 드러내기다. 면대면 PBL의 경우 교수자와 학습자가 같은 공간에 있기 때문에 교수자가 의식적으로 자신의 존재를 드러내지 않지만, 온라인 PBL의 경우 교수자가 학습자의 학습과정을 지켜보고 있다는 것을 학습자가 알 수 있도록 해야 한다. 따라서 학습자의 게시글에 대한 답글, 덧글의 형식으로 교수자가 학습과정을 모니터하고 있음을 의식적으로 드러낼 필요가 있다.

다섯째, 학습자의 학습과정 안내하기다. 이는 학습자에 대한 믿음을 가진 결과로, 예컨대 학습자가 불필요한 논의를 하거나 문제에 대한 접근을 잘 못한 경우라

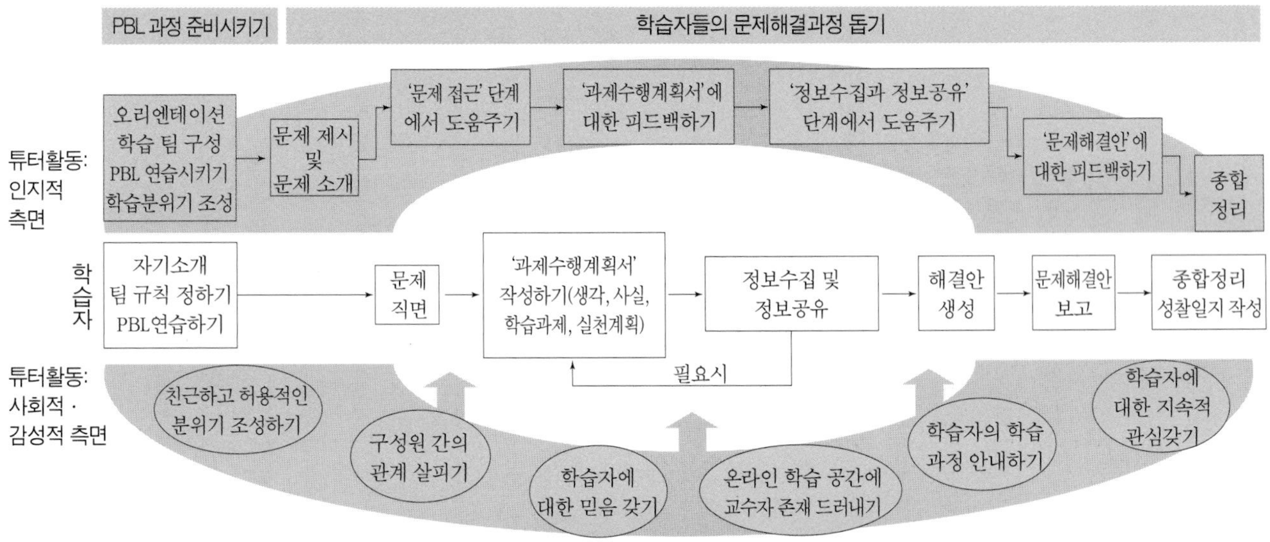

그림 9-1 온라인 PBL 실행 단계에서의 교수자 활동

출처: 장경원(2005).

도 바로 이를 지적하기보다는 학습자가 스스로 자신의 난점을 파악하여 교정할 수 있도록 학습과정을 안내하는 것이다.

여섯째, 학습자에 대한 지속적 관심 갖기다. 온라인 PBL은 온라인 공간에서 학습자들의 논의가 이루어진다. 수시로 게시되는 학습자의 학습결과물들을 일정한 시간을 정해 점검하지 않으면 학습자의 학습 흐름을 놓치게 된다. 이럴 경우, 학습자에게 적절한 도움을 제공할 수 없으므로 교수자는 면대면 공간에서처럼 일정한 시간을 정해 학습자의 학습과정을 모니터할 필요가 있다(Palloff & Pratt, 1999).

② 인지적 활동

인지적 측면의 활동은 PBL 과정을 소개하고 안내하는 활동으로 구성된다. 각 활동들을 구체적으로 살펴보면 다음과 같다.

첫째, PBL 준비시키기 활동은 강좌에 대한 오리엔테이션하기, 그룹 구성하기, PBL 연습시키기, 학습 분위기 조성하기 등으로 이루어진다. 먼저 오리엔테이션은 될 수 있는 대로 교수자가 PBL에 대해 설명하는 것을 학습자가 직접 볼 수 있도록 동영상의 형태로 제작하여 제시하는 것이 바람직하다. PBL 연습시키기는 온라인 공간에서 실행하기 가장 어려운 활동이지만, PBL에 대한 충분한 이해는 연습으로부터 나올 수 있기 때문에 반드시 해야 하는 과정이다. 온라인 PBL에서 연습은 간접경험이 이루어질 수 있도록 학습자가 PBL의 각 단계를 거치면서 문제를 해결하는 장면을 동영상으로 제작하거나, 이 책의 제6장에 소개된 연습하기의 예처럼 대본형식으로 제작하여 제공한다. PBL 과정에 대한 교수자의 일방적인 강의만으로는 이후의 PBL이 원활히 운영되는 데 한계가 있으므로 간접적으로라도 반드시 연습기회를 갖도록 해야 한다. 물론 이후 여건이 허락한다면 간단한 문제로 직접 연습할 수 있는 기회를 제공하는 것이 좋다.

둘째, 문제 제시 및 문제 소개다. PBL의 가장 큰 특징은 문제로부터 학습이 시작되는 것이다. 따라서 온라인 PBL의 본격적인 시작은 교수자가 강좌의 온라인 학습 공간에 문제를 제시하면서부터다.

셋째, 문제 접근 단계에서 도움 주기다. 문제를 접한 학습자는 문제해결을 위한 과제수행계획을 세우게 된다. 이 단계에서 주어지는 도움 중 가장 중요한 것은 학습자로 하여금 PBL의 각 과정을 반드시 거치게 하는 것이다. 온라인 PBL의 경우 첫 번째 문제에서는 학습자의 PBL 과정에 따라 동시적·비동시적으로 문제에 대한 과제수행계획을 수립하게 되지만, 과정에 익숙해짐에 따라 과제수행계획을 형식적인 단계로 인식하는 경향이 있다. 따라서 교수자는 학습자가 반드시 PBL 과정을 거칠 수 있도록 안내하는 것이 필요하다.

넷째, 과제수행계획서에 피드백하기다. 면대면 PBL은 교수자가 학습자의 과제수행계획 수립과정을 지속적으로 모니터할 수 있지만, 온라인 PBL은 그렇지 못하므로 학습자가 구성한 과제수행계획서에 대해 피드백을 제공하는 것이 좋다. 이때 피드백은 잘못된 사항을 직접적으로 지시하기보다는 질문 등의 형태로 제시해야 한다.

다섯째, 정보수집 및 정보공유 단계에서의 도움주기다. 과제수행계획서에 대해 교수자의 피드백이 주어지면 학습자는 문제해결에 필요한 정보를 수집하고 이를 공유하게 된다. 이때, 대부분의 학습자들이 인터넷상에서 쉽게 구할 수 있는 자료를 충분히 검토하지 않은 채 '잘라 붙이기'로 학습 공간에 게시하는 경우가 많다. 따라서 이 시기에 교수자는 학습자가 논문, 실제 사례 등 공신력 있는 양질의 자료를 사용할 수 있도록 안내해야 한다. 또한 학습자가 게시한 내용을 잘 이해했는지의 여부를 질문을 통해 확인해야 한다.

여섯째, 문제해결안에 대한 피드백하기다. 학습자가 제시한 문제의 해결안에 대해 교수자는 질문, 칭찬, 격려 등의 피드백을 제공한다. 이때도 교수자는 학습자가 학습한 내용을 잘 이해하고 있는지 확인해야 한다.

일곱째, 종합정리다. 교수자는 그룹별로 이루어진 문제해결안을 종합, 검토하여 문제의 해결안을 정리해 주어야 한다. 종합정리를 통해 학습자는 자신과 다른 관점에서의 문제해결 방안도 알 수 있으며, 문제와 관련된 지식을 정리할 수 있다.

이러한 단계를 거쳐 온라인 PBL이 실행될 때 교수자는 학습자가 문제를 해결하는 과정, 최종 해결안, 참여 정도 등에 대한 다양한 평가를 수행해야 한다(평가에 대한 자세한 내용은 '제10장 PBL에서 학생 평가하기' 참조).

2) 온라인 PBL 운영

온라인 PBL의 운영은 면대면 PBL과 마찬가지로 PBL의 단계에 따라 진행된다. 따라서 여기에서는 PBL 단계별로 온라인 공간의 특징을 중심으로 온라인 PBL 운영전략을 살펴보고자 한다.

(1) PBL 준비시키기 단계에서의 온라인 공간 활용

① PBL에 대한 소개

PBL을 실행하기 위해 가장 먼저 해야 할 일은 학습자에게 PBL이 무엇이며, 왜 PBL을 해야 하는지 알게 하는 것이다. 이는 온라인 PBL에서도 동일하다. 차이가 있다면 교수자와 학습자가 같은 공간에 있지 않기 때문에 학습자에게 PBL을 소개하는 일이 더 어렵다는 점이다. 그러나 PBL을 실행하기 위해서는 반드시 PBL에 대해 소개해야 한다. PBL에 대한 소개는 '제6장 PBL 준비시키기'에서 안내한 것처럼 학습자가 PBL에 어떻게 참여할 것인지 이해시키기 위한 것으로, PBL의 정의 및 교육목표, PBL의 절차, 그리고 PBL에서 학습자와 교수자의 역할에 대해 간단히 소개한다. 이러한 소개는 텍스트 중심으로 이루어질 수도 있지만 가능하면 교수자의 동영상 강의를 함께 병행하는 것이 좋다.

그러나 PBL에 대한 소개만으로는 PBL 방식을 이해하는 데 어려움이 있기 때문에 학습자가 PBL 과정을 경험할 수 있도록 하는 것이 필요하다. 이 부분이 온라인 PBL을 실행할 때 가장 어려운 부분이다. 하지만 학습자가 직접 PBL 과정을 경험하는 것은 이후의 PBL 수업이 잘 진행될 수 있도록 하는 데 매우 중요하기 때문에 온라인 공간이라 할지라도 이를 간과해서는 안 된다. 가장 좋은 방법은 학습자가 문제를 해결하는 장면을 동영상으로 제시하여 간접 경험을 할 수 있는 기회를 주는 것이다. 학습자는 다른 학습자가 문제를 제시받고, 이를 해결하기 위해 필요한 학습과제를 도출하며, 학습한 내용을 서로 공유하고, 문제해결을 위해 토의하는 장면을 지켜봄으로써 PBL 과정을 보다 쉽게 이해할 수 있다.

PBL 소개와 PBL 연습하기는 첫 번째 강의에서 제시하며, 학습자가 필요할 때 언제라도 볼 수 있도록 해야 한다.

② 자기소개실

PBL이 성공적으로 이루어지기 위해서는 학습자들이 서로 친해지는 과정이 필요하다. 이는 온라인 환경을 활용할 때 대체로 적용되는 사항이며, 협동학습이 이루어져야 하는 PBL에서는 그 중요성이 배가 된다고 할 수 있다.

학습자가 서로 친해질 수 있는 가장 기본적인 활동은 자기소개서 작성이다. 자기소개서 작성을 통해 학습자는 온라인 공간에서 글을 작성하고, (사진 등의) 자료를 첨부하며, 다른 학습자가 작성한 글에 답글을 작성하는 등 기본적인 온라인 활동을 경험하게 된다.

그림 9-2 온라인 학습 공간의 자기소개실

따라서 교수자는 온라인 공간에 별도로 자기소개를 할 수 있는 공간을 마련하여 학습자가 사진과 함께 자신을 소개하는 글을 작성하도록 하고, 서로의 소개 글을 읽고 인사 글을 남기는 등의 활동을 권장하도록 한다.

③ 그룹별 학습 공간

PBL은 그룹 단위로 문제해결이 이루어지므로 온라인 공간도 그룹을 중심으로 활용하게 된다. 따라서 그룹별 학습 공간은 반드시 마련되어야 하며, 이때 교수자는 [그림 9-2]에 제시된 것처럼 학습자들이 정한 그룹명이 드러나도록 구성하고, 각각의 그룹 공간에는 그룹의 규칙을 게시하도록 안내한다.

(2) PBL 각 단계에서의 온라인 공간 활용

① 문제 제시 단계

PBL에서의 문제는 텍스트뿐만 아니라 비디오, 모의실험, 역할극, 컴퓨터 시뮬레이션 등 다양한 형태로 제시될 수 있다(Barrows, 1988). 온라인 공간은 다양한

그림 9-3 멀티미디어로 제시된 PBL 문제

형식의 문제를 제시하는 데 유용하다. 따라서 여건이 허락한다면 온라인 PBL의 장점을 살려 문제를 다양한 형태로 개발해야 한다. 문제를 제시할 때는 문제의 배경 등을 간단히 설명하는 것이 좋으며, 문제를 해결하는 과정에서 나오는 결과물들을 언제, 어디에 제출해야 하는지도 함께 제시한다.

② 문제 확인 단계

각 그룹별로 이루어지는 문제 확인 단계는 PBL의 가장 핵심이 되는 과정이다. 면대면 공간에서는 교수자가 문제를 제시한 다음 교수자의 안내에 따라 사회자와 기록자를 정해 토의를 진행하지만, 온라인 PBL에서는 이러한 방식으로 논의를 진행하는 데 어려움이 있다. 그러나 PBL의 효과를 얻기 위해서는 PBL 과정을 지키는 것이 필요하므로 교수자는 PBL 과정을 다시 한 번 상기시켜야 한다.

온라인 PBL에서 학습자가 가장 많이 범하는 실수 중의 하나는 문제 확인 전에 인터넷 검색을 통해 필요한 자료를 찾는 것이다. 그러나 PBL에서 문제 확인은 문제해결에 필요한 자료가 무엇인지 확인하는 것이므로 교수자는 학습자가 이러한 실수를 범하지 않도록 주의를 주고 관찰해야 한다. PBL은 학습자가 자신의 경험과 선행지식에서 출발하여 학습과제를 도출해 보는 것에 의의가 있기 때문이다. 따라서 학습과제 도출을 위한 의견을 공유하기 전에 자료를 미리 찾아오지 않도록 지도한다.

학습자가 문제를 확인하고 학습과제를 도출하기 위해 수행하는 활동은 크게 동시적 상호작용과 비동시적 상호작용으로 나눌 수 있다. 먼저 동시적 상호작용은 채팅 프로그램을 활용하여 이루어지는 것이다. 대개의 경우 처음 몇 번은 구성원들이 미팅 시간을 정해 상호작용을 하지만, 대부분 각자의 일정이 바쁘기 때문에 동시적 상호작용은 효과적으로 이루어지지 않는 경향이 있다. 교수자는 동시적 상호작용이 이루어질 때 효과적으로 논의를 진행할 수 있도록 이를 돕는 역할을 수행해야 한다. 교수자가 직접 동시적 상호작용에 참여하기는 힘들지만 수업의 공지사항 및 게시판 등을 통해 동시적 상호작용에서 논의를 잘 수행할 수 있는 전략을 제시하고, 논의 결과를 게시하도록 함으로써 도움을 줄 수 있다.

비동시적 상호작용은 온라인 공간에 마련된 그룹별 학습공간에서 이루어질 수 있다. 이때 비동시적이지만 논의의 효율성을 위해 가능한 일정한 시간을 정해 의견을 게시하게 하고, 기록자가 이를 정리하도록 하는 것이 좋다. 또는 위키(wiki)처럼 사용자 모두가 수정 권한을 갖는 프로그램을 활용하여 하나의 글을 구성원이 함께 수정하고 작성하는 방식을 활용하는 것도 한 방법이다. 또한 글을 작성할 때 글의 성격에 따라 [자료], [의견], [질문] 등의 글머리를 활용하는 것도 좋은 방법이다.

교수자는 학습자가 상호작용의 결과물을 제출하면, 각 그룹의 학습 공간에 격려의 글을 게시하고 학습자가 작성한 글에 대해 적절한 답글을 작성해야 한다. 교수자는 전체 학습자들을 대상으로 피드백을 할 수도 있고, 그룹별 혹은 개별 학생을 대상으로 피드백을 제공할 수도 있다. 이 경우 전체 학습자들을 대상으로 하는 글을 제시하기보다는 짧은 글이라도 그룹 또는 개별 학생이 작성한 게시물에 답변을 하면, 학습자는 교수자의 존재감과 친근감을 더욱 느끼게 된다. 학습자의 게시물에 답글을 제시하는 활동은 학기 초에 특히 중요하다. 학습자가 PBL이 기존의 전통적인 수업방법과 다르다고 느끼는 것은 자신이 적극적으로 참여해야 하기 때문이기도 하지만, 강의식 수업과 다른 교수자의 학습자에 대한 관심과 학습과정에의 참여 때문이다.

표 9-3	온라인 상호작용 전략

동시적 상호작용	비동시적 상호작용
• 토의 전 다른 자료를 읽지 않는다. • 사회자와 기록자를 반드시 정한다. • 개인적인 이야기 등 문제해결과 관련이 없는 이야기는 토의가 끝난 후에 이루어질 수 있도록 한다. • 제시된 의견을 기록자가 정리한 후 구성원들이 이를 함께 검토한다.	• 토의 전 다른 자료를 읽지 않는다. • 일정한 시간과 기간을 정해 의견을 게시한다. • 제시된 의견을 기록자가 정리한 후 구성원들이 이를 함께 검토한다. • 위키 등 쓰기, 읽기, 수정 기능을 모두 활용할 수 있는 프로그램을 활용한다. • [글머리를 활용하여 글을 게시한다.

교수자의 피드백이 중요한 또 다른 단계는 '첫 번째 문제'의 문제 확인 단계다. 학습자는 문제가 주어지면 문제에서 요구하는 문제해결안이 무엇인지 확인하고 '과제수행계획서'를 제출하게 된다. 하지만 온라인 PBL의 경우 학습자는 교수자의 도움 없이 스스로 문제 확인 활동을 수행했기 때문에 자신의 계획에 대한 확신이 부족하다. 실제로 처음 PBL을 접하는 학습자의 과제수행계획서는 필요 이상 또는 이하의 정보를 담고 있으며, 생각, 사실, 학습과제 및 실천계획의 각 항목에서 요구하는 사항을 체계적으로 정리하지 못하는 경향이 있다. 어떤 경우는 문제를 잘못 이해하여 전혀 다른 방향의 학습과제나 실천계획을 세우는 경우도 있다. 따라서 초기 단계에서 학습자가 작성한 과제수행계획서에 대해 구체적인 피드백을 제공하는 것이 중요하다. 각 그룹의 활동에 대한 피드백과 더불어 강좌 전체적으로 여러 그룹에서 이루어진 공통된 실수, 잘한 점 등을 요약하여 전체 학습자들에게 제시하는 것도 바람직하다.

이 단계에서 제시되는 피드백에는 다음의 내용이 포함될 수 있다. 첫째, 문제를 다시 한 번 확인시켜 준다. 문제를 확인하는 단계에서 학습자는 중요한 정보를 빠뜨리거나 문제를 잘 이해하지 못해 잘못된 계획을 세우는 경우가 있다. 이럴 때 교수자는 문제에서 요구하는 사항이 무엇인지를 확인하는 질문이나 단서를 제시함으로써 문제의 핵심을 파악할 수 있도록 도와주어야 한다. 둘째, 온라인 활동에 대한 피드백을 제공한다. 전통적 방식의 수업에서는 학습자가 강의에 참석하는 것으로 기본적인 의무를 다하는 것이지만, PBL에서는 개별학습과 협동학습이 더 중요한 부분을 차지한다. 따라서 학습자가 온라인 활동을 어떻게 해야 할지 지침을 제공해 주는 것이 필요하다. 첫 번째 문제의 경우 어떤 학습자는 온라인에서 매일 만나야 한다고 생각하여, 거의 매일 그룹 토의를 하였다고 한다. 이렇게 하면, 토의진행과 문제해결기술이 서투르기 때문에 많은 시간을 사용하게 됨으로써 학습자는 지치게 된다. 따라서 교수자는 학습자에게 적절하게 시간을 사용하고, 최종 결과물의 제출시간을 분명히 지킬 것을 강조해야 한다. 주어진 과제해결 시간 내에서 시간을 사용하는 방법에 대한 책임을 강조함으로써 시간 관리에 대한 역량도 키울 수 있다.

③ 개별학습 단계

문제 확인을 위한 그룹 활동이 끝나면 학습자는 자신에게 주어진 학습과제를 해결하기 위해 개별학습을 수행한다. 온라인 공간은 개별학습을 수행하면서 학습자들이 각자 학습한 내용을 그룹 구성원과 손쉽게 공유할 수 있으며, 게시한 학습 내용에 대한 다른 학습자의 의견을 쉽게 수렴할 수 있다는 장점이 있다. 또한 개별학습 과정에서 적절한 자료를 수집하여 학습하지 못하는 학습자에게 교수자가 바로 도움을 제공할 수 있다는 장점도 갖는다. 이와 함께 단점도 있는데, 앞서도 설명하였듯이, 학습자가 학습한 내용을 바로바로 온라인 공간에 정리, 게시하기 때문에 학습자가 인터넷 자료에 너무 의존하거나 자신의 생각을 정리하기보다는 검색된 자료를 그대로 잘라 붙이기 한다는 것이다.

따라서 교수자는 학습자에게 온라인 공간에 개별학습한 내용을 게시할 때는 검색된 자료 또는 원자료를 그대로 옮기지 않고, 자신이 맡은 부분에 대해 충분히 이해한 후 다른 그룹 구성원들에게 이를 쉽게 이해시킬 수 있는 형태로 자료를 재작성하여 게시해야 한다는 것을 인식시켜야 한다. 또한 이 기간 동안 학습자가 교수자의 존재감(즉, 교수자가 자신들과 함께한다고 느끼는 것)을 느끼도록 하는 것이 중요하다. 이를 위해서 가능한 범위에서 그룹별 학습 공간에 게시된 학습자의 글에 대해 의견, 격려, 칭찬 등을 자주 제시해 준다면 학습자들의 학습 동기는 매우 높아질 것이다. 이러한 교수자의 답글은 학습자에게 동기를 부여할 뿐만 아니라, 교수자가 보고 있다는 생각 때문에 PBL에서 지켜야 하는 중요한 규칙들을 지키려는 태도를 갖게 한다.

④ 문제 재확인 및 해결안 도출 단계

면대면 공간에서는 이 단계에서 학습자가 개별학습을 통해 학습한 내용을 구성원들과 공유한 후 문제에 대한 재평가를 실시하지만, 온라인 공간에서는 학습자들이 함께 모이는 것이 쉽지 않기 때문에 이를 안내하는 교수자 역할이 중요하다. 교수자는 학습자가 반드시 면대면 PBL의 '문제 재확인 단계'에 해당하는 활동을 수행하도록 안내해야 한다. 교수자는 될 수 있는 대로 학습자들이 동시적 상호작용을 통해 의사소통할 것을 권고하고, 토의내용의 갈무리, 요약정리, 모임 사진 등을 증거자료로 제시하도록 하여 문제 재확인 단계가 반드시 이루어질 수 있도록 하는 것이 필요하다.

문제 재확인 단계 이후 학습자는 다시 자료수집 및 학습이 필요한 학습과제를 도출하고 그 결과를 다시 공유한 다음 문제에서 요구하는 해결안을 작성하게 된다. 이때 교수자는 학습자가 학습한 내용을 충분히 숙지하였는지, 구성원이 고르게 참여하고 있는지 등에 대해 확인하는 것이 필요하다. 그러므로 이 단계에서도 지속적으로 각 그룹의 학습 공간에 방문하여 학습자의 활동을 확인해야 한다.

⑤ 문제해결안 발표 및 평가 단계

문제의 해결안이 작성되면 이를 발표 및 평가하고 공유하는 시간이 필요하다. 온라인 PBL에서는 학습자가 직접 문제의 해결안을 발표하는 데 어려움이 있으므로 제출한 문제해결안을 검토하는 것으로 발표가 대체될 수 있다. 이때 학습자가 모든 그룹이 제출한 문제해결안을 살펴본 후 이를 개별 또는 그룹별로 평가하도록 한다. 평가활동이 없으면 자칫 다른 그룹의 문제해결안은 살펴보지 않아 다양한 해결안을 통한 학습의 기회를 갖지 못하게 된다. 따라서 온라인 학습을 할 때는 반드시 다른 그룹의 문제해결안을 평가해 보는 활동을 수행하도록 한다. 평가활동은 학습자가 자신의 의견을 자유롭게 작성하도록 하는 것도 좋지만, '제10장 PBL에서 학습자 평가하기'에 제시된 다양한 평가표를 활용하는 것이 바람직하다. 교수자의 평가는 문제해결안에 대해 개별 또는 그룹별 평가가 이루어진 후에 수행한다. 교수자의 평가내용이 기준이 되어 학습자의 평가활동에 영향을 미칠 수 있기 때문이다.

⑥ 학습결과 정리 단계

각 그룹별 문제해결안에 대한 평가가 끝나면 교수자가 발표내용과 학습내용에 대해 요약하고 정리하는 시간을 가져야 한다. 이때 교수자는 각 그룹별 발표내용에서 빠지거나 보충할 부분에 대한 설명을 제공할 수 있고, 그룹마다 다른 해결방안에 대한 중재를 제시할 수도 있다. 또한 PBL 문제의 목표와 과정을 점검하고, 문제를 통해 학습한 내용들을 정리해 줄 수도 있다. 이러한 정리 단계는 간단한 요약의 형태가 될 수 있고, 필요한 경우 미니 강의의 형태로 제공될 수도 있다. 면대면 강의를 제공하지 못하는 온라인 PBL에서는 이러한 학습정리를 게시판에 글로 게시하거나 동영상 강의를 제작하여 올리는 방법을 활용할 수 있다.

한편 학습자는 성찰일지를 작성함으로써 스스로 PBL을 통해 무엇을 배우고 느꼈는지를 정리해 보는 시간을 가질 수 있다. 교수자는 학습자에게 성찰일지를 쓰도록 하는데, 이의 형식과 구체적 내용 등은 수업 홈페이지에 게시한다. 또한 학습자가 작성한 성찰일지에 대해서 피드백을 제공한다.

PART 4

PBL 평가하기

PBL 수업이 끝나면 학습목표가 달성되었는지, 수업이 교수자의 계획대로 잘 진행되었는지에 대한 평가가 필요하다. 일반적인 수업에서는 평가가 수업 마지막에 이루어지지만, PBL에서의 평가는 수업이 진행되면서 지속적으로 이루어진다. 일반적인 수업에서는 수업이 끝나고 시험을 통해서 지식의 습득 여부를 평가하지만, PBL에서는 시험뿐만 아니라 다양한 형태의 방법으로 학습 여부를 평가한다.

따라서 제4부에서는 PBL 수업 평가를 위해 고려해야 할 요소와 평가 방법을 학습자에 대한 평가와 수업에 대한 평가로 나누어 소개한다.

제10장

PBL에서 학습자 평가하기

1. PBL 평가의 이해

평가는 교육목표와 밀접한 관련을 갖기 때문에 PBL의 평가기준과 대상은 PBL의 목표에 근거한다. PBL에서는 지식의 습득뿐만 아니라 문제해결 능력, 협동학습 능력과 같은 복잡한 능력의 획득을 목표로 한다. 따라서 PBL에서의 평가는 기존의 전통적 교수–학습 환경과는 다른 평가 철학과 방법이 필요하다. 이때 평가는 교육과정을 운영해 나가는 추진력을 제공하는 것이기에 평가의 주체, 방법, 대상 등은 PBL의 목표와 일치하는 방향으로 학습을 이끌어 가도록 계획한다.

PBL의 이론적 근거가 되는 구성주의에서는 평가의 전통에 대한 근본적 변화를 요구하고 있다. PBL과 같은 구성주의적 학습환경에서는 평가가 학습과정에서 이루어져야 하며, 학습자가 문제를 해결하고 지식과 기능을 새로운 상황에 전이할 수 있는 능력에 초점을 두어야 하며, 학습자의 역동적인 학습과정을 반영해야 한다(McLellan, 1993). 따라서 PBL에서의 평가는 학습자가 자신의 경험과 지식을 이용하여 문제를 해결하는 과정에서 자연스럽게 이루어져야 하며, 과제의 결과뿐만 아니라 문제해결 과정 자체도 포함되어야 한다.

PBL 평가는 학습자의 학습을 이해하고 향상시키는 데 목적을 둔 지속적 과정으로 이해되어야 한다. 즉, 학습목표의 분명한 설정, 학습의 질을 평가할 수 있는 적절한 준거와 기준 확립, 학습자의 학습활동을 확인할 수 있는 자료의 체계적 수집, 분석, 해석, 그리고 수행을 향상시키기 위한 평가결과 활용으로 이어지는 과정으로 파악되어야 한다(Savin-Baden & Major, 2004). 이러한 이유로 PBL에서 평가는 평가주체, 평가내용, 평가시기 그리고 평가방법에서 다양성을 갖는다.

2. PBL 평가 설계

PBL에서의 평가는 앞에서 언급한 것처럼 평가주체, 평가내용, 평가시기, 평가방법에서 전통적인 수업과는 다른 다양성을 갖는다. 따라서 여기에서는 PBL 평가를 설계할 때 각각의 측면에서 고려해야 할 요소들을 살펴보고자 한다.

1) 평가주체

전통적인 수업에서는 교수자에 의해 평가가 이루어지지만, PBL에서는 평가의 주체가 학생 자신, 동료 그리고 교수자로 다양하다. 평가는 자기평가, 동료평가, 교수자평가의 순서로 이루어지는 것이 바람직하다. 먼저 학습자가 스스로에 대해 문제중심학습의 목표와 관련이 있는 문제해결자로서의 수행내용, 자기주도적 학습자로서의 수행사항, 학업의 성취도, 학습 그룹 구성원으로서의 능력 등을 평가한다. 이러한 자기평가가 끝나면 다른 학습자들이 그동안 관찰한 것을 토대로 같은 영역에 대해 동료평가를 하거나 혹은 자기평가와 동료평가를 동시에 수행한다. 교수자는 자신이 수행한 평가결과와 함께 학습자들의 자기평가, 동료평가 결과를 활용하여 학습과정과 결과를 평가한다.

이때 교수자평가는 평가의 기능을 넘어 학습자에 대한 피드백 제공이나 격려 등의 역할도 포함하는 것이 바람직하다. 강의식 수업에 익숙한 학습자에게 PBL은 많은 시간과 노력이 필요한 수업방식이다. 따라서 학습자의 노력에 대해 적절한 교수자의 격려와 칭찬이 필요하다. 교수자의 격려와 칭찬은 그룹 활동이나 토의 시 또는 온라인 공간에 작성된 학습자의 게시글에 대한 답변 시 제공될 수 있지만, 가장 큰 동기부여가 되는 것은 최종 결과물에 대한 평가를 통해서다. 학습자의 문제해결안이 격려와 칭찬을 충분히 제공할 정도로 만족스러운 경우도 있지만 그렇지 않은 경우도 있다. 이때 잘못된 부분과 개선할 부분을 지적하고, 잘못된 사례를 통해 배울 사항을 교수자가 제시해 주는 것이 필요하다. 학습은 반드시 성공적인 해결안을 제시했을 때에만 이루어지는 것은 아니다. 학습자의 문제에 대한 결과물이 어떠한 수준으로 이루어지든 거기에서 학습자가 배웠을 경험과 지식에 대해 격려하고, 그들의 학습에 지지를 보내는 것이 필요하다.

평가주체의 다양함에 대해 교수자가 가지는 가장 많은 질문은 한 명의 학습자에 대한 평가 시 자기평가, 동료평가, 교수자평가 결과를 각각 어떻게 반영할지에 대한 것이다. 이에 대해 정답은 없다. 교수자가 PBL을 운영하면서 학습자들과

함께 반영비율과 방법을 결정하는 것이 바람직하다.[1]

공개평가의 경우 교수자의 평가방법

자기평가와 동료평가는 서면평가로 이루어지는 것이 일반적이지만, 학습한 내용에 대한 발표, 문제해결안에 대한 발표 등을 마치고 공개적으로 평가를 수행할 수도 있다. 이때에도 자기평가, 동료평가, 교수자평가를 수행할 수 있는데, 각각의 진행 순서 및 내용은 다음과 같다.

먼저, 학습자가 자신의 발표내용이나 수행상황에 대한 자기평가를 한다. 자기평가 후 교수자는 다른 학습자들에게 발표내용이나 수행상황 또는 자기평가 자체에 대해 의견을 말하도록 하고, 그 학생의 수행상황에 대한 자신의 생각을 추가하도록 한다. 이때 처음에는 학습자들끼리 너무 예의에 치우친 배려를 해서 한 학생이 자기 비평을 지나치도록 엄정하게 한다는 생각이 들면, 다른 학습자들은 이에 동의하지 않고 오히려 그렇게 나쁘지 않았다고 안심시키는 방향으로 피드백을 주거나 잘했다는 칭찬을 한다. 따라서 이런 경우에는 교수자가 좀 더 솔직하고 건설적인 의견을 제시하는 본보기를 보여 주어야 한다.

어떤 학습자의 수행 정도가 부족하거나 불만족스러운데도 그 학습자는 물론 다른 학습자들도 이에 대해서 아무 말을 하지 않는다면 교수자는 다음과 같은 언급을 할 필요가 있다.

- 내가 보기에 학생은 그 문제에 대해서 한 가지 생각밖에 하지 못하였고 그 때문에 문제의 진의를 파악하지 못한 것으로 보이는데, 어떻게 생각하나요?
- 학생이 참고한 학습자원은 피상적이어서 우리가 이해하는 데 정작 필요한 정보는 제공하지 못한 것 같아요.
- 학생은 그룹에서 생각했던 것을 정리해서 알아볼 것이 무엇이고 어떻게 종합되는가를 모두에게 말해주기로 했던 것 아닌가요? 지금 발표한 내용은 그 목적에서 많이 벗어난 것 같은데요.

교수자의 이러한 언급은 학습자들이 자유롭게 서로에 대해 비판적이고 정확한 의견을 표현할 수 있게 하는 계기가 된다. 동료들 간의 이러한 비판은 서로에게 더 잘할 수 있도록 하는 계기가 될 것이다(Barrows, 1985).

---

1) 자기평가 : 동료평가 : 교수자평가의 비율을 2:3:5 또는 1:2:7 등으로 반영하는 교수자도 있으며, 교수자가 각각의 개인에 대해 평가한 총점을 제시한 후 이를 학습자들이 자율적으로 나누어 갖게 하는 경우도 있다. 예를 들어, 5명으로 구성된 한 그룹에게 43점(50점 만점)을 부여한 후 이를 구성원들이 서로를 평가하여 점수를 나누어 갖도록 하는 것이다. 물론 이때 모두 균등하게 점수를 나누어 갖는 것은 허용하지 않는 등의 규칙을 갖는 것도 하나의 전략이 된다.

2) 평가내용

PBL의 주요한 목표는 단순한 지식의 습득뿐만 아니라 문제해결 기술, 협동학습 능력, 자기주도적 학습 능력, 의사소통 능력과 같은 다양한 능력을 육성하는 것이므로 이와 관련된 요소들이 평가되어야 한다. PBL에서는 최종적인 학습 결과물뿐만 아니라 학습과정에 대한 평가도 중요하다. 왜냐하면 양질의 최종 문제해결안을 만들어 내기 위해서는 문제해결 과정에 충실히 참여해야 하며, 학습과정에 대한 평가를 통해서 그룹 활동에 대한 개개인의 참여도와 충실도를 평가할 수 있기 때문이다.

따라서 PBL에서의 평가는 크게 학습내용 평가와 학습과정 평가로 나눌 수 있다. 학습내용 평가는 학습자가 학습내용을 제대로 이해하고, 학습목표를 달성했는가를 측정하는 것이다. 이를 위한 자료로는 PBL 과정에서 산출된 모든 산출물들, 즉 최종 문제해결안(발표), 그룹 활동 보고서(또는 온라인 그룹 토의 내용), 성찰일지 등이 평가의 대상이 될 수 있다.

학습과정 평가는 PBL의 과정을 얼마나 잘 지키며, 문제해결 과정에 얼마나 충실했는가를 평가하는 것이다. PBL에서는 문제해결과정이 자기주도학습과 그룹 내에서의 협동학습으로 이루어지므로 문제해결 과정은 이들 기술에 대한 평가를 포함한다. 따라서 학습과정 평가를 위해서 자기주도학습 결과물, 그룹 활동 보고

표 10-1 평가목표에 따른 평가대상 및 내용

평가목표	평가대상	평가내용
학습내용 평가	• 최종 문제해결안(발표) • 그룹 활동 보고서(온라인 그룹토론 내용) • 성찰일지	• 전문지식의 습득 • 문제해결 기술 • 의사소통 능력
학습과정 평가	• 자기주도학습 결과물 • 그룹 활동 보고서 • 그룹 활동 평가지 • 성찰일지	• 자기주도적 학습 능력 • 협동학습 능력 • 그룹 활동 참여도 • 문제해결 과정

서, 그룹 활동 평가지, 성찰저널 등을 활용할 수 있다.

3) 평가시기

PBL에서의 평가는 모든 수업이 끝난 다음에 일회적으로 이루어지는 것이 아니라 수업 과정 중 수시로 이루어진다. 따라서 PBL에서의 평가는 문제해결 과정 중에 이루어지는 평가와 PBL이 끝난 후 이루어지는 평가로 구분할 수 있다. 문제해결 과정 중에 이루어지는 평가의 목적은 학습자가 성공적으로 문제해결을 수행할 수 있도록 도와주기 위한 것이다. 따라서 학습자의 학습을 지지하고 향상시키기 위한 형성평가의 성격을 갖게 된다.

한편, PBL 종료 후에 이루어지는 평가는 학습자가 학습목표를 달성했는지, 문제를 적절하게 해결했는지를 평가하기 위한 목적에서 이루어진다. 따라서 평가는 학습을 측정하고 인증하며 기준을 제시하는 총괄평가의 성격을 갖는다. 또한 PBL 종료 후에 이루어지는 평가결과는 학습자의 학습결과뿐만 아니라 추후 수업계획을 위한 자료로도 활용될 수 있다. 평가시기에 따른 평가방법 및 내용을 정리하면 〈표 10-2〉와 같다.

표 10-2 PBL 평가시기

평가시기	평가대상	평가결과 활용
PBL 과정 중	• 문제해결 계획서 • 자기주도학습 결과물 • 그룹 활동 보고서(온라인 그룹토론 내용)	• 학습 활동에 대한 피드백 자료 • 학습자에 대한 평가
PBL 과정 후	• 최종 문제해결안 • 그룹 활동 평가지 • 성찰일지	• 학습자에 대한 평가 • 다음 학기 또는 다른 과목의 PBL 수업설계를 위한 자료

4) 평가방법

평가의 시기와 내용이 결정되면 평가방법을 고려해야 한다. PBL에서의 평가방법은 평가의 목적과 대상에 따라 다양하므로 많은 시간과 노력이 요구될 수 있다. 그러나 정형화된 평가기준이나 평가표를 개발, 활용하면 PBL에서 다양한 결과물과 활동을 보다 용이하게 평가할 수 있다(Anderson & Puckett, 2003). 평가표는 평가의 기준을 제공해 준다는 것 외에도 교수자가 아닌 학습자 자신과 동료들의 평가를 쉽게 수행할 수 있고, 대형 강의에서 많은 학습자들을 평가할 수 있는 이점이 있다(Woods, 1994). 평가기준과 평가표는 평가의 목적과 대상, 주체에 따라 다양한 형태로 제시될 수 있기 때문에 상세한 내용 및 사례는 다음 단락에서 따로 다루고자 한다.

3. PBL 평가방법

PBL 평가를 위해 활용할 수 있는 자료는 교수자의 목적에 따라 다양한 형태로 사용될 수 있다. 그러나 이러한 다양성에 의해 PBL에서 평가활동이 부담될 수도 있다. 여기에서는 PBL 수업에서의 평가를 위해 일반적으로 널리 사용되는 평가방법과 평가기준의 사례를 제시함으로써 PBL에서의 평가활동을 돕고자 한다. 여기에 제시된 평가기준이나 평가표는 그대로 활용할 수도 있지만, 교수자 자신의 PBL 수업 특성에 맞게 선택, 변형하거나 새롭게 개발하여 사용할 수도 있다.

1) 최종 문제해결안 평가

PBL 수업에서 가장 중요한 평가대상은 PBL 활동이 끝나고 각 그룹이 제출하는 최종 문제해결안이다. 최종 문제해결안은 그동안의 문제해결 과정이 모두 집약된 결과이기 때문에 문제해결안이 얼마나 논리적이고 구체적으로 잘 작성되었느냐에 따라 PBL 활동의 성패가 좌우될 수 있다. 최종 문제해결안은 궁극적으로 문제와 관련된 정보를 충실히 반영해야 하므로 문제와 관련된 내용의 수준에 따라 평가기준을 마련할 필요가 있다. 또한 최종 문제해결안은 보고서의 형식으로 제출될 수도 있지만 발표도 함께 이루어지는 경우가 많기 때문에 의사소통 기술도 함께 평가될 수 있다. 한편, 문제해결안에 대한 그룹별 발표가 진행되는 경우에는 교수자뿐만 아니라 다른 그룹의 학습자들도 평가에 함께 참여할 수 있다. 〈표 10-3〉, 〈표 10-4〉, 〈표 10-5〉는 최종 문제해결안 평가에 사용할 수 있는 평가표의 예다.

표 10-3 문제해결 결과물 평가사례

당신은 새롭게 창단된 Moon Basketball Association(MBA)의 이사로 선출되었습니다. * 이사로서 당신은 전문가와 함께 새롭게 구성된 Moon ball의 리그 운영규칙을 수립해야 합니다. Moon ball은 Basketball과 운영조건이 다르기 때문에 규칙과 규정의 변화가 필요합니다. 당신의 그룹은 당신이 추천한 변화가 왜 필요한지에 대해 설명을 제시해야 할 것이며, 제시한 변화는 반드시 과학적으로 설명할 수 있어야 합니다.
(basketball의 규칙에 대한 정보는 National Collegiate Athletic Association(ACAA)의 홈페이지 www.ncaabasketball.net/rulebook.asp을 참조하세요.)

워크시트
▶ 지구에서 몸무게가 60kg인 사람의 각 행성에서의 몸무게를 제시하시오.
    1) 화성 :   2) 목성:
    3) 토성: 4) 달:

문제해결 결과물 평가준거

가능점수	내용
5	세 개 이상의 천체를 위한 세 가지 규칙과 규정의 변화를 분명하게 설명하였다. 워크시트를 정확하게 완성하였다.
4	적어도 두 개의 천체를 위한 세 가지 규칙과 규정의 변화를 분명하게 설명하였다. 워크시트를 정확하게 완성하였다.

3	적어도 달을 위한 세 가지 규칙과 규정의 변화를 분명하게 설명하였다. 워크시트를 정확하게 완성하였다.
2	최소한 달을 위한 한 가지 규칙과 규정의 변화를 분명하게 설명하였다.
1	적어도 한 가지 규칙과 규정의 변화를 제안하였다. 그러나 분명한 과학적 설명력은 없다.
0	어떠한 규칙과 규정의 변화도 설명하지 못했다.

출처: Lambros(2004).

* 제시된 문제에서 학생들은 MBA 이사로서 현재 지구상의 농구경기 규칙과 규정을 달의 상황에 맞게 새로운 규칙과 규정으로 변화시켜야 한다. 이 문제는 학생들이 중력에 관한 개념을 얼마나 잘 이해하고 있는가를 파악해 볼 수 있는 문제다. 또한 문제는 지구, 화성, 목성, 토성, 달에서의 무게 변화를 계산하도록 요구하였다. 이 문제와 함께 제시된 평가준거는 객관적이고 정량적으로 학생들이 제시한 학습결과로부터 학습내용을 평가할 수 있는 방법을 제시한다.

표 10-4 문제해결안 평가표

* 각각의 준거에 따라 해당 점수를 기입하시오.
   (매우 우수함 = 5, 우수함 = 4, 보통임 = 3, 부족함 = 2, 매우 부족함 = 1)

내 용		그룹 이름				
보고서	문제에서 요구하는 사항이 무엇인지 분명히 파악하고 접근하였다.					
	문제에 포함된 주요 개념, 절차, 원리 등을 분명히 이해하고 있다.					
	문제해결을 위해 자료가 충분히 검토되었다.					
	신뢰할 만한 자료를 인용 또는 참고하였다.					
	충분한 설명, 세부사항, 적절한 예를 포함하고 있다.					
	실천 가능한 해결안을 제시하였다.					
	문제에서 요구하는 최종 해결안의 형식에 맞게 작성되었다.					

발 표 능 력	발표에 중요한 내용이 충분히 제시되었다.					
	발표내용이 논리적으로 잘 조직되었다.					
	발표자료가 매력 있게 구성되었다.					
	발표내용이 청중이 이해하기 쉽게 제시되었다.					
	발표내용이 다른 학습자의 학습에 도움이 되었다.					
	발표자가 내용을 분명하게 전달하였다.					
점수 합계						

MEMO
• 그룹별 문제해결안 내용 및 발표에서 가장 잘된 부분과 개선이 필요한 부분

1조:

2조:

3조:

4조:

5조:

표 10-5   문제해결안 발표에 대한 간편 평가표

그룹별 발표에 대한 의견

문제명: _____

그룹명: _____ 학번: _____ 이름: _____

그룹명	칭찬하고 싶은 점	개선 및 추가가 필요한 내용	점수 (0~10)

2) 그룹 활동 평가

PBL은 그룹 활동을 중심으로 이루어지기 때문에 그룹 활동 능력을 평가하는 것이 중요하다. 이것은 모든 그룹 구성원들이 그룹 활동에 능동적으로 참여하도록 유도하며, 다른 사람의 노력에 무임승차하려는 부작용을 방지할 수 있다. 그룹 활동 평가는 교수자가 그룹 활동 보고서나 그룹 토의에의 참여도, 성찰일지 등을 통해서 개별학습자의 참여도 및 기여도를 파악할 수 있고, 학습자 스스로 자신의 그룹 활동 내용을 평가할 수 있으며, 동료평가를 통해서 그룹 구성원들의 참여도를 평가할 수도 있다. 이때 〈표 10-6〉과 같은 평가표를 활용할 수 있다.

표 10-6 **그룹 활동 평가표**

• 문제명: _____   • 평가일: _____년 _____월 _____일
• 이　름: _____

* 각각의 준거에 따라 해당 점수를 기입하시오.
　(매우 우수함 = 5, 우수함 = 4, 보통임 = 3, 부족함 = 2, 매우 부족함 = 1)

내 용	구성원 이름				
그룹 활동에 적극적으로 참여하였다.					
문제의 해결안을 성공적으로 개발하는 데 공헌하였다.					
다른 사람의 의견을 경청하였다.					
질문을 제기하고 다른 사람의 질문에 대답하였다.					
과제를 지속적으로 수행하였다.					
유용한 정보를 찾아 제공하였다.					
다른 구성원들과 협력하였다.					
긍정적인 의견을 제시하였다.					
리더십을 발휘하였다.					
다른 구성원을 칭찬하고 격려하였다.					
점수 합계					

3) 온라인 그룹 활동 평가

문제해결 과정에서 그룹 논의를 통한 의견수렴 과정은 매우 중요하다. 그룹 토의는 면대면으로 이루어질 수 있고 온라인으로 이루어질 수도 있다. 면대면 그룹 토의의 경우는 각 그룹마다 튜터가 배정되어 있다면 교수자가 그룹 토의의 내용을 파악할 수 있지만, 튜터가 배정되지 않았다면 교수자가 그룹 토의에 참여하기 어렵다. 이 경우 좋은 대안이 되는 것이 온라인 학습공간을 활용하는 것이다. 온라인으로 그룹별 토의가 이루어지는 경우에는 각 그룹 구성원들의 참여도를 파악할 수 있기 때문에 평가를 위한 좋은 자료가 될 수 있다. 이때 〈표 10-7〉의 평가표를 활용할 수 있다.

표 10-7 온라인 토론 평가준거

가능점수	내용
9~10	• 주요 개념들을 충분히 잘 이해하고 있다. • 시기 적절한 방식으로 그룹에 공헌하였다. • 할당된 과제의 최소한 혹은 그 이상을 수행하였다. • 글을 분명하고 논리적으로 작성하였다.
7~8	• 주요 개념들을 대체로 정확히 이해하고 있다. • 시기 적절한 방식으로 그룹에 공헌하였다. • 할당된 과제의 최소한을 수행하였다. • 글을 대체로 분명하고 논리적으로 작성하였다.
5~6	• 주요 개념들에 대해 제한적으로 이해하고 있다. • 불규칙하게 그룹에 공헌하였다. • 할당된 과제를 건성으로 수행하였다. • 글을 성의없이 산만하게 작성하였다.
1~4	• 거의 참여하지 않았다. • 성의 없이 엉뚱한 글을 작성하였다.

출처: Anderson & Puckett(2003).

이러한 평가표는 교수자뿐만 아니라 학습자 스스로 자신이나 동료를 평가할 때 활용할 수 있다. 또한 평가기준은 학기 초에 학습자에게 제시하여 올바른 토의 자세와 기술을 습득하기 위한 지침으로 활용하도록 할 수도 있다.

4) 성찰일지 평가

성찰일지는 자신이 학습한 내용과 과정을 학습자가 작성한 것으로, 학습자 개개인의 학습 정도를 평가할 수 있는 유용한 평가자료가 된다. 성찰일지는 〈표 10-8〉과 같은 평가표를 활용하여 평가할 수 있다.

표 10-8 성찰일지 평가표

- 문제명: _____   • 평가일: _____ 년 _____ 월 _____ 일
- 이 름: _____

* 각각의 준거에 따라 해당 점수를 기입하시오.
  (매우 우수함 = 5, 우수함 = 4, 보통임 = 3, 부족함 = 2, 매우 부족함 = 1)

내용	구성원 이름			
문제를 통해 학습해야 할 주요 개념, 원리, 절차에 대해 정확하게 이해하고 있다.				
주요 학습내용과 관련하여 자신의 생각이나 느낀 점을 잘 진술하였다.				
학습과정에서의 자신의 경험이 잘 드러나도록 진술하였다.				
학습내용에 자신의 현재 및 미래의 일을 잘 연결지어 진술하였다.				
점수 합계				

5) 기타 평가

앞서 제시한 여러 가지 평가방법들 외에도 학습목표 및 교수자의 의도에 따라 포트폴리오, 퀴즈, 선다형 문제, 논술형 문제, 구술문제 등 다양한 평가방법을 활용할 수 있다.

어떠한 방법을 활용하든 중요한 것은 평가방법이 문제의 실제성과 관련되어야 한다는 것이다. 즉, 문제상황과 유사한 실제 맥락에서 문제해결 결과에 대해 평가가 어떻게 이루어지는지, 그리고 그것이 교수자가 수립한 평가방법과 유사한지 검토해야 한다. 이러한 노력은 평가가 학습결과와 자연스럽게 연결됨으로써 학습자의 학습 능력을 향상시키게 된다.

> **평가표 개발 관련 Q & A**
>
> • 평가표에 어떤 준거를 포함할 것인가?
> – 정량적 준거, 정성적 준거
> – 학습자에 관해 얻고 싶은 정보
> • 어떠한 형태의 평가표를 개발할 것인가?
> – 전체적 평가표: 구성원으로서 학습자의 활동을 전체적으로 평가할 때
> – 전체적 또는 분석적 평가표: 각각의 활동, 결과에 대한 점수화를 원할 때
> • 평가표에 서술형 의견을 제시할 수 있도록 할 것인가?
> – 자기평가의 경우 서술형이 학습자에 대해 보다 많은 정보를 얻을 수 있음
> • 평가표를 학기 초에 학습자들에게 나누어 줄 것인가? 혹은 학기 중에 학습자를 평가표 개발에 참여시킬 것인가?
> – 학기 초 배부: 학습자가 교수자가 기대하는 바를 파악
> – 평가과정에 학습자의 의견 반영 가능
> • 평가표 사용 전에 학습자에게 연습기회를 줄 것인가?
> – 반드시 필요하지는 않지만 평가의 공정성을 높이기 위해 연습기회를 갖는 것도 바람직함
> • 누가, 언제 평가표를 작성할 것인가?
> – 평가의 주체와 시기에 따라 평가표 작성

제11장

PBL 수업 평가하기

PBL은 학습자 중심의 교수-학습 활동이다. '학습자 중심'은 학습에서 학습자가 중심적인 역할을 수행해야 하는 것을 의미하지만, 교수자가 학습자의 학습에서 완전히 배제되거나 그 역할을 하지 않는다는 것을 의미하지는 않는다. 따라서 PBL에서 효과적 학습이 이루어지기 위해서 교수자는 그 역할을 잘 수행해야 한다.

'PBL에서의 학생평가'가 그러했듯이, 수업에 대한 평가 역시 기존의 전통적 수업 평가 방식과 철학을 그대로 적용해서는 안 된다. 전통적인 수업 평가는 교수자가 내용을 효과적으로 제시했는가에 초점이 맞추어져 수행된다. 그러나 PBL 수업은 교수자의 역할, 학습자의 역할, 학습 진행 방법이 다르기 때문에 기존의 것이 아닌 새로운 평가철학과 방법이 필요하다. Savin-Baden과 Major(2004)는 PBL 수업은 다음의 내용에 초점을 두고 평가되어야 한다고 제시하였다.

- 학습자가 전문지식을 습득할 수 있도록 문제가 개발, 활용되었는가?
- 개발된 문제들이 교육과정을 충분히 포함하고 있는가?

- PBL로 운영된 과목이 전공 내 다른 교과목들과 조화를 이루는가?
- PBL 강좌가 학습자의 학습목적과 목표에 도달할 수 있도록 도우며 학습자의 학업성취를 효과적으로 평가하는가?
- 학습자가 문제를 해결하는 데 필요한 자료원이 적절한 수준에서 제공되었는가?
- 학습자가 문제를 해결할 때 교수자가 조력자의 역할을 잘 수행하였는가?
- 학습자의 행정적 요구가 잘 처리되었는가?

이러한 내용을 정리하면 PBL 수업에 대한 평가내용은 활용된 문제에 대한 평가, 튜터 역할에 대한 평가, 수업 운영에 대한 평가로 구성되어야 함을 알 수 있다. 이러한 내용을 담은 수업 평가는 학습자용 수업 평가와 교수자용 수업 평가로 나눌 수 있다. 학습자용 수업 평가는 기존의 강의평가를 대신하는 것으로 교수자가 학습자의 의견을 수렴하고자 할 때 활용할 수 있으며, 교수자용 수업 평가는 자가 진단 후 평가결과를 향후 수업에 반영하고자 할 때 활용할 수 있다.

1. 학습자용 PBL 수업 평가

학습자용 PBL 수업 평가는 평가의 용이성을 고려해야 하기 때문에 편리하게 활용할 수 있어야 한다. 그러나 평가결과가 PBL 수업개선을 위해 활용되는 것이 중요하므로 학습자들의 의견을 충분히 포함해야 한다. 앞서 제시한 것처럼 PBL 수업 평가는 문제에 대한 평가, 수업 운영에 대한 평가, 교수자의 역할에 대한 평가를 주된 내용으로 해야 하므로 평가항목을 〈표 11-1〉과 같이 구성할 수 있다.

Barrows가 PBL에서 튜터의 역할을 척추에 비유한 것처럼, 교수자가 수행하는 튜터 역할은 PBL의 성공을 결정하는 중요한 요인이다. 따라서 PBL 수업 전반에 대한 평가 이외에 튜터로서의 교수자 역할에 대해서 별도의 평가를 수행

표 11-1 PBL 수업 평가도구(학습자용)

내용	전혀 그렇지 않다	그렇지 않다	보통 이다	그렇다	매우 그렇다
1. PBL 활동은 과목의 주요 내용을 이해하는 데 도움이 되었다.					
2. PBL 활동은 과목의 주요 내용을 실제로 활용하는 데 도움이 되었다.					
3. PBL 활동은 이 분야의 전문성을 갖게 하는 데 도움이 되었다.					
4. PBL 활동은 과목에 대한 거시적 안목을 형성하는 데 도움이 되었다.					
5. PBL 활동을 통해 해결한 문제의 개수는 적절하였다.					
6. PBL 활동을 통해 해결한 문제의 난이도는 적절하였다.					
7. PBL 활동에서 그룹 활동은 나의 성장(학습 및 리더십 등)에 도움이 되었다.					
8. PBL 활동에서 발표는 나의 성장(발표 능력 및 리더십 등)에 도움이 되었다.					
9. PBL 활동에서 성찰일지 작성은 학습에 도움이 되었다.					
10. 우리 수업의 그룹 구성 방식은 적절하였다.					
11. 우리 수업의 그룹 활동 방식은 적절하였다.					
12. 우리 수업의 평가 방식은 적절하였다.					
13. PBL 활동에서 교수자의 피드백 내용과 제공 시기, 방법이 적절하였다.					
14. 그룹 활동 시 교수자의 개입(질문, 설명, 피드백 제공 등)은 적절하였다.					

15. 전반적으로 PBL 활동이 학습에 도움이 되었다.				
16. PBL로 운영되는 이 강좌는 다른 학습자들에게 추천할 만하다.				

17. PBL 활동으로 운영된 본 수업에서 가장 어려웠던 점은 무엇입니까?

18. 본 수업에서 해결한 문제는 어떻게 개선되었으면 좋겠습니까?(문제의 내용, 개수, 난이도)

19. 본 수업의 운영방식은 어떻게 개선되었으면 좋겠습니까?(그룹 구성, 활동 시기, 문제해결안 발표 방식 등)

20. 어떤 도움이나 지원이 이루어진다면 PBL 활동을 더 잘할 수 있겠습니까?

하는 것은 수업 개선을 위해 바람직하다. 교수자에 대한 평가는 자가진단으로 할 수도 있지만 일반적으로 PBL 수업에 참여한 학습자에 의해 이루어진다. 그러나 많은 경우 학습자는 평가자이기도 한 교수자에 대해 객관적이고 독립적인 평가를 하지 못할 수 있다. 따라서 객관적인 평가결과를 얻기 위해서는 평가의 익명성이 보장되어야 하며(Macdonald & Savin-Baden, 2004), 학습자들에 대한 평가와 마찬가지로 객관적 준거를 활용하는 것이 필요하다. 여기에서는 기존에 활용되어 온 튜터 수행에 대한 평가도구를 몇 가지 소개하고자 한다. 소개된 평가도구들은 그대로 활용할 수 있고, 교수자가 자신의 목적과 필요에 맞게 수정 · 보완하여 사용할 수도 있다.

Dolmans 등(2003)이 제안한 평가도구는 PBL의 각 과정에서 교수자가 튜터로서의 역할을 수행한 정도를 평가하도록 개발되었다. 이 도구에 포함된 행동 평가 준거는 〈표 11-2〉와 같다.

PBL의 근원지인 McMaster 대학교에서 활용하는 튜터 수행 평가표는 교수자가 튜터로서 학습자들이 학습을 할 수 있도록 도움을 주는 정도를 평가하도록 개발되었다(Baptiste, 2003). 이 도구에 포함된 튜터 행동 평가준거는 〈표 11-3〉과 같다.

한편, Dolmans와 동료들은 앞서 제시한 〈표 11-1〉 외에 〈표 11-4〉와 같은 튜터 수행 평가도구도 제안하였다. 이 평가표는 본래 각 그룹별로 개별 튜터가 지원되는 PBL 상황에서 튜터의 역할을 평가하기 위해 개발되었으나 교수자의 튜터활동을 평가하기 위해서도 활용될 수 있다.

표 11-2   튜터 수행 평가표 I

* 판단 정도에 따라 1~10점의 범위에서 평가하시오.

튜터: _____에 대한 평가

내 용	점 수
1. 교수자는 모든 학습자들이 활발히 참여할 수 있도록 하였다.	
2. 교수자는 문제를 주의 깊게 분석하도록 하였다.	
3. 교수자는 학습과제를 구체적으로 도출할 수 있도록 촉진하였다.	
4. 교수자는 유용한 참고자료들(서적 등)에 대한 도움을 제공하였다.	
5. 교수자는 자기주도학습에서 학습한 지식을 문제에 적용해 보도록 촉진하였다.	
6. 교수자는 주요 학습과제와 그렇지 않은 학습과제를 구별하도록 촉진하였다.	
7. 교수자는 주요 학습과제를 잘 이해할 수 있도록 기여하였다.	
8. 교수자는 문제 분석 과정에서 종합 활동을 하도록 촉진하였다.	
9. 교수자는 학습자의 학습과정에 흥미를 보였다.	
10. 교수자는 학습그룹이 역동적으로 활동하도록 격려하였다.	

11. 이외에 학습과정에서 중요하다고 생각하는 교수자의 행동을 제시하시오.

12. 여러분의 교수자가 앞으로 튜터로서의 역할을 더 잘할 수 있도록 도움을 줄 수 있는 의견을 제시하시오.

출처: Dolmans et al.(2003).

표 11-3 **튜터 수행 평가표** II

* 판단 정도에 따라 1~10점의 범위에서 평가하시오.

내 용	점 수
1. 학습자가 수업의 교육목표에 부합하는 학습계획을 세우도록 도왔다.	
2. 그룹이 충분히 이해한 후 결정하도록 도왔다.	
3. (긍정적, 구성적, 구두/지면 등) 지속적인 피드백으로 도움을 주었다.	
4. 학생들의 학습 필요와 기대에 대한 논의를 도왔다.	
5. 튜터로서의 역할에 열정적이었다.	
6. 학습목표, 전략, 자료원에 대한 학습자들의 자율성을 적합한 수준에서 제공하였다.	
7. 학습자들과 분명하게 의사소통하였다.	
8. 학습자들이 지식을 획득, 적용, 종합할 수 있는 능력을 개발하도록 도왔다.	
9. 전체적으로, 학습의 조력자로서 튜터의 효과성에 대한 점수는?	
10. 튜터로서의 강점, 개선점, 부가적 의견을 제시하시오.	

Copyright ⓒ 2002, McMaster University MCHS(OT) Programme.

표 11-4 **튜터 수행 평가도구**

* 튜터 : _____에 대한 평가

내용	전혀 그렇지 않다	그렇지 않다	보통 이다	그렇다	매우 그렇다
구성적 · 실천적 학습					
1. 튜터는 우리가 우리의 말로 학습내용을 요약하도록 도왔다.					
2. 튜터는 우리가 주제들 간의 관계를 탐색하도록 도왔다.					
3. 튜터는 우리가 체제와 이론들을 이해하도록 도왔다.					

자기주도적 학습				
4. 튜터는 우리가 우리의 학습과제를 일반화하도록 도 왔다.				
5. 튜터는 우리가 다양한 자료들을 탐색하도록 도 왔다.				
맥락 · 상황학습				
6. 튜터는 우리가 지식을 문제에 적용하도록 도왔다.				
7. 튜터는 우리가 지식을 다른 상황에 적용하도록 도 왔다.				
협동학습				
8. 튜터는 우리가 우리의 과업에 대해 스스로 구성적 피드백을 제공하도록 도왔다.				
9. 튜터는 우리가 정기적으로 그룹의 협동에 대해 평 가하도록 도왔다.				
대인 활동				
10. 튜터는 튜터로서의 자신의 강점과 약점에 대해 알 고 있었다.				
11. 튜터는 튜터로서의 그의 역할에 충실하도록 동기 화되어 있었다.				
부재/대치				
12. 튜터가 얼마나 자주 없었습니까?				
13. 튜터 부재 시 얼마나 자주 대리인으로 자신의 자리 를 대신하도록 했습니까?				
전체 점수				
14. 튜터의 수행에 대해 전체적인 점수(1~10)를 제시 하시오.	1 2 3 4 5 6 7 8 9 10			
15. 향후 튜터의 역할 향상을 위한 의견을 제시하시오.				

출처: Dolmans et al.(2005).

2. 교수자용 PBL 수업 평가

수업 개선을 위해서는 학습자에 의한 수업 평가 이외에 교수자가 스스로를 진단하는 것도 필요하다. 자가진단은 다양한 방법으로 이루어질 수 있다. 학습자에게 제시하는 평가표처럼 PBL 수업에서 중요한 사항을 항목으로 체크할 수도 있고, 수업에서 산출되는 학습자의 성찰일지, 교수자의 성찰일지, 각 문제의 해결안 등을 통해 학습자의 학습이 충분히 이루어졌는가를 확인할 수도 있다.

먼저 PBL에서 교수자가 수행하는 가장 중요하면서도 어려운 것이 튜터로서의 활동이므로, 이에 대한 자가진단이 필요하다. 자가진단은 〈표 11-5〉와 같은 자가진단 도구를 활용할 수 있다. 자신의 PBL 수업 운영 방식을 진단할 수 있는 이 진단도구는 교수자가 행하는 여러 가지 행동들을 포함하고 있는데, 항목 중에는 튜터가 하지 말아야 할 행동들도 포함되어 있다. 주로 A와 S에 해당하는 내용은 지양해야 할 행동들이며, F와 C에 해당하는 내용은 튜터가 지켜야 할 행동들이다. 따라서 평가결과 A와 S에서 높은 점수를 받았다면 여전히 전통적인 교수자의 역할을 수행하고 있는 것이므로 자신의 행동을 교정하기 위한 노력을 기울여야 할 것이다.

PBL은 교수자보다는 학습자에 의해 수업의 많은 부분이 결정되는 학습자 중심 학습환경이다. 교수자가 많은 노력을 기울여 PBL 수업을 준비하고 운영할지라도 학습자의 역량과 특성에 따라 결과는 달라질 수 있다. 따라서 학습자가 그룹별로 제출한 각각의 문제해결안, 문제해결 후 작성한 성찰일지를 통해 수업에서 활용한 문제의 내용, 개수, 난이도가 적절했는지 스스로 진단해야 한다. 물론 이는 그룹별 문제해결 과정을 관찰하고 지도하는 과정에서 파악되는 사항이지만 이를 체계적으로 기록해 놓지 않으면 진행되는 PBL 수업이나 다음 학기에 진행될 PBL 수업을 위한 유용한 자료가 될 수 없다. 〈표 11-6〉은 PBL 수업을 운영한 교수자가 작성한 문제에 대한 기록이다.

| 표 11-5 | PBL 수업에서의 교수자 역할 자가진단 도구 |

* PBL 수업에서, 나는 …… 을 하였다.

내 용	예	아니오
학습자가 감정이나 느낌을 표현하도록 하였다. (F)		
학습자가 문제해결 과정에서 생긴 질문을 이해하도록 촉진하였다. (C)		
학습자와 다른 문제해결 전략을 논의하였다. (C)		
학습자가 자신의 강점과 약점을 이해하도록 도왔다. (F)		
학습자에게 PBL 과정에서의 자신의 역할에 대한 피드백을 제공하였다. (C)		
학습자에게 내가 알고 있는 모든 정보를 제공하였다. (A)		
학습자의 경험에 대해 경청하였다. (C)		
학습자를 위해 논의내용을 요약, 정리해 주었다. (S)		
학습자가 자신의 생각을 표현하도록 격려하였다. (C)		
학습자가 학습방향을 결정하도록 하였다. (F)		
학습자가 토론을 주도하도록 하였다. (F)		
학습자의 질문에 직접적으로 대답하였다. (A)		
문제에 대한 논의 중에 학습자에게 나의 의견을 제시하였다. (S)		
문제해결을 위한 의견을 제안하였다. (S)		
학습자의 실수를 직접적으로 지적하였다. (A)		
학습자가 질문에 대답하지 못했을 때 내가 그 질문에 대한 답을 제시하였다. (A)		
학습자가 잘못했을 때 그들이 무엇을 해야 할지 이야기해 주었다.(A)		
문제해결 중 학습자를 돕기 위해 나의 경험을 활용하였다. (S)		
학습자에게 질문하고 이에 대해 답하도록 요구하였다. (A)		
그룹별 토론이 이루어지고 있을 때 침묵을 유지하였다. (F)		
학습자가 의사 결정을 하도록 하였다. (F)		

* A: 독단적(Assertive), S: 제안적(Suggestive), C: 협력적(Collaborative), F: 촉진적(Facilitative)
출처: Leung, Lue, & Lee(2003)

표 11-6	문제해결 후 문제에 대한 자가진단 메모 예

첫 번째 문제: 멋진 연구수업을 준비해요.	
문제 내용	당신(김철수)과 같은 과 동료인 김영희는 이의중학교에서 교생실습 중입니다. 실습이 일주일이 지난 오늘, 담당 지도교사인 사회과 최영수 선생님은 여러분에게 실습 4주째에 할 연구수업을 준비하라고 말씀하셨습니다. 여러분이 연구수업을 한 단원은 4주차 때의 교과 진도인 '1-2. 지역사회의 이해' 중 '4) 지역사회의 문제와 해결' 입니다. 최영수 선생님께서는 연구수업 자료가 학교 수업연구의 자료로 이용되어야 하므로 특별히 다음과 같은 두 가지의 형태의 수업으로 준비해 달라고 부탁하셨습니다. "김철수, 김영희 교생 선생님, 선생님들께서 수업하실 내용은 객관주의적 수업과 구성주의적 수업 두 가지 형태로 수업시간은 기본 1시간(45분)이지만, 수업진행을 위해 필요할 경우 2시간 연강(90분)으로 운영할 수 있습니다. 수업을 준비하셔서 한 분은 1학년 2반에서, 한 분은 1학년 4반에서 수업해 주십시오." 당신(김철수 교생)과 김영희 교생은 3주 남은 연구수업을 위해 열심히 수업준비를 합니다. 두 사람은 어떻게 수업할까요? 두 수업을 위한 수업지도안을 구체적으로 작성하여 제출하십시오. • 참고사항 – 각 반의 학생 수: 38명(남학생: 20명, 여학생: 18명) – 이용 가능 기자재: 컴퓨터, 빔 프로젝트, OHP, 실물환등기, 전동 스크린
학습자 특성	• 교직을 이수하는 3학년 학생들 • 2개 반을 운영했는데, 다양한 전공에 참여한 수업의 학습자들이 더욱 활발하게 활동함
그룹별 문제 해결과정에 서 나타난 특이점	• 구성주의와 객관주의에 대해 피상적인 학습만 해오는 경향이 있음 • 이를 실제로 어떻게 적용할 것인가에 대한 고민 부족 • 충분히 이해한 후 수업설계를 하기보다는 자신들의 경험, 아이디어, 수준에서 문제를 해결하려는 경향이 보임

문제 해결안에서 나타난 특이점	• '지역사회의 문제와 해결'에 대한 주제이고, 본 수업이 PBL로 운영되다보니 학생들이 객관주의보다 구성주의가 더 좋은 것, 바람직한 것이라는 시각을 갖는 경향이 있음 • 이과대학, 공과대학 학생들이 문제에 흥미를 보이지 않음
개선점	• 객관주의, 구성주의에 대한 이해를 돕기 위해 문제해결 중간에 'Jasper Series' 중 한 개를 함께 보고 이야기하는 시간을 갖는 것이 필요함 • 이과대학 학생들을 위해 문제를 수학이나 과학 과목을 대상으로 하는 것으로 한 가지를 더 개발한 후 수업에서 크게 2개 팀으로 나누어 2개의 문제를 해결하도록 하는 방안을 검토해야 함

PBL 수업을 계속 개발하고 운영하기 원하는 교수자라면 자신이 개발하고 활용한 문제, 튜터로서의 활동, 그리고 수업을 위한 제반 환경과 운영전략에 대한 학습자들과 자기 자신의 평가결과를 지속적으로 반영하는 데 소홀해서는 안 된다. PBL 수업에 대한 이러한 반성적 성찰은 성찰일지가 학습자의 학습이 완성되게 하듯이, PBL 수업 개발 및 운영자로서의 교수자의 역량을 향상시킬 것이다.

제12장

PBL 수업 포트폴리오 작성하기

PBL 수업 포트폴리오는 PBL 수업에서 이루어진 가르침과 배움에 대한 교수자의 경험과 성찰을 자료화한 것이다. PBL 수업 포트폴리오는 PBL 수업을 어떻게 설계하고 운영했는지에 대한 해당 교수자의 설명과 성찰을 제시하기 때문에, PBL을 실천하기 원하는 교수자에게 PBL에 대한 학술논문이나 책만큼 좋은 지침을 제공할 수 있다. 또한 다양한 전공 영역에서 이루어지는 PBL 수업의 실천사례를 통해 각 전공에서 활용할 수 있는 새로운 PBL 모델 및 운영전략을 수립하는 유용한 자료가 될 수 있다. 이 장에서는 PBL 수업 포트폴리오 작성 목적과 활용 전략, PBL 수업 포트폴리오 작성방법, 그리고 작성된 PBL 수업 포트폴리오의 사례를 제시할 것이다.

1. PBL 수업 포트폴리오의 목적과 활용

PBL 수업 포트폴리오는 단순히 수업과 관련된 모든 자료들의 집합체가 아니라 수업설계에 초점을 두는 것으로, 수업에 대한 하나의 질적 연구라고 할 수 있다. 좋은 수업 포트폴리오란 포트폴리오 작성의 분명한 목적, 교수자의 독창적 아이디어, 수업과정과 결과에 대한 실제적 자료, 수업설계 전략을 잘 제시한 것이다. 일반적으로 교수자 입장에서 어떻게 가르쳤는지를 기술한 티칭 포트폴리오와 비교했을 때 PBL 수업 포트폴리오는 가르침과 학습의 경험 모두를 제시하는 것이며, 왜 교수자가 PBL에 관심을 갖고 이를 수업에 활용하게 되었는지에 초점을 둔 것이라 할 수 있다.

수업 포트폴리오를 준비하는 것은 정신적 · 시간적으로 많은 노력을 필요로 하는 작업이다. 그러나 수업 포트폴리오를 작성함으로써 좋은 수업 뒤에 놓인 노력에 대한 공개적인 의사소통의 수단을 제공할 수 있으며, 수업에 대한 객관적인 검토를 가능하게 하고, 동료 및 자신을 위한 좋은 수업자료로 활용할 수 있다.

2. PBL 수업 포트폴리오 작성

PBL 수업 포트폴리오의 일반적인 구성요소는 〈표 12-1〉과 같으며, 각 구성요소의 작성방법은 다음과 같다.

표 12-1   PBL 수업 포트폴리오 구성

PBL 수업 포트폴리오
Ⅰ. 강좌에 대한 소개
Ⅱ. 수업설계
1. 이론적 근거
2. 강좌 내용에 대한 교수자의 성찰
3. 수업 실제에 대한 성찰
4. PBL 맥락과 내용
Ⅲ. 학습자 활동
Ⅳ. 코스 전체에 대한 성찰

1) 강좌에 대한 소개

코스에 대한 기본적인 소개와 독자가 관심을 가질 수 있는 정보를 소개하는 부분으로, 다음의 항목들이 포함되어야 한다.

- 대학 혹은 기관명
- 강좌의 개설 단과대학 및 소속 학부
- 강의 경력 및 우수 강의상 수상 경력
- 강좌명과 과목 코드
- 개설 학기 및 시수
- 학생 수
- 강좌 개요(기본 목적, 전체 교과과정에서의 강좌 위치)
- 강좌 정보: 교양선택/필수, 전공선택/필수에 대한 표기
- 전체 강좌 중 PBL의 비율 및 시간

2) 수업설계에 대해 작성하기

(1) 이론적 근거

수업에서 왜 PBL을 사용하는지에 대한 이유를 간략하게 진술한다. 이는 연구 논문의 주제 또는 개요에 해당된다.

(2) 강좌 내용에 대한 교수자의 성찰

교수자의 판단에 의해 선택된 코스 내용에 초점을 두어 기술하며, 코스가 반복적으로 개설되는 것일 경우 어떻게 변화되었는지에 대한 부분을 기술하도록 한다.

(3) 수업 실제에 대한 교수자의 성찰

좋은 수업은 학습자의 학습 필요를 충족시킬 수 있어야 하며, 적절한 교수방법을 활용해야 한다. 교수방법으로 PBL을 사용한 결정 배경을 포함하여, PBL이 코스의 목적과 어떻게 관련되어 있는지를 제시해야 한다. 강좌 내용에 대한 성찰 영역과 마찬가지로, 수업방법이 이전의 수업에서 어떻게 변화(진화)되었는지에 대한 내용을 제시해야 한다.

(4) PBL 맥락과 적용

왜 수업에 PBL이 활용되었는지에 대한 진술을 포함하여, 활용된 문제에 대한 소개가 필요하다. 이때 수업에서 문제가 사용된 방식과 학습자들이 그룹에서 문제를 어떻게 해결했는지, PBL의 결과물이 무엇인지에 대한 제시가 필요하다.

3) 학습자 활동 및 이해에 대해 작성하기

(1) 학습자의 학습목표 도달 여부에 대한 증거 제시

강좌에 학습자가 작성한 학습결과물의 예를 제시해야 한다. 예는 맥락과 함께 제시하며, 학습자가 산출한 결과물의 일반적인 형태와 예외적인 형태가 무엇이었는지, 학습자의 학습을 위해 어떤 안내를 제공했는지, 교수자와 학습자, 학습자와 학습자들 사이에 어떠한 상호작용이 있었는지를 제시해야 한다.

(2) 학습자의 학습결과에 대한 성찰

학습자의 학습결과를 어떻게 판단하고 평가했는가에 대한 내용, 학습자가 어떻게 학습목표에 성공적으로 도달했는지, 그 증거는 무엇인지, 이러한 분석의 결과로서 학습자의 수행을 향상시키기 위해 어떤 변화가 있었는지, 학습자의 성취 결과가 수업설계를 수정하는 데 어떻게 사용되었는지를 제시해야 한다.

4) 수업 전체에 대한 성찰

수업 포트폴리오의 전체 내용에 대한 요약과 작성의 목적, 결론을 간략하게 제시하여, 독자가 이 부분만 독립적으로 읽을 수 있도록 한다.

이러한 구성으로 포트폴리오를 작성하기 위해서는 다음의 절차를 따른다.

- 티칭 포트폴리오의 작성 목적을 생각한다.
  - 포트폴리오를 작성하는 가장 주된 목적은 무엇인가?
  - 기본적으로 이것을 누가 읽을 것인가?
  - 수업의 효과성을 증명하기 위해 어떠한 자료들이 가장 설득력 있겠는가?
- 개인적인 교육철학을 명확히 한다.
  - 왜 가르치는가?
  - 왜 PBL을 수업방법으로 선택했는가?
  - 교육목표, 방법, 전략은 무엇인가?
- 관련 자료들을 수집한다.
  - 창의적이고 포괄적으로 자료들을 조합하도록 한다.
- 자료들을 조직한다.
  - 수업 포트폴리오의 작성 목적에 따라 자료의 우선순위를 정하여 자료들을 재정리한다.
- 관련 자료들에 대한 성찰 및 요약을 쓴다.
  - 수업 포트폴리오에서 중요한 것은 자기성찰이다. 자기성찰의 결과를 간략히 요약하고 핵심을 표현하도록 한다.
- 초안을 다른 사람과 공유하고 수정한다.
  - 수업 포트폴리오를 이상적으로 작성하기 위해서는 동료나 선배 교수, 그 밖의 관련된 사람들로부터의 광범위한 피드백을 포함하는 것이 효과적이다.
- 포트폴리오를 수정 · 보완한다.

3. PBL 수업 포트폴리오 작성 사례

대학의 교직과정 과목으로 운영되는 '교육방법 및 교육공학' 강좌를 PBL로 운영한 후 작성한 수업 포트폴리오의 사례를 제시하면 다음과 같다.

∥ 사 례 ∥ '교육방법 및 교육공학' 수업 포트폴리오

1. 강좌 소개

교육방법 및 교육공학은 교원자격증 취득에 필요한 교직과목 중 하나로, 이를 수강하는 학생들의 대부분은 교사를 희망한다. 따라서 이 과목은 예비교사를 양성하기 위한 과목으로 교직을 이수하는 3학년 학생이 교직필수로 수강해야 하는 것이다. 2006년 2학기에 개설된 본 강좌는 20명의 학생들이 수강했으며, 학생들의 전공은 국문학, 사회학, 영문학, 관광조리학 등 다양하였고, 18명이 여학생, 2명이 남학생이었다. 학기 초 본 강좌에 대해 학생들이 갖고 있는 생각은 다양했는데, 강좌에 대한 가장 큰 오해는 '컴퓨터 혹은 인터넷을 이용해 수업하는 것, 그래서 컴퓨터를 잘할 수 있어야 수강할 수 있는 과목'이라는 것이었다. 물론 컴퓨터나 인터넷을 활용하는 것을 주요 내용 중 한 부분으로 다루지만, 본 강좌에서 강조하고 한 학기 동안 함께 고민하는 큰 질문은 '어떻게 가르칠 것인가?'다. 많은 사람들은 이 질문에 대한 답이 매우 쉽다고 생각할 수 있다. 오랜 시간 교사가 하는 일을 학생의 입장에서 지켜보았기 때문에, 그리고 전공영역에 대한 지식을 갖고 있기 때문에 잘 가르치는 훌륭한 교사가 될 수 있으리라 생각한다. 그러나 가르치는 일은 쉽지 않다. 또한 우리에게 익숙한, 교사가 학생에게 지식을 전달해 주는 교수방법은 더 이상 효과적인 교수방법이 아니다. 따라서 본 강좌에서는 학생을 잘 가르치기 위해 교사로서 수행해야 하는 고민과 준비들, 그리고 학습자를 보다 창의적이고 협동적인 인재로 길러낼 수 있도록 하는 학습자 중심 교수–학습 방법에 대한

경험을 함께하고자 하였다.

2. 수업설계
1) 수업목표 및 교수방법

이 과목의 목표는 학생들로 하여금 '어떻게 잘 가르칠 것인가?'에 대해 고민하게 하고, 실제로 잘 가르칠 수 있도록 준비하는 것으로, 구체적 수업목표는 다음과 같다. 1) 교육공학의 학문적 특성을 말할 수 있다. 2) 교육공학의 이론적 근거가 되는 행동주의, 인지주의, 구성주의에 대해 알고 이를 교수설계에 활용할 수 있다. 3) e-러닝 및 이후의 다양한 학습환경에 대해 이해하고 활용할 수 있다. 4) 교사로서의 바른 태도를 익혀 실천할 수 있다. 5) 교사로서의 문제해결력과 협동학습 능력을 발휘할 수 있다. 이러한 학습목표를 달성하기 위해서는 학습자에게 이론을 제시할 뿐만 아니라 실제적 경험을 제공하는 것이 중요하다. 즉, 교육공학의 학문적 특성인 이론과 실제가 함께 이루어지는 것인데, 이를 위해 본 수업에서는 문제중심학습(Problem Based Learning: PBL)으로 수업을 운영하고자 하였다.

PBL이란 학습자에게 실제적인 문제를 제시하고, 그 제시된 문제를 해결하기 위해 학습자들 상호 간에 공동으로 문제해결 방안을 강구하고, 개별학습과 협동학습을 통해 공통의 해결안을 마련하는 일련의 과정에서 학습이 이루어지게 되는 학습방법이다. 이러한 PBL은 실제 세계의 문제해결에 초점을 두고 있는 학습전략으로, PBL에서 학습자는 자신이 학습한 지식을 적용하여 실제적인 문제해결에 참여한다. PBL은 학습자가 지식을 실제적 맥락에 전이시킬 수 있는 학습기술을 개발하도록 도와준다. PBL을 통해 학습자가 얻을 수 있는 가장 큰 배움은 우리 삶 전체에 유용하게 사용할 수 있는 '학습하는 방법을 배우는 것'이다. 본 강좌에서 PBL을 교수방법으로 선택한 것은 예비교사인 학생들에게 가르치는 것과 관련된 교사의 실제를 경험해 보게 함이며, 학습자 중심 교수-학습 환경을 학습자의 입장에서 직접 경험해 볼 수 있도록 하는 것이다.

PBL의 주요 과정은 크게 일곱 단계로 나눌 수 있는데, 1) PBL의 초기 활동(소개하기, 그룹 규칙 정하기), 2) 문제 제시 및 문제에 대한 접근, 3) 문제에서 요구하는 학습내용 추론, 4) 자기주도학습의 수행, 5) 문제해결을 위한 새로운 지식의 적용 및 문제해결 계획에 대한 반추, 6) 문제의 해결안 작성, 7) 문제의 해결안에 대한 요약 및 종합정리다. 이 일곱 단계의 과정 중 첫 번째 활동은 첫 번째 문제를 해결하면서 이루어진 후, 이후의 문제해결에서는 따로 활동시간을 마련하지는 않았다. 두 번째 단계부터 여섯 번째 단계까지는 학습자 중심으로 이루어졌고, 일곱 번째 단계인 문제의 해결안에 대한 요약 및 종합정리는 학습자의 문제해결안 발표 이후 문제에서 중요하게 다루고자 했던 내용을 중심으로 강의가 이루어졌다.

본 강좌에서는 교육공학과 관련된 내용 중 교사 혹은 교수설계자로서 경험할 수 있는 실제적 사례를 4개의 문제로 개발하여 이를 중심으로 〈표 12-2〉와 같은 한 학기 프로그램을 계획하였다. 〈표 12-2〉에 제시된 것처럼, 한 문제는 평균 3주에 걸쳐서 해결하게 된다. 강좌 수강생은 모두 20명이었고, 5명이 한 그룹을 이루어 총 4개의 그룹으로 나누어져 한 학기 동안 문제해결 활동을 함께하였다. 이때 문제해결을 위해서는 학생들의 자료 및 의견을 공유할 수 있는 공간이 필요하므로, [그림 12-1]과 같이 N 포털 사이트에 강좌 커뮤니티를 개설하여 운영하였다. 학생들은 의사결정을 위한 주요한 논의는 강의실에서 수행하였지만, 개별적으로 학습한 내용 등은 강좌 커뮤니티를 활용하였고, 이 외에도 그룹별로 문제해결 과정에서 제출해야 하는 과제물, 개별 과제물, 성찰일지 등도 커뮤니티를 통해 제출하였다.

표 12-2 **강좌 운영 계획**

주차	강의내용	역할		활동공간	
		학습자	교수자	교실	온라인
1	• 강좌 오리엔테이션		○	○	
2	• PBL 과정 연습하기	○	○	○	
	• 첫 번째 문제 제시		○	○	○
	• 첫 번째 문제해결을 위한 그룹별 학습	○		○	○
	• 첫 번째 문제해결을 위한 그룹별 학습 조력		○	○	○

3	• 첫 번째 문제해결을 위한 그룹별 학습	○		○	○
	• 첫 번째 문제해결을 위한 그룹별 학습 조력		○	○	○
4	• 첫 번째 문제해결안 발표	○		○	
5	• 미니 강의(교육공학의 특성)			○	○
6	• 두 번째 문제 제시			○	○
	• 두 번째 문제해결을 위한 그룹별 학습	○		○	○
	• 두 번째 문제해결을 위한 그룹별 학습 조력		○		
7	• 두 번째 문제해결을 위한 그룹별 학습	○		○	○
	• 두 번째 문제해결을 위한 그룹별 학습 조력		○	○	
8	• 두 번째 문제해결을 위한 그룹별 학습	○			○
9	• 두 번째 문제해결안 발표	○		○	
	• 미니 강의(어떻게 가르칠 것인가?)		○	○	○
10	• 세 번째 문제 제시			○	○
	• 세 번째 문제해결을 위한 그룹별 학습	○		○	○
	• 세 번째 문제해결을 위한 그룹별 학습 조력		○	○	
11	• 세 번째 문제해결을 위한 그룹별 학습	○			○
	• 세 번째 문제해결을 위한 그룹별 학습 조력		○		
12	• 세 번째 문제해결안 발표	○		○	
	• 미니 강의(의사소통 전략과 수업행동)		○	○	○
13	• 네 번째 문제 제시			○	○
	• 네 번째 문제해결을 위한 그룹별 학습	○		○	○
	• 네 번째 문제해결을 위한 그룹별 학습 조력		○	○	
14	• 네 번째 문제해결을 위한 그룹별 학습	○		○	○
	• 네 번째 문제해결을 위한 그룹별 학습 조력		○	○	
15	• 네 번째 문제해결안 발표	○		○	
	• 미니 강의(e-러닝, m-러닝, u-러닝에 대한 이해)		○	○	○
16	• 강의(한 학기 내용에 대한 정리)		○	○	

그림 12-1 강좌 커뮤니티 전자칠판 화면

2) 수업내용 및 평가방법

학습자들이 한 학기 동안 해결한 문제의 주요 내용은 〈표 12-3〉과 같으며, 문제는 〈표 12-4〉와 같은 형태로 제시되었다.

각 문제에 대해 학습자들은 그룹별로 과제수행계획서를 제출하고, 최종 문제해결안을 개발하고 발표하였다. 개별적으로는 각 문제해결이 끝난 후 성찰저널을 작성하였고, 학기 말에는 한 학기 동안 학습한 내용을 모두 정리한 개별학습포트폴리오와 개별 문제에 대한 해결안을 제시하였다. 그룹별 활동에 대한 평가는 미리 개발한 평가 기준표(rubic)를 활용하여 교수자평가, 동료평가, 자기평가의 점수를 합한 것으로 이루어졌고, 문제해결안과 개별과제에 대한 평가는 교수자평가로 이루어졌다.

표 12-3 학습자들이 해결한 문제들

문제명	문제내용	학습자 역할
교육공학적 마인드 갖기	교육용 프로그램을 개발하기 전 프로그램 개발 기술을 보유한 동료교사에게 교육공학적으로 프로그램을 개발할 수 있도록 제안하는 것	교육공학적 마인드를 지닌 교사
멋진 연구수업을 준비해요	연구수업을 위해 동일한 교과내용을 구성주의적 수업과 객관주의적 수업으로 운영할 수 있는 수업지도안을 개발하는 것	교육실습생
모범 수업 사례 개발하기	수업 분석 평가를 받기 전 자신의 강의를 개선하기위해 훌륭한 강의를 준비하는 것	수업 분석 평가 대상 고등학교 교사
'원격교육 발달사' 업그레이드	상호작용이 거의 없이 진행되는 '원격교육활용론' 과목을 온라인 환경의 특성에 맞게 업그레이드하기 위한 기획안을 작성하고 그에 맞는 샘플 스토리 보드를 개발하는 것	사이버대학 교수설계자

표 12-4 문제 제시 사례

문제명: 모범 수업 사례 개발하기

수업분석평가시스템 운영

[대전일보 2005-01-12 기사]

충청북도 교육청은 10일, 수업의 질적 향상을 통한 교실수업 도약에 더욱 박차를 가하기 위하여 올해부터 '수업분석평가시스템' 을 개발, 운영키로 했다고 밝혔다.

도교육청은 이를 위해 학교별 또는 지역별 중심학교를 지정하여 비디오 카메라, 멀티비전, 프로젝터, 컴퓨터, 실물화상기 등을 갖춘 소위 마이크로티칭 룸(micro-teaching room)을 설치하거나, 각급 학교에 마련된 ICT 교실, 멀티미디어실, 디지털 도서실 등을 적극 활용하도록 할 방침이다.

'수업분석평가시스템' 은 마이크로티칭 룸 등을 통해 교사 자신이 일정한 시간 동안 진행한 수업내용을 담아 토론이 너무 많지는 않았는지 너무 강의에만 치중하지 않았는지 등 여러 분야로 세밀하게 나누어 분석, 평가한 후 개선점을 찾도록 하는 체제다.

또한 도교육청은 교원 자율연수 활동 시 일정한 시간 동안 진행한 수업내용을 비디오로 촬영한 후 교과협의회를 통해 수업내용을 분석, 평가한 후 발전방안을 모색하도록 하는 등 수업의 질 향상을 위한 연수 활동을 강화해 나가기로 했다.

도교육청 관계자는 "수업분석평가시스템 운영으로 교실수업에 변화가 있을 것으로 기대된다."며 "시범적으로 운영한 다음 점차 확대해 나갈 계획"이라고 밝히고 "이 제도의 성공 여부는 교원들의 의지에 달려 있는 만큼 교원의 자기 혁신을 위해서뿐만 아니라, 사랑스러운 제자들을 위해서 적극 동참해 줄 것"을 당부했다.

〈청주＝김동석 기자〉

〈문제〉

충청북도 청주시 청주고등학교의 교사로 근무하는 당신은 도교육청의 지침에 따라 2주 후에 수업분석평가를 받기 위해 강의 촬영을 하기로 하였습니다(기사 참조). 물론 평소에도 열정적으로 강의를 하는 당신이지만, 이번 기회에 좋은 평가도 받고, 자신의 강의를 한 단계 업그레이드하고 싶습니다. 그래서 다른 사람들의 강의 비디오를 살펴보는 것이 좋겠다는 생각을 하고 자료를 찾던 중 한 대학의 교수학습지원센터에서 제작한 '강의 Bad Case' 동영상을 보게 되었습니다. 동영상을 다 본 후 당신은 자신의 강의가 Good Case로 선보여도 손색이 없는 강의가 되길 바라는 마음이 생겼습니다. 그래서 다음 주 수업분석평가 전 '강의 Good Case' 동영상을 찍어 보기로 마음을 먹었습니다. 이 자료를 이용해서 동료교사들에게 피드백도 받을 수 있으니까요. 자! 10~13분 분량으로 '강의 Good Case' 동영상을 준비해 주세요. 단, 짧은 분량이지만 강의의 시작, 중간, 끝부분의 내용이나 활동이 모두 포함되어야 합니다.

3. 수업 실제

1) PBL 준비시키기

PBL로 강좌를 운영하기 위해 가장 중요한 시간은 첫 만남인 것 같다. 학생들은 이미 강의계획서를 통해 본 강좌의 수업방식에 대한 마음의 준비를 하고 강의실에 들어왔지만, 학생들에게 왜 PBL 방식으로 수업을 하는지에 대한 충분한 설명을 해야 하고, 어렵지만 이러한 방법을 통해 많은 것을 얻을 수 있다는 마음을 갖게 하는 것이 필요하다. 전통적 수업방식에 익숙한 학습자들에게 PBL은 낯선 환경이기 때문이다. 이를 위해 학생들에게 PBL의 필요성과 절차를 간단히 안내한 후, PBL 과정에서 함께 사용할 강좌 커뮤니티를 보여 주며 각 공간의 기능과 사용방법에 대해 설명하였다. 그리고 PBL은 그룹 활동을 중심으로 이루어지는 것이기에 그룹을 구성하고, 그룹별로 친근감을 가질 수 있도록 그룹명을 정하고, 그룹의 운영계획을 세우며, 자기소개를 하는 시간을 가졌다.

그런 다음 학생들이 PBL 과정을 직접 경험할 수 있도록 간단한 연습문제를 함께 해결하였고, 다시 그룹별로 두 번째 연습문제를 푸는 시간을 가졌다. PBL은 독특한 문제해결 과정을 거치는 것으로, 학습자들이 이러한 과정에 익숙해지지 않은 채 그들에게 문제를 제시하면 문제해결과 PBL 과정 두 가지 부담으로 학습 동기가 매우 떨어지기 때문이다. 여전히 어려워했지만 학생들에게 그룹별 활동을 하게 한 후 각 그룹을 순회하며 그들의 문제해결 과정을 듣고, 적절한 도움을 제공하였다.

2) PBL 문제 해결하기
(1) 첫 번째 문제
한 한기 동안 이루어지는 PBL 과정에서 학습자들이 가장 어려워하는 시기다. 두 번의 연습문제를 통해 PBL 과정을 연습했지만, 학생들은 여전히 어려워하고 힘들어하였다. 학생들이 가장 어려워한 부분은 PBL 과정 중 문제에서 요구하는 학습내용 추론 단계였다. 이 단계는 〈표 12-5〉와 같은데, 학생들은 익숙하지 않은 이러한 문제해결 방식에 어려움을 느꼈다. 이 과정이 강의시간 중에 이루어질 수 있도록 하였으나 그룹에 따라 더 알아야 할 사항들이 도출되지 않은 그룹들은 [그림 12-2]와 같이 강좌 커뮤니티를 활용하여 구성원들끼리 의견을 조율하였다.

한 주 후에 모인 학생들은 이미 도출된 더 알아야 할 사항들에 대해 구성원들끼리 나누어 개별학습을 한 상태다. 이러한 상태로 그룹별 활동이 이루어졌다. 학생들은 각자 맡은 학습주제에 대해 공부한 결과를 다른 구성원들에게 설명해 주었고, 모든 구성원들의 학습결과가 공유된 후 학습자들은 〈표 12-5〉의 과정을 반복하였다. 이때 개별학습 결과를 공유했기 때문에 학생들은 학습한 내용을 토대로 새로운 안목으로 문제를 바라보게 되었고, 이전 시간에 비해 한층 심도 깊은

표 12-5 학습내용 추론 과정

생각	사실	학습과제
주어진 문제를 해결하기 위해 생각할 수 있는 결과물, 필요한 자료, 정보, 기술은 무엇인가?	주어진 과제를 풀기 위해 규명한 생각, 사실, 정보, 기술들 중에서 이미 알고 있는 것들	주어진 과제를 풀기 위해서 규명된 생각, 사실, 정보, 기술들 중에서 알지 못하고 있는 것들

그림 12-2 강좌 커뮤니티에서의 그룹별 활동

의견을 주고받았다. 2시간의 강의 시간 동안 4개의 그룹이 문제해결을 위해 논의하는 과정을 순회하면서 지켜보았다. 직접적인 도움이나 내용을 제공하는 것이 PBL 튜터의 역할이 아님을 이미 알려 주었지만 학생들은 직접적인 도움을 제공하지 않는 나(교수자)의 태도에 답답함을 갖는 것 같았다. 그러나 튜터가 학습자를 위한다고 그들에게 적극적인 도움을 제공한다면 PBL이 제대로 이루어질 수 없기에 튜터와 학습자의 역할에 대해 다시 한 번 주지시켰다.

다시 한 주 후 학생들은 그룹별로 문제해결안을 준비하였다. 강의실로 들어섰을 때 이미 학생들은 발표 준비로 분주하였다. 첫 번째 문제 '교육공학적 마인드 갖기'에 대해 그룹별로 공통점과 차이점을 보이며 각 그룹에서 이해한 교육공학의 특성을 문제에서 요구한 대로 동료교사를 설득하는 방식으로 발표하였다. 나(교수자)와 다른 학생들을 동료라 생각하고 연극 형식으로 발표를 한 그룹도 있었고, 대화 형식으로 발표를 한 그룹도 있었다. 학생들의 개성과 창의성이 엿보였다. 4개의 학습 그룹 발표가 끝난 후에는 문제를 제시한 의도를 설명하였고, 학생들이 발표한 것의 주요 내용, 그리고 간과된 내용들을 중심으로 20분쯤 강의를 하였다.

첫 번째 문제가 끝난 후 학생들은 강좌 커뮤니티에 성찰일지를 작성하였다. 성찰일지에 작성한 내용은 다음과 같다. 1) 무엇을 배웠는가? 2) 어떤 과정을 통해 배웠는가? 3) 이러한 학습활동을 통해 무엇을 배웠는가? 4) 학습한 것을 내 생활에 어떻게 적용할 것인가? 〈표 12-6〉은 첫 번째 문제해결 후 한 학생이 작성한 성찰일지다. 성찰일지는 학생들에게는 자신의 학습내용과 과정을 되돌아볼 수 있는 기회를 제공하며 교수자에게는 학습자들의 학습을 진단할 수 있는 좋은 자료가 된다. 나는 사례로 제시된 학생의 성찰저널에 대해 다음과 같은 의견을 제시하였다.

"좋은 성찰이었어요. 음, …… 한 가지 교육공학의 장점, 즉 매체를 활용한 수업의 장점으로 적은 것 같아요. 물론, 맞지만. 좀 더 시각을 넓히는 것도 좋을 것 같아요."

표 12-6	학습자가 작성한 성찰일지 사례 1

성찰일지

1. 무엇을 배웠는가?

1) 교육공학의 정의와 개념을 이해하게 되었다.

정의: 교육의 방법론적 문제를 해결하기 위하여 관련된 과학적 지식 또는 일반적으로 조직
 화된 지식을 체계적으로 적용하기 위한 학문 영역으로 규정하는 것이 교육공학이다.
개념: 수업의 효과성, 효율성을 최대화하기 위하여 교수-학습 설계, 개발, 관리, 평가 등 교
 수-학습과정 전반에 걸쳐 필요한 이론과 실제적인 방법에 대해 체계적으로 연구하고
 실천 방법 등을 제시해 주는 학문이다.

  즉, 학습목표와 내용을 선정하고 학습자료 및 매체들을 갖추어 수업을 전개하는 일련의
준비 및 실행의 교수-학습 활동을 말하는 수업(학습지도) 업무에 대한 이론과 실제를 탐구
하는 연구 영역이다.

2) 교육공학의 장점을 이해하게 되었다.

▶ 시청각자료를 활용하여 학생들의 수업 집중도를 높일 수 있다.
 – 기존의 수업방식이 주입식 방식이었다면, 교육공학적 교육방식은 학습자의 흥미를 유
  발하여 수업의 참여도를 높인다.
▶ 학습자들이 문제해결 과정에서 잠재력을 최대한 발휘한다.
 – 이는 수업의 효과를 극대화시키는 장점을 가지고 있다.
▶ 언제나 학습할 수 있어 편리하다.
 – 교수-학습의 질과 방법을 개선하고 이러한 개선안을 바탕으로 보다 나은 교육방식 등
  의 개발이 용이하다.
▶ 학습자가 능동적으로 개별활동 또는 그룹활동을 통해 문제를 해결하면서 효과적으로
 개념을 이해하고 원리를 익힐 수 있다.
▶ 학습내용에 대한 즉각적인 피드백이 가능하여 학습자들의 학습에 대한 부담감을 줄여
 준다.
 – 필기식 수업이 아니므로 암기 이전의 이해가 선행되어 시험이나 과제 제출 시 모호함
  이 줄어들고 보다 완전한 학습을 할 수 있게 한다.
▶ 학습효과를 높여 학습자의 지식 습득뿐만 아니라 학습자가 알게 된 지식을 활용할 수 있다.

- 현재 그리고 미래 자신의 모든 분야에서 활용이 가능하다.
▶ 실질적인 수준별 개별화 학습이 가능하다.
  - 자신의 취약 부분을 학습자 스스로 깨닫고 보충할 수 있으며, 교사 역시 많은 시간을 절약하면서 학습자 개개인의 능력, 이해 수치 등을 빠르게 파악할 수 있다(각 학습자의 이해도를 높임).
▶ 학습을 통해 문제해결력, 사고력 및 창의력을 키울 수 있다.

3) 교육공학의 역사에 대해 이해하게 되었다.

코메니우스의 『세계도해』의 출판에서 시작된 공학의 의미는 교육공학에서 1900년대를 전후하여 현대적 의미를 가지며 발전, 시각 및 시청각교육을 바탕으로 1950년대에 커뮤니케이션의 아이디어를 반영한 시청각통신으로 발전하였고, 1970년대는 교육공학 및 교수공학(instructional technology)으로 발전하게 된다. 그 후, 1900년대의 시각교육은 추상적인 개념의 테두리를 탈피하여 구체적인 시각자료를 사용하여, 학습내용을 보다 구체적으로 제공하며 오늘에 이르렀다. 예) 호반(Hoban)의 연구 등

4) 교육용 소프트웨어 프로그램 개발 시, 교육공학의 적용 및 필요성에 대해 알게 되었다.

교육목표를 달성하기 위해 교육을 하나의 체제로 보고 교육의 전 과정을 통합적이고 체계적으로 계획, 실행 및 평가하는 것을 의미하는 교육공학적 입장은 교수-학습 체제 사이에서의 교수와 학습자 간 상호 이해도를 높이고 학습의 효과를 극대화하기 위해 연구되는 교육용 소프트웨어 프로그램 개발에 매우 효과적이다.

웹자료나, 수업 모형, 단계별 문제풀이 등의 소프트웨어 개발 시에 교육공학적 원리는 여러 형태로 적용될 수 있다.

2. 어떤 과정을 통해 학습했는가?

1) PBL을 이용하여 문제에 대한 접근을 시도하였다.

우선 나에게는 PBL이라는 용어 자체의 생소함과 이것이 무엇인가에 대한 이해가 선행되어야 했다. 교수님의 설명 이후, 어렴풋하게나마 PBL이 무엇인지 깨달았고 이러한 과정의 처음으로 문제 제기-토의/토론-결론 도출이 이루어졌다.
구성원들과의 인사 이후, 이 과정 안에서 몇 번이나 목표를 수정하고 각자 다른 방법으로

문제에 접근하여 생각-사실-학습과제 중, 생각의 해결이 가장 커다란 과제였고 기존의 틀을 벗어나지 못한 생각들은 자꾸 다른 방향으로 전개되어 갔다.

2) PBL 문제의 해결을 위한 구성원 간의 이해와 자료 공유의 시간을 가졌다.

우리는 우리의 접근이 다른 방향으로 흘러가는 이유가 교육공학적 마인드가 무엇인가를 알기 이전에 교육공학 자체에 대한 전반적인 이해가 부족함 때문이라는 것을 깨달았다. 그리고 교육공학의 정의 및 개념에 대한 토론의 시간을 가지고 구성원들 간의 의견에 대한 반문과 이해 부족의 원인이 학습이 이루어지기 전에 당연히 거쳐야 하는 과정임을 인정했다.
그러한 이해의 시간 이후에 각자 역할을 분담하여 자료를 조사해 오고 서로가 10분 정도의 발표시간을 가져 자신의 지식을 공유하고 서로에게 질문을 하여 이해도를 높이고 PT 제작으로 들어갔다.

3) 최종 PT의 제작 및 발표

수업시간에 구성원 중 노트북을 가진 구성원이 있어 빠른 속도로 목차를 작성하고 각각의 컷에 들어갈 큰 제목만을 적어 놓았다. 그리고 앞서 자신들이 조사한 내용이 들어갈 컷을 직접 만들어 보고 되도록 PT 안에 공학적인 시도가 이루어지는 것을 보이기 위해 다양한 색상과 여러 사이트에 링크를 걸어 조금 더 입체적인 발표가 되도록 노력했다. 또한 직접 작성한 문항지를 수업을 듣는 모든 학습자들이 풀어 보게 하여 흥미를 유발시키고 참여도를 높였다. 우리 그룹 발표자의 진행 중에 구글어스로 들어가 지구본을 보여 준 것은 많은 관심을 끌었고, 이러한 것만이 교육공학의 전부가 아니라는 다른 그룹의 발표는 우리가 알지 못한 부분을 깨닫게 하는 시발점 역할을 했다.

3. 이런 학습활동을 통해 무엇을 배웠는가?(일반화하기)

PBL 과정의 도입에 따른 새로운 학습방법의 응용과 협동적 학습의 효율성에 대해 알게 되었다. PT 수업의 발표는 기존에 수강했던 다른 수업에서도 사용한 방법이었으나, 이번 수업처럼 체계적으로 문제가 무엇인가를 파악하고 그에 따른 이미 알고 있는 사실에서 새롭게 알게 될 사실로 가기까지의 전 과정을 스스로 계획하고 조사하고 발표하고, 마지막 교수님의 정리 이후의 전반적인 이해까지 광활한 분야의 활용을 가능하게 지식의 집약을 학습할 수 있게 했다. 뿐만 아니라 협동을 통한 학습은 서로 다른 과, 다른 전공에서의 자기 분야 안에서 실행했던 자신들만의 독창적인 학습의 노하우를 이번 수업에 집결시키게 했다. 그럼으로써 처음 자료를 공유하는 데 충돌하며 좁혀지지 않던 의견의 차이가 결과적으로 더 많은 생각과 이해를 도왔음은 물론이다.

4. 이것을 실제 내 생활, 직장, 가정에 어떻게 적용할 것인가?

1) 무용교사로서의 나

실기과목 교사인 나로서는 교육공학을 무용에 도입한다는 것이 막연하게만 느껴졌다. 이번 기회를 통해 교사로서, 안무가로서 창의적이고 효과적인 수업을 위한 교육공학적 도입이 흥미 있는 많은 것들을 이룰 수 있을 것이라 생각된다. 우선, 동영상 강의를 통해 기존 대학에 들어와야만 행해졌던 영상매체의 수업을 초·중·고등학생들에게 미리 경험하게 함으로써 무용에 대한 흥미도와 폭넓은 장르를 간접 경험하게 해 준다. 또한 특성화 교육 안에서의 특별활동 시간에 실기적인 면에 바탕을 둔 체계적 교재 수업 및 학생 스스로가 시청각 자료를 충분히 활용하여 하나의 작품과 안무 노트를 만들게 한다면 실기만으로 여겨졌던 무용의 깊이를 조금 더 쉽고 재미있고 심도 있게 학습하게 할 수 있을 것이다.

2) 안무가로서의 나

안무를 하는 데서의 교육공학적 접근방식은 매우 효과적이다. '생각-사실-학습과제'의 모든 과정을 활용할 수 있으며, 이러한 과정은 현재 나의 무용 능력에 대한 파악과 신체적인 근육의 움직임을 보다 공학적으로 할 수 있다. 또한 군무진의 배치나 솔로신의 경우 무대의 위치와 기울기, 조명 및 의상 모두가 이러한 일련의 과정 안에서 이루어진다면 기존의 작품과는 다른 작품을 연출할 수 있을 것이다.

3) 부모로서의 나

내가 어머니라는 위치의 막중한 책임감을 느낄 나이가 되면 아마 미래의 사랑스러운 나의 자식들은 정보의 홍수 속에서 이것을 어떻게 받아들이고 어떻게 활용해야 하는지에 대한 문제로 많은 고민을 하게 될 것이다. 이것을 해결해 줘야 하는 부모의 입장으로서 나는 수업을 통해 배운 대로 보다 체계적이고 독창적이며, 주입식이 아닌 참여식의 학습을 통한 가정에서의 교육을 이행할 수 있을 것이다. 이러한 가정교육은 학교교육 안에서 아이들의 학습을 보다 효율적으로 증대시킬 수 있으며 바르고 건전한 사고 안에서 자신의 분야를 보다 일찍, 명확히 찾게 해 줄 것이다.

(2) 두 번째, 세 번째, 네 번째 문제

두 번째 문제부터는 눈에 띄게 학생들의 자신감이 보였다. 첫 번째 문제를 통해 PBL 과정에 익숙해졌고, 구성원들과도 친해졌기 때문에 문제해결을 위해 그룹별로 둘러앉은 강의실은 보다 시끌시끌해졌고, 논의가 진행되는 과정도 매끄러워졌다. 첫 번째 문제에서 사회자와 기록자의 역할을 했던 학생들을 대신하여 다른 학생들이 사회자와 기록자의 역할을 수행하며 문제해결을 위한 토의를 진행했다. 첫 번째 문제에서 나(교수자)에게 보다 구체적인 도움을 요청했다면 두 번째 문제에서는 도움을 요청하기보다 자신들의 논의가 논리적으로 진행되는지 지켜봐 주길 원했다. 두 번째 문제는 객관주의와 구성주의라는 교육공학의 주요한 두 패러다임에 입각한 두 개의 수업지도안을 개발하는 것이었는데, 다른 교직 과목에서 두 패러다임과 수업지도안에 대해 이미 학습한 경험이 있는 학생들이 자신이 이해한 것을 다른 구성원들에게 설명해 주는 모습을 보였다.

세 번째 문제가 시작될 때 학생들은 조금은 지친 모습을 보였다. 늘 수동적인 입장에서 강의에 참여하다가, 한 학기를 능동적으로 문제해결하고 주도해 나가는 것이 힘들었나 보다. 그러나 좋은 수업 사례를 동영상으로 제작해 오는 세 번째 문제를 해결하면서 실제로 경험하고 활동하는 것, 그리고 새로운 것을 알아간다는 것에 호기심을 보였다. 각각의 그룹에서 동영상으로 제작한 '우수 강의 사례'를 보면서 나와 학생들 모두 마치 영화 '죽은 시인의 사회'를 보는 듯했으며, 학생들은 〈표 12-7〉과 같이 전공 교과의 교사로서 어떻게 가르쳐야 하는지에 대해 생각해 보는 시간이 되었다고 이야기했다.

네 번째 문제는 학생들에게 새로운 매체와 교수방법을 연계시켜 줄 수 있는 문제로, 기존의 e-러닝 컨텐츠를 m-러닝이 가능하도록 재설계하는 것이었다. 처음 강좌 소개에서 언급한 것처럼 많은 학생들이 교육공학을 컴퓨터, 인터넷을 이용해 수업하는 것, 교사의 컴퓨터 활용 능력과 관련이 있는 것이라 생각하기 때문에 네 번째 문제를 통해 매체의 활용 역시 교사의 교수설계와 매우 중요한 관련이 있음을 알게 하고자 하였다. 네 번째 문제를 진행하면서 한 가지 놀란 사실은 학생들이 e-러닝, m-러닝, u-러닝 등에 대해 사전지식이 전혀 없다는 것이다. 이

표 12-7 학습자가 작성한 성찰일지 사례 2

4. 이것을 실제 나의 생활, 직장, 가정에 어떻게 적용할 것인가?

1) 미래 교사로서의 나

미래의 교사로서 나는 무용을 전공하는 학생과 전공하지 않는 학생들과의 수업방식이 차이가 있어야 한다는 것을 배웠다. 무용을 잘 겪어 보지 못한 학생은 무용 수업을 어렵게만 생각할 수 있으며 기피할 수 있다. 하지만 전공자보다 조금 더 귀에 익은 쉬운 템포의 음악을 사용하고 학생 스스로의 문제점을 파악한다면, 양쪽 모두를 발달적인 방향으로 이끌 수 있으리라 생각한다.

무엇보다 무용은 학생들에게 자신의 교양과 신체 발달에 꼭 필요한 수업이다. 내가 일반 인문계 고등학교의 체육교사가 될 경우 무용을 보다 쉽게 가르칠 이론수업과 실기수업 방법을 개발해야 할 것이다. 이러한 방법에는 무엇보다 교사의 태도가 중요하고, 그러한 태도는 무엇이 있는가를 배울 수 있는 시간이 된 것 같다.

2) 학생으로서의 나

내가 좋은 사례 수업의 교사가 되어 촬영을 해 보니 내가 하는 무용에 대해 조금은 자부심이 생겼고, 무엇보다 구성원들에게 무용의 즐거움을 알게 해 준 좋은 시간이었다. 나름대로 트레이닝복을 갖춰 입고 다들 난생 처음 들어와 보는 무용과 실기실에서 자신이 생각했던 신체적 문제점을 충분히 이야기하고 동작을 따라해 보며 함께한 시간이 좋았고, 다른 구성원들이 교사가 되는 수업도 들어보고 싶은 생각이 들었다. 또한 어색하고 서로 간에 쌓였던 벽을 허물 수 있는 계기가 되었다.

3) 맺음말

어려운 스트레칭을 불만 없이 해 준 구성원들과 Bad case 교사로서의 연기력을 유감없이 발휘해 준 수란이에게 고마움을 느낀다. 마지막으로 이런 수업을 실제로 할 수 있도록 마련해 주신 교수님께 감사드린다.

것은 내가 학습자 분석을 충분히 하지 않았다는 증거이기도 하다. 따라서 네 번째 문제가 시작되기 전에 e-러닝, m-러닝, u-러닝에 대한 개념, 특성 등에 대해 설명하는 시간을 먼저 가진 후 문제해결을 시작했다.

네 번째 문제의 특성상 학생들이 제출한 문제해결안은 학생들의 창의성이 묻어났다. 유행하는 게임이나 드라마를 패러디한 프로그램을 제시하기도 하고, [그

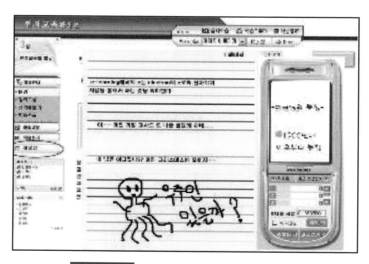

그림 12-3 네 번째 문제의 해결안 중 일부

림 12-3]과 같이 평소 본인들이 생각한 창의적인 아이디어를 컨텐츠 개발에 접목한 경우도 있었다.

4. 강좌에 대한 나의 성찰

같은 강좌를 강의식으로 운영할 때와 PBL로 운영할 때 교수자로서 많은 차이를 느낀다. 물론 PBL은 학생에게도 교수자에게도 매우 힘든 수업방식이다. 학생은 주도적으로 학습해야 하기 때문에 힘이 들 것이고, 교수자는 교과목표에 맞는 문제를 개발하고, 학생들의 문제해결 과정에 피드백을 제공하며, 학생 개개인의 학습결과를 학기 내내 지속적으로 평가해야 하기 때문에 힘들 것이다. 이러한 어려움이 있음에도 PBL 방식으로 수업을 하는 것은 학생을 위해서기도 하지만 나 자신도 다음처럼 얻는 것이 매우 많기 때문이다.

첫째, 학생의 학업성취에 대해 파악할 수 있다. 한 학기 동안 네 개의 문제를 해결하는 학습자들의 태도, 결과물, 구성원들의 평가, 그리고 성찰일지에 쓰는 '무엇을 배웠는가?'에 대한 내용을 통해 학생이 배워야 할 내용을 제대로 이해했는지, 무엇을 간과하거나 잘못 이해했는지 파악할 수 있으며, 이러한 이해를 바탕으로 그룹별 활동 시 개별적인 피드백을 제공하거나 참여를 독려하는 등의 활동을 수행할 수 있다. 또한 이는 다음 학기 강의를 계획할 때 매우 유용한 자료가 된다.

둘째, 내 전공 영역의 최신 이슈를 알게 한다. 학생에게 제공하는 문제가 얼마나 실제적이고 가르치고자 하는 내용을 잘 담고 있는지는 매우 중요하다. 따라서 학기마다 반복되는 강좌이지만 현실적 특성, 학생들의 특성 등이 반영된 문제를 개발하기 위해서는 전공과 관련된 최근 이슈가 무엇이며, 무엇이 중요한지에 대해 끊임없이 탐색해야 한다.

셋째, 학생들과의 다양한 상호작용을 가능하게 한다. 학생과 교수 사이의 거리는 물리적 거리감보다는 심리적 거리감이 더 멀 수 있다. 그러나 PBL에서는 학생들과 온라인, 오프라인 공간에서 이야기할 수 있고, 생각을 교류할 수 있기 때문에 다양한 형태로 보다 많은 상호작용을 할 수 있다. 어떤 학생은 본인의 성찰일지에 대한 피드백에 대해 교수자로부터 1:1로 피드백 받은 경험이 처음이라고 이야기하기도 하였다. 물론 나 역시 바쁘다는 이유로 적절한 시기에 충분한 피드백을 제공하지는 못했지만, 적어도 강의식으로 이루어지는 수업에 비해 학생들의 생각과 의견을 듣고 나의 생각과 의견을 이야기할 수 있는 기회가 더 많은 것이 사실이다.

새로운 학기가 시작되면 늘 고민한다. 이번 강의도 PBL로 할까? 아니면, 쉽고 강의평가도 잘 나오는 방법으로 할까? 그냥 편하게 강의로 하자고 마음을 먹다가도 다시 PBL 방식으로 수업을 해야겠다는 생각이 든다.

부 록

PBL 문제 사례

1. 교육학

1-1. 교육심리

⊙ 명준이 아버님과의 상담

당신은 서울중학교 1학년 담임입니다. 당신의 학급 학생인 명준이의 아버지가 이번 주 금요일에 면담신청을 하였습니다. 면담하고자 하는 내용은 두 달 전 실시한 명준이의 지능검사 결과와 학업 적응 정도가 궁금하다고 하였습니다. 당신이 판단하기에 명준이는 지능검사 결과와 교과 성적이 전체에서 중간 정도입니다. 그러나 명준이는 다른 아이들에 비해 생각이 많고, 아이디어가 풍부하고, 표현력이 좋은 학생입니다. 엉뚱한 질문으로 아이들의 주목이나 놀림을 받을 때도 있습니다. 이런 명준이의 아버지와 상담할 당신은 지능검사 결과 해석 및 교과 성적 등 명준이의 인지적, 정의적, 사회적 특성을 어떻게 설명할지를 예상하여 상담에 필요한 자료를 준비하세요.

⊙ 멘토링 프로그램 개발하기

[2006년 6월 19일 CBS 뉴스 중에서]

서울대학교 학생들이 관악구 지역 초·중학생들을 대상으로 멘토링 활동에 나섰다. 서울대학교 학생 179명은 지난 4월부터 관악구 관내 38개 초·중학생 632명의 멘토로 나서 기초학습과 교과지도, 특기적성을 지도하고 있다. 대학생들은 1인당 3~4명의 학생들을 맡아 일주일에 2차례 학생들을 방문해 그룹 지도 방식으로 멘토링 활동을 하고 있다.

이번 사업은 저소득층 가정의 초·중등학생들을 대상으로 개별화된 학습과 인성지도를 통해 학습에 대한 흥미와 자신감을 높임으로써 계층간 교육 격차를 해소하기 위해 마련됐다. 서울 관악구청은 5천여 만 원의 예산을 지원하고 교육청은 멘토와 멘티의 연결, 서울대학교는 대학생 선발관리 역할을 맡아 지자체와 교육청, 대학의 협력에 의해 이번 사업이 성사됐다. 관악구청은 대학 멘토링 시범 사업의 성과가 좋을 경우 내년 이후 제도를 확대 시행하겠다고 밝혔다.

멘토링이란 조직이나 사회에서 경험이 많은 사람이 발전 방향이나 대인관계 개발에 관한 후원, 지시 등을 제공하며 도움을 주는 '멘토'와 도움을 받는 '멘티' 사이의 상호 영향을 받는 모든 활동을 말한다.

당신은 교육심리를 전공한 교육개발원의 학습지원팀의 전문연구원입니다. 당신은 위 프로그램에서 멘토인 서울대생의 멘토링 전에 필요한 오리엔테이션 프로그램을 기획, 실시하는 일을 맡았습니다. 당신은 멘토링에 대한 기본적인 지식과 학습법 등에 관련된 멘토교육 프로그램을 기획해 주십시오. 멘토의 사전 교육은 3시간씩, 이틀 동안 진행됩니다.

1-2. 교육과정

⊙ '교육봉사' 과목 교육과정 개발하기

　교육과학기술부의 지침에 따라 2009학년도부터는 〈표 1〉과 같이 과목을 이수해야 합니다. 이에 따라 경기대학교에서도 2009년 현재 2학년 학생이 3학년이 되는 2010년부터는 이와 같이 운영합니다. 그런데 교육과학기술부에서 제시한 지침 중 '교육봉사' 과목에 대해서는 "교육봉사활동 대상학교는 학생이 선정하는 것을 원칙으로 하나, 대학이 대상학교를 선정할 수 있으며, 취득하고자 하는 교사자격증과 교육봉사활동의 학교급이 일치하지 않아도 된다."라고만 명시되어 있을 뿐, 이를 어떻게 운영할 것인가에 대해서는 특별한 지침이 없습니다.

〈표 1〉 **교직과목의 세부 이수 기준**

구분	최저 이수 기준		
	정교사(2급) 및 교사(2급)	준교사	실기교사
교직이론	• 14학점 이상(7과목 이상) - 교육학개론 - 교육철학 및 교육사 - 교육과정 - 교육평가 - 교육방법 및 교육공학 - 교육심리 - 교육사회 - 교육행정 및 교육경영 - 생활지도 - 그 밖의 교직이론에 관한 과목	• 10학점 이상(5과목 이상) - 교육학개론 - 교육철학 및 교육사 - 교육과정 - 교육평가 - 교육방법 및 교육공학 - 교육심리 - 교육사회 - 교육행정 및 교육경영 - 생활지도 - 그 밖의 교직이론에 관한 과목	• 4학점 이상 (2과목 이상) - 교육학개론 - 실기교육방법론
교직소양	• 4학점 이상 - 특수아동의 이해(2학점 이상) • 영재교육 영역 포함 - 교직실무(2학점 이상)		
교육실습	• 4학점 이상 - 학교현장실습(2학점 이상) - 교육봉사활동 (2학점 이내 포함 가능)		
합계	총 22학점	총 10학점	총 4학점

경기대학교 교직과에서는 교육봉사를 '봉사-학습(service-learning)' 방식으로 운영하기로 하고, 이를 위한 구체적 교육과정을 ○○고등학교에 근무하고 있는 교사인 당신(김지훈 선생님)과 동료 교사들에게 개발해 줄 것을 부탁했습니다. 아무래도 현장에 있는 선생님들이 보다 실제적인 교육과정을 수립할 수 있을 것이라 판단했기 때문입니다.

김지훈 선생님, 경기대학교 교직이수 학생들을 위한 '교육봉사' 교과목의 교육과정 개발을 부탁드리겠습니다. 2학점으로 운영할 것입니다. 구체적인 봉사 시간과 어떤 봉사를 해야 하는지, 어떻게 운영하고 평가할 것인지에 대한 구체적인 계획과 내용이 포함된 교육과정을 개발해 주세요.

1-3. 교육방법 및 교육공학

⊙ 좋은 수업, 교사는 무엇을 해야 하는가?

경기도 소재 ○○중학교는 경기도교육지원청에서 강조하는 '배움중심수업' 을 위해 교사들이 자율적으로 학습동아리를 구축하였습니다. 이 학습동아리에서는 동경대 사토마나부 교수가 제안한 Lesson Study 방법을 활용하여 교사들의 수업능력을 향상시킬 계획을 가지고 있습니다. 교장선생님께서는 연구부장인 당신(김영수)에게 다음과 같이 이야기하셨습니다.

교장선생님: 김선생님, Lesson Study 준비는 잘 되고 있나요?

김선생님: 네, 팀도 구성하고, 모임 시간도 결정하고…… 잘 되고 있습니다. 그런데, 선생님들이 서로 생각이 많이 달라서 연구모임을 어떻게 시작해야 할지 다들 걱정하고 있는 것 같습니다.

교장선생님: 그렇군요. 그렇다면 선생님들이 모임을 시작하기 전 먼저 '좋은 수업이란 무엇이며, 좋은 수업을 하기 위해 무엇을 어떻게 해야 하는지' 에 대해 먼저 워크숍을 하면 어떨까요?

김선생님 네…… 좋은 생각이십니다.

교장선생님: '좋은 수업이란 무엇이며, 좋은 수업하기 위해 교사가 무엇을 해야 하

는가? 란 주제로 김선생님께서 10월 교직원회의 때 특강을 하시면 어떨까요?

김선생님: 네? 제가요?

교장선생님: 네. 잘 하실 수 있을겁니다. 시간이 많지 않으니 20분 정도 특강을 해 주시면 좋겠어요. 여러 선생님들을 위해 부탁드리겠습니다.

김선생님: 네, 준비해보겠습니다.

김선생님: 교직원회의때 발표할 내용을 준비해주세요. 여러 선생님들이 볼 수 있는 참고자료와 발표자료(ppt)를 준비하시면 됩니다.

교직원회의 일시: 월요일수업(9월 30일), 화요일수업(10월 1일)

특강시간: 20분

※ 문제 결과물은 여러분이 정말 김 선생님인 것처럼 수업시간에 발표하는 것입니다.

※ 발표 시간: 20분

〈참고 자료〉 Lesson Study (수업 연구)

교사연구와 교사학습공동체의 대표적 방법의 하나인 Lesson Study는 일본 동경대의 사토 마나부 교수에 의해 시작된 수업 연구 방법으로 일본을 넘어 미국과 유럽 등에서 교사교육의 방법으로 연구, 활용되고 있다. Lesson Study가 여타의 교사교육 방법과 구별되는 것은 수업 분석의 목적이 교사가 어떻게 가르치는가 보다는 '학생들이 어떻게 학습하고, 학습 경험으로부터 무엇을 가져오는지 확인'한다는 것이다. Lesson Study는 다음과 같은 과정으로 진행된다.

첫째, 연구 주제 결정이다. lesson study는 수업 개선을 위해 기존의 수업을 무조건 관찰하는 것이 아니라 "학생들이 창의적 사고를 할 수 있도록 한다."와 같은 목표를 수립하여 수업 연구를 수행하는 것이다. 둘째, 수립된 목표에 도달할 수 있도록 연구 참가자들이 함께 수업을 개발한다. 이 단계에서 구체적인 수업의 목표를 확인하며, 수업 자료 조사, 자신의 경험 인출, 간접 경험, 독서, 아이디어 제시 등을 통해 수업을 구체적으로 개발한다. 셋째, 한 명의 교사가 자신의 학생들을 대상으로 수업한다. 이 때 다른 팀 구성

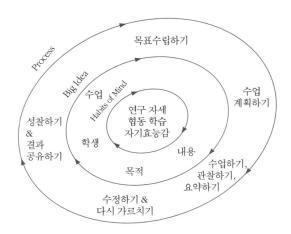

[그림 1] Lesson Study의 핵심 요소

원들은 수업에서 이루어지는 다양한 현상(교사와 학생들이 한 행동과 말, 학생사고의 증거)에 대한 자료를 수집한다. 자료 수집의 목적은 수업의 효과성에 대한 것이지 교사를 평가하는 것은 아니며, 수집한 자료는 서로 공유한다. 이 때 다른 사람(knowledgeable others)을 초대해서 수업의 관찰자가 되어도 된다. 넷째, 수집한 자료를 토대로 팀 구성원 전원이 수업을 수정하고 다시 가르친다. 수업수정의 초점은 학생이 잘못 이해한 부분을 확인하는데 있으며, 재수업은 새로운 학생들을 대상으로 한다. 재수업에서도 동일하게 관찰 및 자료수집이 이루어진다. 다섯째, 성찰과 자료공유이다. 수업 중 한 일, 성찰, 그룹 토론 내용 등이 공유되며, 한 개의 수업 연구에 대한 보고서는 다음 수업 연구를 위한 자료로 활용한다.

10여 년 간 일본 교사들의 수업 연구를 탐구한 Lewis(2002)는 수업 연구의 효과로 교과에 대한 지식 향상, 수업에 대한 지식 향상, 학생들의 학습을 관찰하고 이해하는 능력 향상, 교사들 간의 협력 관계 강화를 들면서 수업 연구가 교사들의 수업 전문성 신장에 매우 긍정적인 영향을 줌을 강조하였다. Fernandez와 Yoshida(2004)는 수업 연구가 수업연구팀에 참여하는 교사들뿐만 아니라 다른 교사들의 수업 전문성 신장에도 도움이 된다고 하였다. 즉 수업 연구팀이 출간한 수업 지도안이 현장의 많은 교사들에게 유용하게 이용되기 때문에 수업경험이 짧은 신임교사들에게는 특히 유용한 자료가 된다는 것이다.

수업 연구는 이러한 많은 효과가 증명되었기 때문에 유럽 및 미국으로 확산되어 활발히 이루어지고 있다. 그러나 아직 우리나라에서는 이러한 방식의 수업 연구가 활성화되어 있지는 않다.

2. 공학

2-1. 산업공학[1]

⊙ 설 연휴 광주 요금계산소 체증 대책 마련하기

한국도로공사 호남 지역 도로교통 본부에 새로 발령 받은 신입사원인 당신은, 3주 앞으로 다가온 2007년 설 연휴를 맞이하여 '설 연휴 고속도로 소통 특별대책 (안)'을 제안하라는 첫 번째 임무를 부여받았습니다. 고속도로 교통 체증에 대비한 대책을 제안하기 위해 당신은 과거의 병목 구간을 조사해 보았고, 조사 결과 몇몇 상습 정체 지역을 목록화할 수 있었습니다. 여러 지역 중, 당신은 광주 요금계산소에서의 체증 최소화 방안을 일주일 후에 있을 회의에서 발표하기로 하였습니다. 특히 이번 임무의 주요 사항은 최소한의 예산(상한 500만 원+a)을 집행하여 단기간에 최고의 효과를 얻는 것입니다.

자! 3주 앞으로 다가온 설 연휴 동안, 광주 요금계산소에서의 교통 체증을 최소화하기 위해 최소의 예산만을 집행하여 단기간에 최고의 효과를 얻을 수 있는 해결책을 제안하십시오.

- 과제수행계획서 제출: 2007년 2월 2일
- 최종해결안 제출 및 발표: 2007년 2월 9일

2-2. 전자공학

⊙ 2005년도 주력 상품 개발 프로젝트

당신(고윤성)은 중견 벤처 기업 (주) ABC 테크의 상품기획팀 대리입니다.

(주) ABC 테크는 DVD 플레이어, PVR 등 멀티미디어 관련 제품을 개발하고 있는 회사로, 최근 연구소의 선행 기술 투자의 결과 Win CE 또는 LINUX를 탑재한 Arm9

---

[1] 전남대학교 공과대학 산업공학과 교수법 워크숍에 참석한 교수들이 개발한 문제다.

Core RISC CPU 기반의 hardware platform 및 다양한 application 개발 기술을 보유하고 있습니다.

(주) ABC 테크에서는 보유한 기술을 바탕으로 한 차기 상품기획 중 휴대용 멀티미디어 단말기 제품군을 개발하기로 하였습니다.

휴대용 멀티미디어 단말기 제품군은 PMC(Portable Media Center)와 PMP (Portable Media Player) 두 부류의 제품군으로 크게 분류되어 개발이 진행될 것입니다.

1. Text View, WMV9, GPS 등 다양한 Windows application을 탑재할 수 있는 Win CE 기반의 범용 RISC 프로세서를 이용한 PMC 제품군
2. DVD 플레이어 급의 영상 재생 능력을 갖추고 있는 미디어 플레이어 전용 Chip-set solution 기반의 PMP 제품군

현 상황은 보다 안정적 플레이어를 지원하고 있는 PMP가 시장을 선점하고 있지만, 아직은 여러 가지 한계로 시장이 소규모이고, PMC의 기능을 지원하기 위한 고성능 Embedded RISC CPU들이 지속적으로 출시되고 있어 단정적 결론을 내리기엔 이른 시기입니다.

회사는 시장의 판도가 확정되기 이전에 상품의 개발을 완료하고자 하고 이에 따라 정확한 기획서의 작성이 무엇보다 중요한 시점입니다.

당신은 이동희 영업부장과 협력하여 2주의 시한 안에 기획서를 완료하고자 합니다. 기획서는 프레젠테이션 형식으로 작성되어야 하고, 임원회의 시간에 발표해야 합니다. 임원회의를 통해 연구소와 영업부서의 자료와 인적 능력을 총동원하여 차기 주력 제품에 대한 결론을 내리고자 합니다.

당신은 2주 후에 있을 임원회의에서 발표할 기획서를 작성하기 전에 이동희 영업부장과의 협의회의에서 제시할 기술 자료들을 정리해야 합니다. 시장조사 등을 맡은 이동희 부장에게 어떤 자료를 어떻게 제시해 주어야 좋은 기획서를 작성할 수 있을까요? 필요한 자료를 A4 10매 내외 분량으로 기술적 지식이 거의 없는 영업부장이 이해할 수 있도록 작성하십시오(이때, 기술적 구현 가능성이 반드시 포함되어야 합니다.).

3. 미술-회화[2]

⊙ 조선미술전람회와 서화협전

(주) 미술

서울특별시 용산구 청파동 ○○번지 / www.misool.com

전화: 02) 2000-7723-8 / Email: editor@misool.com

수신: 김영윤 님께

제목: 미술 원고 청탁

----

1. 원고 제목: 특별 기획 기사 '조선미술전람회와 서화협전'

2. 기획 의도:

○○미술에서는 매달 기획 기사를 내고 있습니다. 학계와 문화예술계 전반에 대하여 고급 정보를 제공하고 비평적 시각을 통해 올바른 비평문화를 만들어 가고자 기획된 것입니다.

3. 주요 내용: 조선미술전람회와 서화협전

○○미술에서는 매달 한국미술에서 주목할 만한 주제를 선정하여 소개합니다. 취지는 전문가의 시각에서 깊이 있는 정보를 전달하고, 비평적 시각에서 평가를 하고자 하는 것입니다. 이번 가을 특집호 기사로 한국 근대미술의 대표적 작가들이 활동한 '조선미술전람회와 서화협전'을 다루고자 합니다. '조선미술전람회와 서화협전'의 의미를 역사적으로 짚어 보는 가운데, 특히 시대별로 주목할 만한 몇 명의 작가와 작품을 골라서 이들을 중심으로 소개해 주셨으면 합니다. 즉, 선전과 협전의 역사적 배경과 발달은 어떻게 되었는지, 대표적 작품들을 통해 한국 근대미술을 어떻게 볼 수 있는지 묘사와 분석을 해 주시길 바랍니다.

---

2) 박아림(2008). 한국근대미술론. 숙명여자대학교 2007 대학 특성화 지원사업 PBL 심포지엄 "숙명 PBL의 이해와 적용". 숙명여자대학교 교수학습센터.

더불어 선전과 협전에 대한 해석을 두고 해석상 논쟁이 되는 부분이 있다면 이에 대한 선생님의 의견을 덧붙여 작품의 의미들을 짚어 주셨으면 합니다.

4. 원고 분량: A4용지 10매 내외

5. 2007년 11월 5일(월) 오전 11시까지

6. 원고 보내실 곳: ○○○@○○○○misool.com

7. 담당: 미술 기자 김철수(02-123-4567, 011-123-4567)

4. 법학[3]

⊙ 간통죄 변론서 작성

귀하는 한 여성 피고인의 형사사건 변호를 맡게 되었습니다.

피고인은 간통죄로 기소되어 재판을 받았는데, 항소심에서는 무죄판결을 선고받았지만, 다음 대법원 판결에 따라 그 판결이 취소되었고, 그래서 파기환송심 재판을 받게 되었습니다.

재판을 위해 당신은 피고인이 받은 다음의 대법원 판결문을 참고하여 피고인에 대한 변론서를 작성해야 합니다.

– 피고인이 받은 대법원 판결문

대법원 1997. 7. 25. 선고 97도974 판결【간통】

【판결요지】

　[1] 남녀 간의 정사를 내용으로 하는 간통죄는 행위의 성질상 통상 당사자 간에 극비리에, 또는 외부에서 알아보기 어려운 상태하에서 감행되는 것이어서 이에 대한 직접적인 물적 증거나 증인의 존재를 기대하기가 극히 어렵다 할 것이어서, 간통죄에 있어서는 범행의 전후 정황에 관한 제반 간접증거들을 종합하여 경험칙상

---

3) 경기대학교 법과대학 법학과의 법무실습 강좌에서 개발 활용한 문제다.

범행이 있었다는 것을 인정할 수 있을 때에는 이를 유죄로 인정하여야 한다.

[2] 서로 사랑하여 상대방을 재혼대상으로까지 생각하고 있었던 성인 남녀가 심야에 여관에 함께 투숙하였고, 투숙한 지 1시간 30분가량 지난 뒤에 그들이 함께 묵고 있던 여관 객실에 다른 사람들이 들어가 보니 남자는 팬티만을 입고 있었고 여자는 팬티와 블라우스만을 입고 있었으며 방바닥에 구겨진 화장지가 여러 장 널려 있었다면 두 남녀가 서로 정을 통하였다고 인정하는 것이 경험칙에 비추어 상당하다고 본 사례.

[3] 형사재판에 있어서 공소사실에 대한 거증책임은 검사에게 있는 것이고 유죄로 인정하기 위한 증거의 증명력은 논리와 경험칙에 따른 객관적이고 합리적인 증거평가의 결과 합리적인 의심을 배제할 정도의 확신을 가져올 수 있는 것이어야 하나, 여기에서 합리적인 의심이라 함은 모든 의문, 불신을 포함하는 것이 아니라 논리와 경험칙에 기하여 요증사실과 양립할 수 없는 사실의 개연성에 대한 합리성 있는 의문을 의미한다.

[4] 간통죄의 공소사실에 대하여 강간당한 것이라고 부인하는 사안에서, 강간의 가능성에 대한 합리적인 의심 사유가 없다고 보아 정황에 관한 간접증거와 경험칙에 의하여 간통죄의 유죄를 인정한 사례.

【참조조문】
[1] 형법 제241조, 형사소송법 제307조, 제308조 / [2] 형법 제241조, 형사소송법 제307조 / [3] 형사소송법 제307조, 제308조 / [4] 형법 제241조, 형사소송법 제308조

【참조판례】
[1] 대법원 1960. 10. 19. 선고 4292형상940 판결, 대법원 1976. 2. 10. 선고 74도1519 판결(공1976, 9013) /[3] 대법원 1993. 3. 23. 선고 92도3327 판결(공1993상, 1333), 대법원 1996. 3. 8. 선고 95도3081 판결(공1996상, 1315)

【피고인】 피고인
【상고인】 검사
【원심판결】 광주지법 1997. 3. 27. 선고 96노1212 판결

【주문】원심판결을 파기하고 사건을 광주지방법원 본원 합의부에 환송한다.

【이유】

상고이유를 본다.

1. 이 사건 공소사실의 요지

이 사건 공소사실의 요지는, 피고인은 1985. 12. 6. 소외 1과 혼인한 법률상 배우자 있는 자로서, 1. 1996. 4. 17. 20:00경 나주시 송월동 소재 상호불상 여관방에서 성명불상자와 1회 성교하고, 2. 같은 달 20. 00:40경 나주시 송월동 1097의 2 소재 금성각여관 207호실에서 소외 2와 1회 성교하여 각 간통하였다는 것이다.

2. 이 사건 공소사실 제2항에 대한 무죄 부분에 관한 상고이유에 대하여

가. 원심의 판단

이 사건 공소사실 제2항에 대하여 원심은, 위 공소사실에 대한 증거들의 내용은 고소인 소외 1이 피고인의 뒤를 따라다니다가 피고인이 소외 2와 함께 1996. 4. 19. 23:40경 나주시 송월동 소재 금성각여관으로 들어가는 것을 보고 경찰에 신고한 다음 출동한 경찰관과 함께 다음날인 4. 20. 01:10경 위 여관 지배인의 안내로 그들이 투숙한 207호실의 문을 열고 들어갔을 때 피고인은 하의는 팬티만 입고 상의는 블라우스를 입은 채 이불을 덮고 누워 있고 소외 2는 팬티만 입은 채 방문을 가로막고 서 있었는데 모두 놀란 표정이었으며, 방바닥에는 구겨진 화장지가 널려 있어서 고소인이 화장지들을 모아서 경찰서에 제출하였다는 것으로서, 위 증거들만으로 피고인이 위 공소사실 기재와 같이 소외 2와 간통하였다고 곧바로 인정하기에는 부족한 데다가, 의사 김일식 작성의 진료소견서의 기재에 의하면 피고인의 질 분비물과 소변에서 살아있는 정자가 발견되지 않았다는 것이고, 고소인이 경찰에 제출하였다는 화장지에 대하여는 기록상 그것이 압수되었다거나 감정 의뢰되었다는 등의 그 처리에 관한 내용이 전혀 나타나 있지 않으므로 특별한 사정이 없는 한 피고인이 그 당시 소외 2와 간통하였다고 인정할 수는 없으며 달리 위 공소사실을 인정할 수 있는 증거가 없으므로 이 사건 공소사실 제2항은 범죄사실의 증명이 없는 경우에 해당한다고 판단하여, 위 공소사실에 대하여 무죄를 선고한 제1심을 유지하였다.

나. 당원의 판단

그러나 원심의 위와 같은 판단은 수긍하기 어렵다.

남녀 간의 정사를 내용으로 하는 간통죄는 행위의 성질상 통상 당사자 간에 극비리에, 또는 외부에서 알아보기 어려운 상태하에서 감행되는 것이어서 이에 대한 직접적인 물적 증거나 증인의 존재를 기대하기가 극히 어렵다 할 것이다.

따라서 간통죄에 있어서는 범행의 전후 정황에 관한 제반 간접증거들을 종합하여 경험칙상 범행이 있었다는 것을 인정할 수 있을 때에는 이를 유죄로 인정하여야 한다 할 것이다(당원 1960. 10. 19. 선고 4292형상940 판결 참조).

기록에 의하면 피고인은 남편인 소외 1과 잦은 불화 끝에 1995. 12. 30. 가출하여 혼자 살고 있었고, 소외 2는 1993. 6. 14. 처 소외 3과 이혼하여 독신으로 살아왔는 바, 피고인과 소외 2는 1995. 10. 초순경 처음 만난 후 1996. 2.경부터 이 사건 범행시까지 매월 평균 3회씩 만나 교제한 끝에 사랑하는 사이로 발전하여 서로 상대방을 재혼대상으로 고려하기에 이르렀고 1996. 4. 초순경에는 소외 2가 자신의 어머니에게 피고인을 인사시키기까지 하였으며, 피고인과 소외 2는 1996. 4. 19. 18:30경 만나 식당에서 저녁식사를 하고 소외 2의 친구 김인환의 초대에 응하여 그의 집을 방문하였다가 23:30경 그 집을 나와 23:40경 나주시 송월동 소재 금성각여관 207호실에 투숙하였는데, 피고인을 미행하던 피고인의 남편 소외 1이 피고인과 소외 2가 위 여관에 함께 투숙하는 것을 목격하고 그 다음날 01:10경 경찰 2명과 위 여관 지배인 김형렬과 함께 위 여관 207호실 출입문을 열고 그 객실 안으로 들어갔을 때, 피고인은 팬티와 블라우스만을 입고 있었고 소외 2는 팬티만 입고 있었으며 방바닥에는 구겨진 화장지가 여러 장 널려 있었던 사실을 알 수 있다.

이와 같이 서로 사랑하여 상대방을 재혼대상으로까지 생각하고 있었던 성인 남녀가 심야에 여관에 함께 투숙하였고, 투숙한 지 1시간 30분가량 지난 뒤에 그들이 함께 묵고 있던 여관 객실에 다른 사람들이 들어가 보니 남자는 팬티만을 입고 있었고 여자는 팬티와 블라우스만을 입고 있었으며 방바닥에 구겨진 화장지가 여러 장 널려 있었다면 두 남녀가 서로 정을 통하였다고 인정하는 것이 경험칙에 비추어 상당하다 할 것이다.

비록 기록에 의하면 범행 직후 피고인의 요청에 의하여 의사가 피고인의 질 분비물과 소변을 검사하여 본 결과 살아 있는 정자가 발견되지 않은 사실을 알 수 있으나, 간통죄는 성기의 결합만으로 범죄행위가 완성되는 것이고 피임기구 사용 등으로 통정행위가 있었음에도 불구하고 위와 같은 검사결과가 나올 가능성이 얼마든지 있을 수 있으므로, 앞서 본 제반 정황에 관한 간접사실들에도 불구하고 위 검사결과만을 들어 이 사건이 피고인이 간통죄를 범하지 않았을 개연성에 대한 합리적인 의심을 할 여지가 있는 경우로서 그 범죄사실의 증명이 없는 때에 해당한다고 볼 수는 없다 할 것이다.

그럼에도 불구하고 원심은 위에서 본 바와 같은 이유로 거시 증거들만으로는 위 공소사실을 인정하기에 부족하고 달리 이를 인정할 수 있는 증거가 없다고 판단하여 위 공소사실에 대하여 무죄를 선고하였으니, 원심에는 채증법칙을 위배하여 판결에 영향을 미친 위법이 있다 할 것이다. 이 점을 지적하는 논지는 이유 있다.

3. 이 사건 공소사실 제1항에 대한 무죄 부분에 관한 상고이유에 대하여
가. 원심의 판단
이 사건 공소사실 제1항에 대하여 원심은, 검사 작성의 소외 1에 대한 진술조서의 기재내용은 피고인이 경찰에서 조사받으면서 위 공소사실 기재의 일시, 장소에서 30대 중반의 남자와 간통하였다(또는 강간당하였다)고 진술하는 것을 듣고 그 남자가 소외 2인 것으로 믿었다는 것이나, 이 사건 기록에 의하면 피고인은 경찰에서 조사받으면서 주유소에서 태워 준 남자에게 도로변에서 강간당하였다고 진술하였을 뿐 위 공소사실을 시인하는 내용의 진술은 하지 않았음이 명백하므로 소외 1의 진술내용은 그대로 믿기 어렵고, 다음으로 의사 김일식 작성의 진료소견서의 기재는 피고인이 연행된 1996. 4. 20.에 피고인의 질 내부에서 채취한 질 분비물과 소변을 검사한 결과 질 분비물에서 3~4일 정도 지난 것으로 추측되는 정자 2~3개가 발견되었다는 내용이나, 위에서 본 바와 같이 피고인은 그 무렵 강간당한 사실이 있다고 주장하고 있으므로 그 주장이 명백하게 허위라고 의심할 만한 사정이 밝혀지지 않는 한 위 진료소견서의 기재만으로는 위 공소사실을 인정하기에 부족하다고 하지 않을 수 없는데 검사가 제출한 모든 증거들에 의하더라도 그와 같은 사정이 있었다고 인정되지 않으며, 그 밖에 위 공소사실을 인정할 수 있는 증거가 없으므로 이 사건 공소사실 제1항은 범죄사실의 증명이 없는 경우에 해당한다고 판단하여, 위 공소사실에 대하여 무죄를 선고한 제1심을 유지하였다.

나. 당원의 판단

그러나 원심의 위와 같은 판단 역시 수긍하기 어렵다.

의사 김일식 작성의 진료소견서의 기재 등 기록에 의하면, 피고인과 소외 2가 위 1996. 4. 20.자 간통의 혐의를 받고 나주경찰서에서 조사를 받던 중 피고인이 무고함을 주장하며 스스로 질 분비물과 소변의 검사를 하여 줄 것을 요청함에 따라, 나주경찰서장의 의뢰를 받아 의사 김일식이 피고인의 질 분비물과 소변의 검사를 한 결과, 피고인의 질 분비물에서 3~4일 정도 지난 것으로 추측되는 죽은 형태의 정자 2~3개가 발견된 사실을 알 수 있고, 피고인은 검찰에서의 제1회 피의자신문 시에 남편인 소외 1과 잦은 불화 끝에 1995. 12. 30. 가출한 이래 동인과는 성교한 일이 없다고 진술하는 한편, 경찰에서의 제2회 피의자신문 이래 일관되게 비록 강간당한 것이라고 주장하기는 하나 남편 아닌 제3자와 성교한 사실을 자인하고 있으므로, 위 증거들과 경험칙에 의하면 피고인은 1996. 4. 17.경 성명불상의 남자와 간통한 사실을 인정할 수 있다 할 것이다.

형사재판에서 공소사실에 대한 거증책임은 검사에게 있는 것이고 유죄로 인정하기 위한 증거의 증명력은 논리와 경험칙에 따른 객관적이고 합리적인 증거평가의 결과 합리적인 의심을 배제할 정도의 확신을 가져올 수 있는 것이어야 하나, 여기에서 합리적인 의심이라 함은 모든 의문, 불신을 포함하는 것이 아니라 논리와 경험칙에 기하여 요증사실과 양립할 수 없는 사실의 개연성에 대한 합리성 있는 의문을 의미한다 할 것이다.

이 사건에 관하여 보면, 피고인의 변소대로 피고인이 1996. 4. 17.경 강간당하여 같은 달 4. 20.의 질 분비물 검사에서 3~4일 정도 지난 정자가 발견되었을 가능성을 전혀 배제할 수는 없다 할 것이나, 피고인은 1996. 4. 20.에도 위와 같이 소외 2와 통정한 바 있는 점, 피고인이 1996. 4. 20. 경찰에서의 제1회 피의자신문 시에는 위와 같은 질 분비물 검사결과를 통보받았음에도 위 강간당한 사실에 관하여 전혀 진술한 바 없었는데, 같은 달 26. 제2회 피의자신문 시에 비로소 1996. 4. 17. 20:00경 전남 해남군 소재 위치를 알 수 없는 국도변 피고인이 운전하던 자동차 안에서 약 30분 전에 위치를 알 수 없는 주유소에서 태워 준 성명불상의 남자에게 강간을 당하였다고 하는 구체성이 없는 내용으로 변소를 한 점 등에 비추어, 피고인이 1996. 4. 17. 성명불상의 남자와 간통하였다는 요증사실과 어긋나는 강간당한 사실의 개연성에 대하여 합리적 의문이 있다고 보기 어렵다 할 것이다.

그럼에도 불구하고 원심은 위에서 본 바와 같은 이유를 들어 위 공소사실에 대한 증명이 불충분하다 하여 무죄를 선고하였으니, 원심에는 채증법칙을 위배하여 판결에 영향을 미친 위법이 있다 할 것이다. 이 점을 지적하는 논지 역시 이유 있다.

4. 그러므로 원심판결을 파기하고 사건을 원심법원에 환송하기로 하여 관여 법관의 일치된 의견으로 주문과 같이 판결한다.

대법관 김형선(재판장)   박준서(주심)   이용훈

* 참고 – 키케로가 말한 법정변론의 4단계를 염두에 두고 작성함.

* 참고자료

헌법재판소 결정

헌법재판소 2008.10.30. 선고 2007헌가17,21,2008헌가7,26,2008헌바21,47(병합) 전원재판부【형법제241조위헌제청등】[헌공제145호]

5. 경영학

⊙ S 컴퓨터의 경영기획을 위한 실패 사례 분석 프레젠테이션

최근 코스닥 상장을 눈앞에 두고 있는 S 컴퓨터의 재무회계 담당 김건우 부장은 S 컴퓨터의 6월 임원회의에서 법정관리에 들어간 삼보컴퓨터의 법정관리 이전 자료를 이용하여 실패 사례 분석 프레젠테이션을 하려고 합니다. 발표시간은 20분입니다.

회의에 참여하는 기업의 임원들의 요구에 맞는 발표를 준비해 주세요.

* 벤처업계의 대부로 불리던 삼보컴퓨터는 자금난으로 2005년 5월 18일에 법정관리를 신청하였고 6월 16일에 법원으로부터 법정관리허가를 받아 재기를 위하여 노력하고 있다.

	A	B	C	D	E	F	G
1	삼보컴퓨터						
2							
3				대차대조표			
4		삼보컴퓨터					(10억원)
5			2001년	2002년	2003년	2004년	2005년
6		유동자산	624	668	539	560	486
7		당좌자산	473	563	471	471	440
8		재고자산	151	105	68	90	46
9		고정자산	620	340	282	316	109
10		투자자산	426	201	167	207	43
11		유형자산	163	116	103	95	65
12		무형자산	30	23	12	13	1
13		자산총계	1,244	1,008	821	876	595
14		부채	750	937	713	841	889
15		유동부채	597	761	536	752	274
16		고정부채	153	176	177	90	615
17		자본	493	71	109	35	- 294
18		자본금	94	116	151	151	177
19		자본잉여금	413	-	-	0	8
20		이익잉여금	-	- 39	- 43	- 95	- 505
21		자본조정	- 14	- 7	- 23	- 21	25
22		부채및자본총계	1,244	1,008	821	876	595
23							
24							
25				손익계산서			
26		제조업					(10억원)
27			2001년	2002년	2003년	2004년	2005년
28		매출액	2,639.9	2,366.9	2,226.2	2,181.2	757.2
29		매출원가	2,415.5	2,283.9	2,028.3	2,049.4	694.2
30		매출총이익	224.4	83.0	197.9	131.9	63.0
31		판매비와관리비	189.5	235.3	163.4	155.3	327.0
32		영업이익	34.9	- 152.3	34.5	- 23.4	- 264.0
33		영업외수익	105.9	104.5	95.5	224.7	68.0
34		영업외비용	135.0	430.4	122.1	183.4	203.9
35		경상이익	5.8	- 478.2	7.9	17.8	- 409.8
36		법인세비용	- 0.6	19.1	12.4	1.6	-
37		당기순이익	6.4	- 497.3	- 4.5	16.2	- 409.8
38							

6. 유아교육학

⊙ 한별이는 낮잠을 자야 할까요?

당신은 희망유치원에서 종일반을 담당하고 있는 교사(이영윤)로, 만 4세 초록반을 맡고 있습니다. 오늘 오후 유치원 원장님이 당신에게 다음과 같은 말씀을 하셨습니다.

원　장: 이 선생님, 한별이가 선생님 반 아이지요?

이영윤: 네. 우리 반 학생이에요.

원　장: 오전에 한별이 어머니가 전화를 하셨어요. 한별이가 유치원에서 낮잠을 자고 오면 밤늦게까지 잠을 자지 못하니까 낮잠을 재우지 말아달라구요. 한별이 어머니가 은행원이시고, 하루 종일 일을 하고 아침에 일찍부터 일어나야 하기 때문에 아이가 늦게까지 잠을 자지 않으면 자신이 너무 피곤하여 다음날 일하기가 매우 어렵고, 늦게 자니까 한별이가 아침에 일어나는 걸 너무 힘들어 한다구요.

이영윤: 네. 그런데, 한별이는 체력이 약해요. 그래서 오후에 낮잠을 자지 않으면

정상적인 컨디션을 유지하기 매우 어려워요. 다른 아이들보다도 훨씬 더 약한데……

원　장: 제가 이야기하는 것보다는 선생님이 직접 통화하시는 게 좋을 것 같아 내일 선생님께서 전화하실 거라고 했습니다. 이 선생님께서 잘 생각하셔서 상담을 잘 해 드리세요.

이영윤: 네, 알겠습니다.

이영윤 선생님, 한별이 어머니께 어떤 이야기를 하시겠습니까? 또, 원장님께는 어떤 이야기를 하시겠습니까? 각각 5분 정도의 대화내용을 준비해 주세요.

7. 간호학[4]

⊙ 다이어트를 위해 구토하는 어린이

당신은 인천시 보건소 주민건강센터에 근무하고 있는 간호사 김지원입니다. 어느 날 한 아주머니가 나홍인이라는 초등학교 딸아이를 데리고 보건소를 찾았습니다.

홍인이가 일부러 구토하는 것을 본 홍인이 어머니가 너무 놀라 딸을 데리고 보건소를 찾은 것입니다. 자, 김 간호사님. 이 상황에서 홍인이에게 어떤 도움을 주어야

> 나홍인은 초등학교 6학년으로, 키 165cm에 몸무게 45kg인 여학생입니다. 홍인이는 자신이 뚱뚱하다고 생각하여 식사를 거르기를 반복하며 늘상 다이어트를 한다고 합니다.
> 현재 홍인이는 겨울방학이라 오후 1시 이후부터 7시까지는 학원에 다니는데, 저녁 8시가 되어 집에 돌아오면 배가 고파서 라면, 과자, 아이스크림을 먹는다고 합니다. 하지만 살이 찌는 것이 두려워 일부러 입에 손을 넣어 습관성 구토를 시도합니다.

---

4) 본 문제들은 대학교육협의회 고등교육연수원의 '효과적인 교수법' 연수에 참여한 교수들 중 간호학과 교수들이 개발한 것이다.

할까요? 홍인이를 위해 바람직한 건강증진 해결방안을 제시해 주세요.

⊙ 신생아실 보호자 교육

S 여성전문병원의 신생아 담당 간호사인 당신은 월 1회씩 보호자 교육을 담당하고 있습니다. 현재 신생아실에는 재태주수 38주, 32주, 28주, 24주 된 신생아 4명이 입원 중입니다. 이 신생아의 부모들을 위한 교육을 준비해 주세요.

* 준비자료: 30분 분량의 발표 자료(실제 사례, 사진, 동영상 포함), 배포용 자료

8. 기타[5]

1) 우리 회사는 컴퓨터 조립업체로 10일 이내에 업무용 컴퓨터 500대를 공급하도록 주문을 받았습니다. 그러나 우리 회사의 능력으로는 짧은 시간에 500대를 조립하여 공급할 수 없으므로 아르바이트생을 고용해서 납품일자를 맞추려고 합니다. 이 일을 담당하는 당신(김 대리)은 아르바이트생에게 일을 효과적으로 지시하기 위해 컴퓨터 조립 지침서를 작성해야 합니다. 아르바이트생들이 쉽게 이해할 수 있는 컴퓨터 조립 지침서를 3일 후까지 작성하세요.

2) S 여행사는 최근 아프리카에 대한 관심이 증대되고 있는 것을 고려하여 직원들에게 아프리카 관련 상품을 개발할 것을 요구하였습니다. 이 여행사의 직원인 당신(이선정 대리)은 '아프리카의 지리적 환경과 문화를 이해할 수 있는 여행상품'을 기획, 제안하려고 합니다. 회사에서 요구한 여행 기간(9박10일)과 금액(500만원)을 고려하여 아프리카 횡단 여행 계획서를 작성해 주세요.

3) 분당 H 마트에서 20대 후반의 여성 연구원이 자신의 차 트렁크 안에서 피살된 채 발견되었습니다. 경찰조사에 따르면, 피해자의 차량이 주차된 장소는 CCTV

---

5) 본 문제들은 대학교육협의회 고등교육연수원의 '효과적인 교수법' 연수에 참여한 교수들이 PBL에 대해 학습한 후 개발한 것이다.

에 잡히지 않는 장소였고, 전반적으로 H 마트 측의 보안 수준이 미비한 것으로 나타났습니다.

H 마트 본사는 분당 H 마트의 보안 책임자인 당신에게 이 사건을 계기로 향후 이러한 종류의 범죄를 예방하기 위한 대책을 마련하여 보고서로 제출하라는 요구를 하였습니다.

보안 대책 제안서를 작성하여 6월 28일(목)까지 제출하시오.

4) 2007년 12월 1일 대구의 한 고등학교에서 식중독이 발생했습니다. 교직원을 포함한 전교생 2,000명 중 1,200명이 식중독에 걸렸고, 환자들은 공통적으로 설사와 복통을 호소했습니다. 역학조사 결과 원인식품은 중국산 시금치로 추정되었으며, 환자의 분변에서 세균은 검출되지 않았습니다.

당신은 이 조사에 참여한 대구시 '보건환경연구원'입니다. 이 사건에 대한 상황보고서를 작성하십시오.

5) 홍길동 당신은 한국증권에 근무하는 대리입니다. 어느 날 심청 씨는 주식으로 돈을 많이 벌 수 있다는 말을 많이 들어서 알뜰하게 모든 종자돈 1억을 들고 한국증권의 당신을 찾아와 재테크 상담을 하였습니다.

20여 분의 상담이 끝난 후 심청 씨는 '향후 1년 동안 목표수익률 20% 이상을 달성할 수 있는 운용계획서를 제시해 달라'고 하였고, 6월 22일 오후 2시에 2차 상담을 예약하고 돌아갔습니다. 홍길동 씨, 심청 씨를 당신의 고객으로 유치할 수 있도록 상담자료를 A4 5장 분량으로 작성하십시오.

6) 당신은 '효과적인 교수법 워크숍'에 참석한 A 대학의 김철 교수님입니다. 당신은 한 학기 동안 자신의 수업을 PBL로 설계, 실행하여 PBL 교수법의 교육효과를 몸소 체험하였습니다. 그래서 이 방법을 다른 동료 교수들에게도 소개하는 것이 좋겠다고 생각했습니다. 때마침 A 대학의 교수학습개발센터에서는 우수교수로 선발된 당신에게 신임 교수 대상의 교육을 의뢰하였고, 프로그램 담당

자와 상의 결과 신임 교수들에게 PBL을 소개하여 이들이 자신의 수업을 PBL로 설계, 운영할 수 있도록 강의를 준비하기로 했습니다. 총 강의시간은 4시간입니다. 김철 교수님, 신임 교수들을 위한 PBL 소개 특강 강의를 설계해 주세요.

7) (주) ○○건설의 아파트공사 B팀은 동탄 신도시의 40~60평 아파트 1,000세대 건설에 참여하게 되었습니다. 그런데 현재 건설된 아파트의 경우 주차장 부족 문제가 심각하며 건설사마다 그 적용 기준에 차이가 있습니다. 따라서 적절한 주차공간을 어느 정도로 할 것이냐를 결정해야 합니다. 김 부장은 당신에게 새로 건설할 이 아파트의 향후 생애주기(30년)를 고려하여 적절한 주차대수를 제시하는 브리핑을 할 것을 요구하였습니다. 다음 주에 있을 이 프로젝트 회의까지 브리핑을 준비해 주세요.

PBL 문제 개발 양식 및 진단 체크리스트

1. PBL 문제 개발 양식

과목명				
문제명				
문제 개발자	성 명		소속 및 전공 영역	
문제 해당 영역	기초이론 영역			
	실제사례 영역			
문제 개발 일자	200 년 월 일 요일	문제 수정 일자	년 월 일 요일	
학습목표				
문제				

* 문제개발 시 해당 문제에 대한 생각, 사실, 학습과제, 실천계획을 함께 작성해본다. 이 과정에서 문제 정정이 이루어진다.
* 학생들에게 제시하는 문제는 굵은선 안의 내용만 제시한다.

생각

사실

학습과제

실천계획

2. PBL 문제 진단 체크리스트

기 준	응답	
• 문제로부터 학습이 시작되는가?	예	아니요
• 문제는 학습목표와 관련된 개념과 원리를 다루고 있는가?	예	아니요
• 학습에 필요한 지식과 기능을 충분히 포함할 정도로 포괄적인가?	예	아니요
• 문제해결을 위해 문제를 분석하고, 정보를 찾고, 계획하는 과정이 필요한가?	예	아니요
• 여러 가지 해결책이 존재하는가?	예	아니요
• 문제해결을 위한 탐색방법이 다양한가?	예	아니요
• 논쟁이나 토론의 여지가 있는가?	예	아니요
• 실제로 가능한 사례인가?	예	아니요
• 문제해결에 활용되는 자료가 현실적인가?	예	아니요
• 그 분야의 전문가나 실천가의 사고과정을 반영하는가?	예	아니요
• 학습자의 수준에 적절한가?	예	아니요
• 학습자가 경험했거나 경험할 만한 사례인가?	예	아니요
• 현실과 같이 복잡한 문제인가?	예	아니요
• 협동이 필요한 문제인가?	예	아니요

＊ '아니요' 라는 답변이 나오면, 해당 부분을 보완 · 수정한다.

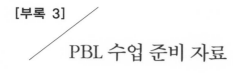

PBL 수업 준비 자료

1. PBL 소개 자료

1. PBL의 정의

PBL이란 학습자에게 실제적인 문제를 제시하고, 제시된 문제를 해결하기 위해 학습자들 상호 간에 공동으로 문제해결 방안을 강구하고, 개별학습과 협동학습을 통해 공통의 해결안을 마련하는 일련의 과정에서 학습이 이루어지게 되는 학습방법이다.

※ PBL에서 '문제'의 성격

1) 전통적 수업에서의 '문제': 교수자에 의해 제시된 학습내용을 학습활동으로 개발하기 위한 하나의 전략으로, 주로 학습한 내용에 대한 확인, 적용을 위해 사용된다.

2) PBL에서의 '문제': 학습의 시작점으로, 문제해결에 필요한 정보와 자료는 학습자에 의해 모아지고 분석된다.

2. PBL의 교육목표

1) 단순한 지식습득이 아니라 다양한 학문분야와 교과목으로부터 통합된 지식 습득

2) 효과적이고 효율적인 문제해결 능력 함양

3) 독립적인 자기주도적 학습 능력 습득

4) 효과적인 그룹 활동 능력 습득

5) 적극적이고 자신감 있는 태도 함양

3. PBL의 절차

1) 문제 제시: 교수자가 학습자들에게 해결해야 할 문제를 제시하고 문제의 배경을 소개한다.

2) 문제 확인: 해결해야 하는 문제가 무엇이고, 문제해결안의 최종 형태가 구체적으로 무엇인지 확인하고, 해결안을 찾기 위해 무엇을 학습할 것인지 결정한다.

생각	사실	학습과제	실천계획
문제의 원인, 결과, 가능한 해결안에 관한 학습자의 가설이나 추측을 검토한다.	문제에 제시된 사실과 학습자가 알고 있는 문제해결과 관련된 사실을 확인한다.	문제를 해결하기 위해 학습자가 학습해야 할 필요가 있는 학습내용을 선정한다.	문제를 해결하기 위하여 학습자가 이후에 해야 하는 일 또는 실천계획을 수립한다.

3) 개별학습: 학습과제 중 자신이 맡은 부분을 해결하기 위해 필요한 자료를 탐색 및 학습한다.

4) 문제 재확인 및 문제해결안 도출: 개별적으로 학습한 학습내용을 공유한 다음, 문제해결에 더 필요한 사항을 다시 추출, 학습한다. 이후에 문제에서 요구하는 해결안을 도출한다.

5) 문제해결안 발표: 수업시간에 각 그룹별로 준비한 문제해결안을 발표하며, 이때 다른 그룹들의 아이디어와 자신의 것을 비교하여 최종 해결안을 모색한다.

6) 학습결과 정리 및 평가: 학습자는 학습결과 발표를 통해 공유된 해결안을 정리하고, 교수자는 이와 관련된 주요 개념을 간단한 강의 형태로 요약, 정리한다. 모든 과정이 끝난 다음 학습자는 성찰저널을 작성한다.

4. PBL에서 학습자의 역할과 교수자의 역할

1) 학습자의 역할

- 문제해결자: 제시된 문제의 시나리오 속의 주인공이 되어 문제에서 요구하는
  해결안을 마련해야 하는 문제해결자의 주체다.
- 자기주도적 학습자: 자신에게 주어진 학습과제를 습득하는 데 필요한 자료탐
  색, 수집, 분석 및 정리를 주도적으로 수행하는 주체다.
- 협력적 학습자: 학습과제를 선정하고, 개별학습한 내용을 공유하고, 문제해결
  안을 마련하는 데 있어서 다른 구성원들의 의견을 듣고, 자신의 의견을 발표
  하고, 의견을 조율하는데 적극으로 수행하는 주체다.

2) 교수자의 역할

- 교수설계자, 학습촉진자 및 학습결과 평가자

2. PBL 연습문제(1)

　여러분은 지역신문의 기자입니다. 새 편집장은 여러분에게 토요일 신문의 1면에 실을 기사를 준비하고, 그 기사를 독자에게 더욱 호소력 있게 만들라고 지시하였습니다. 편집장은 가장 중요한 기사가 1면을 차지해야 한다고 말했고, 그 기사들은 자신의 승인을 받아야 한다고 말했습니다. 여러분은 어떤 기사를 써야 할까요? 2000자 분량으로 원고를 작성하세요.

생각	사실	학습과제	실천계획

3. PBL 연습문제(2)

　　여러분은 고속도로 순찰대장입니다. 시원한 가을 아침 6시에 전화벨이 울리는 소리를 들었습니다. 전화기를 들었을 때 다음과 같은 이야기를 들었습니다. "15번 도로의 계곡 다리로 오십시오. 사고가 났습니다." 여러분은 재빨리 옷을 입고 사고 장소로 서둘러 달려갔습니다. 다리에 도착해 보니 트럭 한 대가 가드레일을 들이박고 전복되어 있습니다. 한쪽 바퀴가 빠져나가 앞쪽 차체가 난간에 걸려 있습니다. 트럭 뒤쪽에 '부식제' 라고 쓰인 작은 표지판이 보입니다. 트럭의 옆에는 큰 가스통이 있고 그 가스통으로부터 액체가 흘러나오고 있습니다. 계곡에서는 증기가 발생하고 있습니다. 모든 교통이 통제되었고 모든 사람들은 차 안에 있으라는 안내 방송이 들립니다. 교통 체증에 갇힌 많은 운전자들은 화가 나고 당황해하고 있습니다. 경찰관들과 소방관, 인명 구급대원들이 눈에 보입니다. 인명 구급대원들은 의식을 잃은 운전자를 들것에 싣고 있습니다. 이 사태를 어떻게 수습해야 할까요? 수습계획을 작성하여 보고해 주세요.

생각	사실	학습과제	실천계획

4. 그룹 활동 일지

그룹명		날짜	년　월　일
참석자			
회의 목표			

학습목표	수정된 학습목표

생각	사실	학습과제	실천계획

5. 성찰일지 양식

1. 문제해결과정에서 무엇을 배우고 느꼈는가?

2. 어떤 과정을 통해 학습했는가?

3. 학습한 것을 어디에 적용해 볼 수 있는가?

4. 나와 그룹 구성원들 각각의 역할과 기여 정도는 어떠했는가?

6. 평가지

1) 문제해결안(발표물) 평가표

* 각각의 준거에 따라 해당 점수를 기입하시오.
  (매우 우수함 = 5, 우수함 = 4, 보통임 = 3, 부족함 = 2, 매우 부족함 = 1)

내 용		그룹 이름				
	문제에서 요구하는 사항이 무엇인지 분명히 파악하고 접근하였다.					
	문제에 포함된 주요 개념, 절차, 원리 등을 분명히 이해하고 있다.					
보고서	문제해결을 위해 자료가 충분히 검토되었다.					
	신뢰할 만한 자료를 인용 또는 참고하였다.					
	충분한 설명, 세부사항, 적절한 예를 포함하고 있다.					
	실천 가능한 해결안을 제시하였다.					
	문제에서 요구하는 최종 해결안의 형식에 맞게 작성되었다.					
	발표에 중요한 내용이 충분히 제시되었다.					
발표능력	발표내용이 논리적으로 잘 조직되었다.					
	발표자료가 매력있게 구성되었다.					
	발표내용이 청중이 이해하기 쉽게 제시되었다.					
	발표내용이 다른 학습자의 학습에 도움이 되었다.					
	발표자가 내용을 분명하게 전달하였다.					
점수 합계						

MEMO
• 그룹별 문제해결안 내용 및 발표에서 가장 잘된 부분과 개선이 필요한 부분
1조:
2조:
3조:
4조:
5조:

2) 그룹활동 평가표

• 문제명: _____   • 평가일: _____ 년 _____ 월 _____ 일
• 이 름: _____

* 각각의 준거에 따라 해당 점수를 기입하시오.
  (매우 우수함 = 5, 우수함 = 4, 보통임 = 3, 부족함 = 2, 매우 부족함 = 1)

내 용	구성원 이름				
그룹 활동에 적극적으로 참여하였다.					
문제의 해결안을 성공적으로 개발하는 데 공헌하였다.					
다른 사람의 의견을 경청하였다.					
질문을 제기하고 다른 사람의 질문에 대답하였다.					
과제를 지속적으로 수행하였다.					
유용한 정보를 찾아 제공하였다.					
다른 구성원들과 협력하였다.					
긍정적인 의견을 제시하였다.					
리더십을 발휘하였다.					
다른 구성원을 칭찬하고 격려하였다.					
점수 합계					

3) 성찰일지 평가표

• 문제명: _____ • 평가일: _____년 _____월 _____일

• 이 름: _____

* 각각의 준거에 따라 해당 점수를 기입하시오.
  (매우 우수함 = 5, 우수함 = 4, 보통임 = 3, 부족함 = 2, 매우 부족함 = 1)

내 용	구성원 이름				
문제를 통해 학습해야 할 주요 개념, 원리 및 절차에 대해 정확하게 이해하고 있다.					
주요 학습내용과 관련하여 자신의 생각이나 느낀 점을 잘 진술하였다.					
학습과정에서의 자신의 경험이 잘 드러나도록 진술하였다.					
학습내용에 자신의 현재 및 미래의 일을 잘 연결지어 진술하였다.					
점수 합계					

참고문헌

강인애(1997). 왜 구성주의인가?. 서울: 문음사.

봉미미, 박명숙(2006). 웹 기반 토론집단 구성방식이 학습자의 토론 참여도, 만족도, 성취도에 미치는 영향, 교육과학연구, 37(3), 77-104.

서울대학교 의과대학(2001). 문제중심학습 안내서(Problem Based Leanring Manual). 서울: 서울대학교 의과대학 의학교육실.

성지훈, 장경원(2009). 다인수 수업에서의 PBL 튜터 역할에 대한 연구. 열린교육연구, 17(4), 243-267.

성태제, 이기자(2006). 연구방법론. 서울: 학지사

장경원(2005). 온라인 문제기반학습 설계모형 개발 연구. 서울대학교 대학원 박사학위논문.

장경원(2008). 문제중심학습환경에서 예비교사들의 자기효능감 변화연구. 학습자중심교과교육연구, 8(2), 331-355.

장경원(2009). 공학교육에서의 문제중심학습 실행을 위한 사례연구. 공학교육연구, 12(2), 96-106.

장경원, 고수일(2014). 액션러닝으로 수업하기. 서울: 학지사.

장경원, 성지훈(2012). 문제중심학습의 소집단 구성방식에 대한 대학생들의 인식. 학습자중심교과교육연구, 12(4), 231-260.

정문성(2004). 협동학습의 이해와 실천. 서울: 교육과학사.

최정임(1997). 상황학습이론에 따른 학습내용의 구성, 교사의 역할, 평가원리에 대한

고찰. 교육학연구, 35(3), 213-239.

최정임(2004). 사례분석을 통한 PBL의 문제설계 원리에 대한 연구. 교육공학연구, 20(1), 37-61.

최정임(2006). 대학수업에서의 문제중심학습 적용 사례연구: 성찰일기를 통한 효과성 분석을 중심으로. 교육공학연구, 23(2), 35-65.

SBS 솔로몬의 선택 제작팀(2007). 솔로몬 생활 법률. SBS 프로덕션.

Achilles, C. M., & Hoover, S. P. (1996). *Transforming administrative praxis: The potential of problem-based learning as a school-improvement vehicle for middle and high schools.* Paper presented at the annual meeting of the American Educational Research Association. (ERIC Document ED397471).

Anderson, R. S. (1998). Why talk about different ways to grad? The shift from traditional assessment to alternative assessment. In R. S. Anderson & B. W. Speck (Eds.), *Changing the way we grade students' performance: classroom assessment and the new learning paradigm.* New Directions for Teaching and Learning, no.74. San Francisco: Jossey-Bass.

Anderson, R. S., & Puckett, J. B. (2003). Assessing students' problem-solving assignments. In D. S. Knowlton & D. C. Sharp (Eds.), *Problem-Based Learning in the Information Age.* New Directions for Teaching and Learning, no.95. San Francisco: Jossey-Bass.

Artino, A. R. (2008). *A brief analysis of research on Problem-Based Learning.* ERIC ED501593.

Baptiste, S. (2003). *Problem-based Learning: A Self-directed Journey.* NJ: Slack.

Barrows, H. S. (1985). *How to design a problem-based curriculum for the preclinical years.* New York: Springer.

Barrows, H. S. (1988). *The tutorial process* (3th edition). 서정돈, 안병헌, 손희정 역 (2005). 하워드 배로우스 박사의 튜터식 교수법. 서울: 성균관대학교 출판부.

Barrows, H. S. (1994). *Practice-based learning: Problem-based learning applied to medical education.* Springfield, IL: Southern Illinois University School of Medicine.

Barrows, H. S. (1996). Problem-based learning in medicine and beyond: A brief overview. In L. Wilkerson & W. H. Gijselaers (Eds.), *Bringing problem-based learning to higher education: Theory and practice.* CA: Jossey-Basse Inc.

Barrows, H. S., & Myers, A. C. (1993). *Problem-Based Learning in Secondary Schools.* Unpublished monograph. Springfield, IL: Problem-Based Learning Institute, Lanphier High School and Southern Illinois University Medical School.

Bartunek, J. M., & Murnighan, J. K. (1984). The nominal group technique: Expanding the basic procedure and underlying assumptions. *Group and Organization Studies, 9,* 417-432.

Blumberg, P. (2000). Evaluating the evidence that problem-based learners are self-directed learners: A review of the literature. In D. H. Evensen & C. E. Hmelo (Eds.), *Problem based learning: A research perspective on learning interactions* (pp. 199-226). NJ: Lawrence Erlbaum Associates.

Blumberg, P., & Sparks, J. A. (1999). Tracing the evolution of critical evaluation skills in students' use of the internet. *Bulletin of Medical Library Association, 87,* 200-204.

Crabill, C. D. (1990). Small-group learning in the secondary mathematics classroom. In N. Davidson (Ed.), *Cooperative learning in mathematics: A handbook for teachers* (pp. 201-227). Menlo Park, CA: Addison-Wesley Publishing Company.

De Grave, W. S., Boshuizen, H. P. A., & Schmidt, H. G. (1996). Problem-based learning: Cognitive and metacognitive processes during problem analysis. *Instructional Science, 24,* 321-341.

Dochy, F., Segers, M. Bossche, P. V., & Gijbels, D. (2003). Effects of problem-based learning: A meta-analysis. *Learning and Instruction, 13,* 533-568.

Dolmans, D. H. J. M., & Ginns, P. (2005). A short questionnaire to evaluate the effectiveness of tutors in PBL: validity and reliability. *Medical Teacher, 27* (6), 534-538.

Dolmans, D. H. J. M., Wolfhagen, I. H. A. P., Schmidt, H. G., & Vander Vleuten, C. P. M. (2003). Development of an instrument to evaluate the effectiveness of teachers in guiding small groups, *Higher Education, 46,* 431-446.

Duch, B. J. (2001a). Models for problem-based instruction in undergraduate courses. In B. J. Duch, S. E. Groh, & D. E. Allen (Eds.), *The power of problem-based learning* (pp. 39-46). VG: Stylus publishing.

Duch, B. J. (2001b). Writing problems for deeper understanding. In B. J. Duch, S. E. Groh, & D. E. Allen (Eds.), *The power of Problem-based learning* (pp. 47–58). VG: Stylus publishing.

Duch, B. J., Groh, S. E., Allen, D. E. (Eds.)(2001). *The power of Problem-based learning: A practical "How to" for teaching undergraduate courses in any discipline.* VG: Stylus publishing.

Duffy, T. M., & Cunningham, D. (1995). Constructivism: Implicatios for the design and delivery of instruction. A draft for the chapter in Jonassen(Ed.), *Handbook of Research on Educational Communication and Technology,* New York: Scholastic.

Dunlap(2005). Problem-based learning and self-efficacy: How a capstone course prepares students for a profession. *ETR & D, 53*(1), 65–85.

Evensen, D. H., & Hmelo, C. E. (2000). *Problem based learning: A research perspective on learning interactions.* NJ: Lawrence Erlbaum Associates.

Feichtner, S. B., & Davis, E. A. (1985). Why some groups fail: A survey of students' experiences with learning groups. *The Organizational Behavior Teaching Review, 9,* 58–73.

Ferrett, S. K. (2000). *Four grid personality and team profile.* http://www.engr.utexas.edu/eoe/PeerLeaders/Resources/Learning&PersonalityStyles.pdf.

Ferrier, B. M., & Woodward, C. A. (1987). Career choices of McMaster University medical graduates and contemporary Canadian medical graduates. *Canadian Meidcal Association Journal, 136,* 39–44.

Gallagher, S. A., Stepien, W. J., & Rosenthal, H. (1992). The Effects of Problem-based Learning on Problem Solving. *Gifted Child Quarterly, 36*(4), 195–200.

Gijselaers, W. H. (1996). Connecting problem-based practices with educational technology. In L. Wilkerson & W. H. Gijselaers (Eds.), *Bringing problem-based learning to higher education: Theory and practice* (pp. 13–22). CA: Jossey-Basse Inc.

Guglielmino, L. (1997). *Development of the self-directed learning readiness scale.* Doctoral dissertation. University of Georgia.

Hmelo, C. E. (1998). Problem-based learning: Effects on the early acquisition of cognitive skill in medicine. *Journal of Learning Science, 7,* 173–208.

Hmelo, C. E., Gotterer, G. S., & Bransford, J. D. (1997). A theory-driven approach to assessing the cognitive effects of PBL. *Instructional Science, 25*, 387-408.

Hmelo-Silver, C. E. (2002). Collaborative ways of knowing: Issues in facilitation. In G. Stahl (Ed.), *Proceedings of CSCL 2002* (pp. 199-208), Erlbaum, Hillsdale, NJ.

Hmelo-Silver, C. E. (2004). Problem-based learning: What and how do students learn? *Educational Psychology Review, 16*(3), 235-267.

Honebein, J. (1996). Seven Goals for the Design of Constructivist Learning, In B. G. Wilson (Ed.), *Constructivist learning environments: case studies in instructional design.* NJ: Educational Technology Publications Englewood Cliffs.

Hung, W., Bailey, J. H., & Jonassen, D. H. (2003). Exploring the tensions of PBL: insights from research. In D. S. Knowlton & D. C. Sharp (Eds.), *Problem-based learning in the information age* (pp. 13-24). CA: Jossey-Bass.

Johnson, D. W., Johnson, R. T., & Smith, K. A. (1991). Cooperative learning: Increasing college faculty instructional productivity. *ASHE-ERIC Higher Education Report No. 4.* Washington, DC: George Washington University.

Johnson, D. W., & Johnson, R. T. (1979). Type of task and student achievement and attitudes in interpersonal cooperation, competition and individualization. *Journal of Social Psychology, 108*, 37-48.

Jonassen, D. H. & Grabowski, B. L. (1993). *Handbook of Individual Differences, earning and Instruction.* Hillsdale, NJ: Lawrence Erlbaum Associates, Inc.

Jonassen, D. H. (1997). Instructional design models for well-structured and ill-structured problem-solving learning outcomes. *Educational Technology Research and Development, 45*(1), 65-94.

Jonassen, D. H. (2000). Toward a design theory of problem solving. *Educational Technology Research and Development, 48*(4), 63-85.

Kingsland, A. J. (1996). Time expenditure, workload, and student satisfaction in problem-based learning. In L. Wilkerson & W. H. Gijselaers (Eds.), *Bringing problem-based learning to higher education: Theory and practice.* CA: Jossey-Bass Publishers.

Knowles, M. (1975). *Self-directed learning: A guide for learners and teachers.* IL:

Association Press Follet Publishing Company.

Knowlton, D. S., & Sharp, D. C. (2003). *Problem-based learning in the information age.* CA: Jossey-Bass.

Kolb, D. (1985). *LSI: Self-scoring inventory and interpreation booklet.* Boston: McBer & Co.

Lambros, A. (2004). *Problem-based learning in middle and high school classrooms: A teacher's guide to implementation.* CA: Corwin Press.

Leung, K. K., Lue, B. H., & Lee, M. B. (2003). Development of a teaching style inventory for tutor evaluation in problem-based learning. *Medical Education, 37,* 410-416.

Lovie-Kitchin, J. (1991). Problem-based learning in optometry. In D. Bond & G. Feletti (Eds.). *The Challenge of problem-based learning.* New York: St. Martin's Press.

Macdonald, R., & Savin-Baden, M. (2004) Assessment in Problem-Based Learning. *LTSN Generic Centre Assessment Series, No. 7.* New York: LTSN Generic Centre.

Margetson, D. (1994). Current educational reform and the significance of problem-based learning. *Higher Education, 19,* 5-19.

McLellan, H. (1993). Evaluation in a situated learning environment. *Educational Technology, 33*(3), 39-45.

Newble, D. I., & Clarke, R. M. (1986). The approaches to learning of students in a traditional and in an innovative problem-based medical school. *Medical Education, 20,* 267-273.

Norman, G. R., & Schmidt, H. G.(1992). Psychological basis of problem-based learning: A review of the evidence. *Academic Medicine, 67,* 557-565.

Norman, G. R., Troitt, A. D., Brooks, L. R., & Smith, E. K. (1994). Cognitive differences in clinical reasoning related to postgraduate training. *Teaching and Learning in Medicine, 6,* 114-120.

Palloff, R. M., & Pratt, K. (1999). *Building learning communities in cyberspace: Effective Strategies for the Online Classroom.* Jossey-Bass.

Patel, V. L., Groen, G. J., & Norman, G. R. (1991). Effects of conventional and problem-based medical curricula on problem solving. *Academic Medicine, 66,* 380-389.

Patel, V. L., Groen, G. J., & Norman, G. R. (1993). Reasoning and instruction in medical curricula. *Cognition & Instruction, 10*, 335-378.

Sage, S. M. (1996). *A qualitative examination of problem-based learning at the K-8 level: Preliminary findings.* Paper presented at the annual meeting of the American Educational Research Association. (ERIC Document ED 398263).

Salmon, G. (2000). *E-moderating: The key to teaching and learning online.* Kogan Page. London.

Savin-Baden, M., & Major, C. H. (2004). *Foundations of problem-based learning.* Society for Research into Higher Education & Open University Press.

Schmidt, H. G., Dauphinee, W. D., & Patel, V. L. (1987). Comparing the effects of problem-based and conventional curricula in international sample. *Journal of Medical Education, 62*, 305-315.

Schmidt, H. G., & Gijselaers. (1990). Causal modeling of problem-based learning. Paper presented at the Annual Meeting of the AERA. Boston, MA.

Schmidt, H. G., & Moust, J. H. C. (1995). What makes a tutor effective? A structural-equations modeling approach to learning in problem-based curricula. *Academic Medicine, 70*, 708-714.

Schmidt, H. G., & Moust, J. H. C. (2000). Factors affecting small-group tutorial learning: A review of research. In D. H. Evensen & C. E. Hmelo (Eds.), *Problem based learning: A research perspective on learning interactions,* NJ: Lawrence Erlbaum Associates.

Seymour, E., & Hewitt, N. (1997). *Talking about leaving: Factors contributing to high attrition rates among science, mathematics, and engineering undergraduate majors.* Boulder, CO: Westview.

Sharp, D. C. (2001). Problem-based learning in an MBA economics course: Confessions of a first-time user. In D. S. Knowlton & D. C. Sharp (Eds.), *Problem-Based Learning in the Information Age,* (pp. 45-52). CA: Jossey-Bass.

Speck, B. W. (2003). Fostering collaboration among students in problem-based learning. In D. S. Knowlton & D. C. Sharp (Eds.), *Problem-Based Learning in the Information Age* (pp. 59-66). CA: Jossey-Bass.

Torp, L. T., & Sage, S. M. (2002). *Problems as possibilities: Problem-based learning for K-12 education.* Alexandria, VA. ASCD.

Tuckman, B. (1965). Developmental sequence in small groups. *Psychological bulletin, 63,* 384-399.

Vernon, D. T., & Blake, R. L. (1993). Does problem-based learning work?: A meta-analysis of evaluative research. *Academic Medicine, 68,* 550-563.

Weiss, R. E. (2003). Designing problems to promote higher-order thinking. In D. H. Evensen & C. E. Hmelo (Eds.), *Problem based learning: A research perspective on learning interactions,* NJ: Lawrence Erlbaum Associates.

White, III, H. B. (2001). Getting started in problem-based learning. In B. J. Duch, S. E. Groh, & D. E. Allen, (Eds.), *The power of problem-based learning* (pp. 69-78). VG: Stylus publishing.

Wilson, A. L. (1993). The promise of situated cognition. *New Directions for Adult and Continuing Education, 57,* 71-79.

Woods, D. (1994). *Problem-based learning: How to gain the most from PBL.* McMaster University.

찾아보기

저자 소개

▪ 최정임(崔廷任, Choi Jeongim)

서울대학교 지리교육과(학사)

서울대학교 대학원 교육학과 교육공학전공(석사)

미국 플로리다 주립대학교 대학원 교육공학전공(박사)

한국교육개발원 연구원, 서울대학교 교육연구소 특별연구원 역임

현 가톨릭관동대학교 교직과 교수

〈저서 및 역서〉

『교육방법의 교육공학적 이해』(5판, 공저, 교육과학사, 2015)

『교육공학의 원리와 적용』(공저, 교육과학사, 2012)

『교육 프로그램 개발 방법론』(공저, 학지사, 2005)

『교수모형』(공역, 아카데미 익스프레스, 2005)

『인적자원 개발을 위한 요구분석 실천 가이드』(학지사, 2002)

『효과적인 의사소통을 위한 기술』(공역, 커뮤니케이션 북스, 1999) 등

▪ 장경원(張敬遠, Chang Kungwon)

홍익대학교 교육학과(학사)

서울대학교 대학원 교육학과 교육공학전공(석사)

서울대학교 대학원 교육학과 교육공학전공(박사)

경희대학교 교수학습센터 교수 역임

현 경기대학교 인문대학 교직학과 교수

〈저서 및 논문〉

『액션러닝으로 수업하기』(2판, 공저, 학지사, 2014)

『대학교수 13인의 명강의』(공저, 학지사, 2014)

『교육공학의 원리와 적용』(공저, 교육과학사, 2012)

「대학 수업을 위한 '팀 기반 개별 문제해결학습'에 대한 연구」(2015)

「강점 탐구 이론 기반 학교 변화 사례 연구」(2015)

PBL로 수업하기(2판)
Problem-Based Learning

2010년 1월 8일 1판 1쇄 발행
2011년 2월 25일 1판 2쇄 발행
2015년 9월 25일 2판 1쇄 발행
2024년 8월 20일 2판 6쇄 발행

지은이 • 최정임 · 장경원
펴낸이 • 김진환
펴낸곳 • (주)**학지사**

　　　　04031 서울특별시 마포구 양화로 15길 20 마인드월드빌딩 5층
대표전화 • 02) 330-5114　　팩스 • 02) 324-2345
등록번호 • 제313-2006-000265호

홈페이지 • http://www.hakjisa.co.kr
인스타그램 • https://www.instagram.com/hakjisabook

ISBN 978-89-997-0778-0 93370

정가 16,000원

출판미디어기업 **학지사**

간호보건의학출판 **학지사메디컬** www.hakjisamd.co.kr
심리검사연구소 **인싸이트** www.inpsyt.co.kr
학술논문서비스 **뉴논문** www.newnonmun.com
원격교육연수원 **카운피아** www.counpia.com
대학교재전자책플랫폼 **캠퍼스북** www.campusbook.co.kr